经济管理类创新融合精品教材
“互联网+”教育改革新理念教材

微观经济学

周 英　金 徽　李媛媛 ◎ 主 编
王 朕　张昕蓁　蒋伟民 ◎ 副主编
窦 畅　张 欣　周 曦
于广平　郭 亮　张 则
程留仓　乔元波　李 颖
栾承昊　郑 婕

中国商业出版社

图书在版编目（CIP）数据

微观经济学 / 周英，金徽，李媛媛主编. -- 北京 ：中国商业出版社，2025. 6. -- ISBN 978-7-5208-3494-0

Ⅰ. F016

中国国家版本馆 CIP 数据核字第2025EV8064号

责任编辑：葛　伟

中国商业出版社出版发行

（www.zgsycb.com　100053　北京广安门内报国寺1号）

总编室：010-63180647　编辑室：010-83118925

发行部：010-83120835/8286

新华书店经销

唐山唐文印刷有限公司印刷

*

880毫米×1230毫米　16开　13.5印张　348千字

2025年6月第1版　2025年6月第1次印刷

定价：49.80元

* * * *

（如有印装质量问题可更换）

前 言

微观经济学是相对宏观经济学而言的一门学科。微观经济学主要以单个经济单位作为研究对象，分析单个生产者如何将有限的资源分配在各种商品的生产上以取得最大的利润，单个消费者如何将有限的收入分配在各种商品的消费上以获得最大的满足。同时，微观经济学还分析单个生产者的产量、成本、使用的生产要素数量和利润如何确定，生产要素供应者的收入如何决定，单个商品的效用、供给量、需求量和价格如何确定等。

本书在参考国内外已有的教材的基础上，深入浅出地阐述了微观经济学的基本理论和常见现象。全书分十二章，包括绪论，需求、供给与均衡，弹性理论，消费者行为理论，生产理论，成本理论，完全竞争与完全垄断，不完全竞争市场，生产要素与分配理论，市场失灵与政府选择，一般均衡理论与福利经济学以及博弈论等。

本书在内容选择上，在保持微观经济学知识体系的基础上，选入了微观经济学最新的观点和问题，突出了丰富性。本书可作为相关专业的教学用书，也可作为广大研究人员、政府和企业决策者的参考用书。

本书在编写过程中参阅并吸收了大量同类教材、经济学专著及最新研究资料，谨此深表谢意！

作　者

2025 年 4 月

目 录

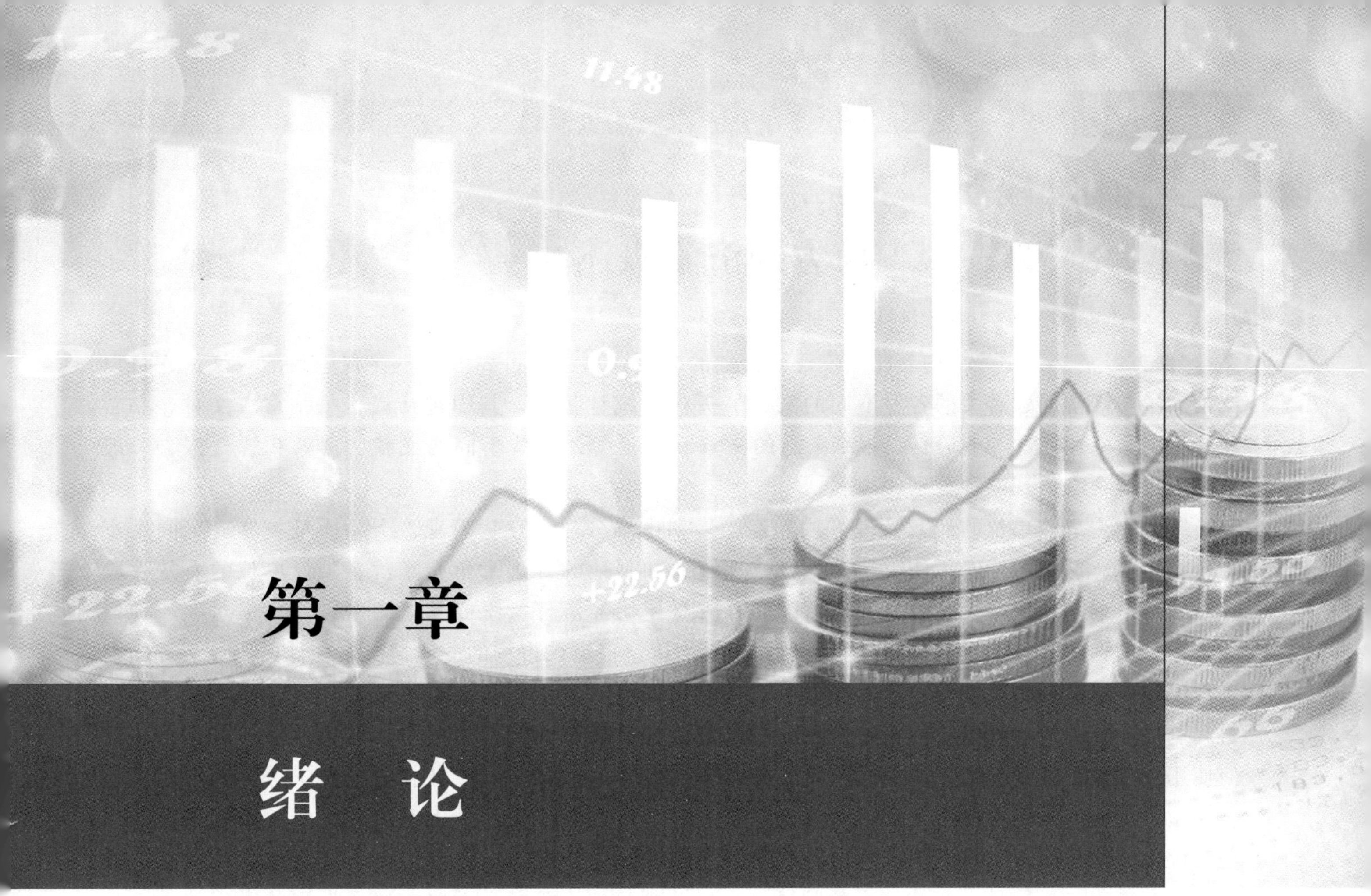

第一章

绪　论

学习要求

1. 了解西方经济学的研究对象。
2. 了解西方经济学的历史发展。
3. 了解微观经济学的研究对象。

第一节　西方经济学概述

“西方经济学”是一个内容相当广泛而松散的名词，迄今在世界上尚不存在一致的定义。它可以泛指大量与经济问题有关的各种不同的文献、资料和统计报告，其中包括教科书、官方文件、私营经济记录、专业或非专业著作、报纸杂志的文章和报道等。这些不同的文献、资料和统计报告一般来说至少应含有下列三种类别的内容。

第一，企事业单位的经营管理方法和经验，如市场分析、存货管理、产品质量控制、车间生产流程布局等。这类主题着重使用运筹学、数理统计和其他的方法来研究经营企事业单位的有效手段和总结企事业单位的营运经验。例如，市场分析是使用经济计量学或其他的研究方法来对某一种商品市场（如棉花）或某一类市场（如金融）进行剖析，报道该市场的一般情况，估计进入该市场的困难程度和获取盈利的可能性。存货管理研究如何用最低的成本来储备最优数量的设备零件、生产原料和制成品或半成品，以便能随时满足有关部门的良好运行所需要的数量。产品质量控制则论述如何使用数理统计或其他的方法来检验和控制产品的质量以及各种控制方法的效益和成本等。

这一类别的内容可以牵涉现代西方经济理论，也可与它无关。是否牵涉或在多大的程度上牵涉经济理论，往往取决于被研究的问题的性质。例如，市场分析与经济理论具有轻微程度的关系，而车间生产流程布局则是一个纯技术的问题，与经济理论完全无关。总之，这一类别的内容偏重于纯粹的企业管理技术，较少涉及与意识形态密切相关的经济理论。正是出于这一原因，同这一类别有关的课程和著作往往被认为属于经济管理专业的范围。

第二，对一个经济部门或经济领域或经济问题的集中研究成果，如资源经济学、商业经济学、农业经济学、石油经济学以及对税收、财政、通货膨胀问题的论述等。它们的研究对象关系到经济生活中的某一特定部门或领域。例如，石油经济学考察世界石油的资源、市场、成本、利润、开采的技术、面临的问题等，农业经济学对农业作出类似研究，对税收问题的论述则可以涉及税收的种类、征收的方法等与税收有关的一切方面。

由于研究对象的性质的差异，在这一类别的西方经济学中，纯技术分析比第一类别少，经济理论的成分则比第一类别要大。对于一个部门或问题的全面研究不能局限于对该部门或问题的纯技术的论述，而必须涉及它与整个社会经济的联系以及管理它的经济政策。例如，石油经济学不能单纯论述石油资源分布、石油开采等技术事项，还必须对国际石油市场、各国的石油政策作出理论的分析，而税收问题的研究往往牵涉各种赋税的利弊和效果。一旦牵涉利弊和效果，则又会牵涉对哪些人有利弊和有效果的问题，而判别利弊和效果又往往需要理论依据。因此，有关第二种类别的西方经济学的课程和著作一般被放在经济学专业的领域之内，被当作这一专业的理论的应用部分。

第三，经济理论的研究和考察，如微观经济学、宏观经济学、数理经济学、动态经济学、福利经济学、经济思想史等。这一类别的主要内容为经济理论以及根据经济理论而制定的经济政策和有关问题的解决途径。例如，宏观经济学企图建立理论或模型，以便说明社会经济中的各个总量之间的关系，从而为宏观经济政策奠定理论基础。

很显然，与上述第一种、第二种类别相比，第三种类别在理论上具有更大的比重，纯粹技术的成分相对较少，仅限于一些分析的概念和方法以及某些具体的论点，而意识形态的成分则较多。例如，数理经济学和动态经济学的全部内容都属于经济理论的范围，只有它们所使用的数学方法或某些概念和个别论点才能被当作纯技术的部分。有关这一类别的课程和著作通常被看作经济学专业的基础和核心，是这一专业的最重要的组成部分。

上述三种类别不但没有明确的界限，而且缺乏统一的划分标准，这种分类不过是一种粗略的区别方式。然而，从这种概括的划分方式中，我们可以看到：按照第一种、第二种和第三种类别的顺序，纯技术的内容越来越少，而经济理论即有关意识形态的成分则越来越多。

第二节 现代西方经济学的由来和演变

资产阶级经济学从它的产生一直到现在，经历了重商主义、古典经济学、庸俗经济学和庸俗经济学后这四个阶段。庸俗经济学产生于 18 世纪末，当时古典学派仍然居于主要地位。1830 年以后，资产阶级经济学从古典学派的阶段走上了庸俗的道路。庸俗经济学在 19 世纪 60 年代以后逐渐退居次要地位，其主要任务在于反对当时的空想社会主义。庸俗经济学阶段大致结束于 19 世纪 70 年代。

19 世纪 70 年代之后，西方经济学经历了一次以边际效用学派的兴起为代表的重大变革。那时，杰文斯在英国、门格尔在奥地利、瓦尔拉斯在瑞士，顺次建立了英国学派、奥地利学派和洛桑学派。这三个派别的学说并不完全一致，但是它们具有一个重要的共同点，即放弃了亚当·斯密和李嘉图的劳动价值论，并且提出边际效用价值论来与马克思的劳动价值论相对立。

到了 1890 年，英国剑桥大学教授马歇尔把上述三个派别的边际效用论和当时资产阶级经济学的一些其他的说法，如供求论、节欲论、生产费用论等，综合在一起，构成了一个折中的理论体系。以马歇尔的理论体系为基础，再加上瓦尔拉斯、庇古、克拉克、威克斯迪特等人提出的新论点，形成了以马歇尔和瓦尔拉斯为代表的西方经济思想。自 19 世纪末期以来，以马歇尔和瓦尔拉斯为代表的西方经济学广泛流行于西方世界。按照西方经济学者的说法，马歇尔和瓦尔拉斯等把完全竞争和充分就业假设为既存的条件，进而从供给与需求的角度来分析市场价格，以便解决资源在生产上的配置、资源的报酬等问题。从意识形态的方面而论，他们所说的主要是宣扬资本主义的论调。他们建立了一个被理想化了的资本主义的模式，并且根据这一模式得出结论，认为价格制度不但能使每种生产要素都得到应有的报酬，能使每个消费者都得到最大的满足，而且在宏观经济的运行中能够起到自行调节的作用，以便消除或熨平周期性的经济波动。这套理论企图把资本主义说成是一个理想的社会。西方著名经济学者罗宾逊夫人承认，马歇尔"为私有制的企业制度提供了一幅安慰人心的图像"。在这种宣扬资本主义的理论之下，自由放任、国家不干预经济生活的政策势必被解释为最好的政策，因为既然资本主义已经是一个"理想的社会"，国家对于经济生活的干预只能使这个社会变坏，不能使它变得更好。这种思想随着资本主义的发展而有所削弱，但是直到 20 世纪 30 年代，它仍然具有很大的影响。

在 20 世纪 30 年代，由于历史条件的变迁，传统的西方经济学先后经历了三次比较重大的修改和补充。

第一次修改和补充涉及垄断问题。尽管资本主义已于19世纪末20世纪初进入垄断阶段，但是直到20世纪30年代初期，传统的西方经济学仍然把垄断当作“例外的现象”。这种理论和现实的背离严重地损害了传统的西方经济学在宣传上的作用。为了改变这种状态，西方经济学者张伯伦和罗宾逊于1933年夸大某些经济现象的作用，企图填补传统的垄断例外论的漏洞。虽然张伯伦和罗宾逊的理论在当时的资产阶级经济学界轰动一时，然而他们修补传统的西方经济学的范围和程度，要远逊于其后的凯恩斯对传统的西方经济学所做的第二次修改和补充。

第二次修改和补充出现于1936年。那时，由于西方世界1929年后的大萧条状态，资本主义社会处于覆灭的危险之中，因此西方国家以解决失业问题为目标来干预经济生活，以便脱离萧条状态，从而保证政治上的稳定局面。在这种情况下，传统的西方经济学已经不能完全适应西方社会的需要。西方社会固然仍旧欢迎资本主义是“理想的社会”的说法，但是如果自由放任、国家不干预经济生活的政策被解释为最好的政策，那么西方国家以解决失业问题为目标来干预经济生活的理论根据是什么呢？为了提供这种理论根据，凯恩斯于1936年出版了《就业、利息和货币通论》（一般被简称为《通论》）。在这本书里，凯恩斯宣称：资本主义的自发作用不能保证资源的使用达到充分就业的水平，因此资本主义国家必须干预经济生活以便解决失业和经济的周期性波动的问题。他的意思是：只要资本主义国家采用干预经济生活的政策来解决失业问题，资本主义依然是传统经济学所颂扬的“理想的社会”。这样，凯恩斯不但维护了传统的西方经济学对于资本主义的宣扬，而且为西方国家干预经济生活的政策奠定了理论基础。

希克斯于1939年出版的《价值与资本》一书代表着对传统西方经济学的第三次修改与补充。该书牵涉两个方面的问题：价值论与一般均衡论。

马歇尔的价值论被称为基数效用论，而基数效用论有两个使西方学者在理论上处于不利地位的假设条件，即效用量是可以衡量的和边际效用量随着物品数量的增加而递减。前者把作为主观心理状态的效用说成可以衡量的东西很难令人信服，而根据后者的边际效用递减的说法，货币的边际效用必须也是递减的。按照这一说法，同样的一块钱，它对穷人的效用要大于对富人的效用，因为富人的货币收入大于穷人。这样，如果从富人那里取走一块钱而把它给予穷人，那么整个社会的效用总量或福利便会增加。这种“转移支付”显然不利于资产阶级，从而也是资产阶级经济学必须加以否定的。

在《价值与资本》一书中，希克斯提出了序数效用论。序数效用论可以在形式上避免基数论两个不利于资产阶级的假设条件，而与此同时又能得到马歇尔用基数论所得到的需求曲线。序数效用论显然对资产阶级有利。因此，《价值与资本》出版以后，序数效用论逐渐代替了基数论而成为西方正统经济思想的一个基本前提。此外，该书的出版也对瓦尔拉斯的一般均衡论起到推广和普及的作用，以致一般均衡构成了当今微观经济学的一个必要的组成部分。尽管如此，希克斯的这一修改和补充与凯恩斯的第二次修改和补充相比，无论在范围上和程度上显然都居于远为次要的地位。

第二次世界大战以后，凯恩斯主义的流行使整个西方经济学的体系出现了显著的漏洞。一方面，传统的西方经济学是以个量分析为主，根据对单个消费者、厂商和生产要素所有者的分析得出资本主义市场的各种因素能够自行调节该社会种种矛盾的结论，并据此主张实行自由放任、国家不干预经济生活的政策；另一方面，凯恩斯则偏重于分析总量变量，根据他所建立的涉及总量变量的理论，得出资本主义市场的各种因素不能自行协调来解决失业问题的结论，并据此而主张实行国家干预经济生活的政策。这样，在西方经济理论体系内部就产生了干预和反干预，以及由此而造成的各种矛盾和不调和之处。

有鉴于此，以萨缪尔森为首的一些西方经济学者逐渐建立了新古典综合派的理论体系。该学派把包括第一次和第三次修改和补充的传统的西方经济学当作研究个量问题的微观经济学，把构成第二次修改与补充内容的凯恩斯主义理论称为考察总量问题的宏观经济学。它宣称：前者是以充分就业为分析的前提，后者则着重研究各种不同水平的就业量的情况。因此，两种理论是相辅相成的，可以被纳入同一体系之中，而传统的自由放任和凯恩斯的国家干预的主张不过代表同一理论体系所涉及的两种不同的情况。与此同时，该学派还把现代资本主义说成“混合经济”，由“私营”和“公营”两个部分所组成，前者的不足可以由后者加以弥补。前者的作用系由微观经济学所分析，后者的必要性则由宏观经济学所论证。这样，新古典综合派不但企图弥补西方经济理论体系内部的漏洞，而且企图通过理论体系的一致性来维护资本主义是“理想的社会”的说法。

新古典综合派的理论体系在第二次世界大战以后一直居于正统地位，并且在西方经济学界享有威信。这种状况大致在20世纪60年代中期以后由于历史条件的变迁而有所改变，改变之处在于以下四点。

第一，进入20世纪70年代以后，西方世界出现的滞胀，即失业与通货膨胀的并存，给新古典综合派的宏观经济学的部分以很大的打击。按照该派宏观部分的理论，当经济活动处于充分就业状态时，通货膨胀率应该为零。如果经济活动小于充分就业，那么不但不存在通货膨胀，而且价格水平会下降。只有当经济活动大于充分就业时，才会出现通货膨胀的现象。这就是说，该学派的理论表明，失业（经济活动小于充分就业）和通货膨胀是不可能同时共存的。这一结论显然违背存在于西方的滞胀的事实。

该派不但无法解释滞胀的存在，而且提不出解决这一问题的对策。按照它的宏观理论，在失业问题存在的条件下，政府应该增加预算支出和赤字，以便扩大有效需求，从而增加就业数量；而当通货膨胀出现时，政府必须减少预算支出和取得预算盈余，以便降低有效需求，从而消除通货膨胀。这种政策建议在失业问题和通货膨胀同时并存时，便会带来自相矛盾的后果。如果西方国家采用增加预算支出和赤字的政策来解决失业问题，那么有效需求的扩大必将使通货膨胀恶化。如果它通过减少预算支出和取得预算盈余来制止通货膨胀，那么有效需求的减少必将降低消费和投资的支出，使失业问题更加严重。简言之，医治一种疾病成为加重另一种疾病的手段。在失业问题和通货膨胀同时并存的条件下，政策的选择只能处于进退两难的境地。对于这种困难局面，以萨缪尔森为首的新古典综合派早已承认无法加以摆脱。

理论的困难和政策的无能，严重地动摇了新古典综合派的宏观理论的正确性。许多西方经济学中的其他派别纷纷对该学派进行抨击和责难，企图以自己的理论在整体或部分上取代新古典综合派，并且按照自己的理论提出政策建议。参与抨击和责难的各个派别包括货币主义、供给学派、新剑桥学派、新奥地利学派、新制度学派和理性预期学派，其中在政策实践上影响较大的有货币主义和理性预期学派。

第二，对新古典综合派所含的原有的微观经济学部分，一部分西方学者对它的基本假设前提提出了质疑并且根据质疑提出了新的见解。在某些情况下，这种新见解甚至逐渐形成了新的经济学分支学科。例如，原有的微观经济学的一个基本假设前提是市场经济的参与者都具有完备的市场信息，对此新出现的分支学科信息经济学认为，这一前提是参与者不可能完全做到的。因此，一些参与者掌握的信息可以多于另一些人。在如此的条件下，掌握较多信息的参与者可能对掌握较少信息的参与者进行欺诈，而当欺诈存在时，市场经济就不可能达到“理想状态”。

第三，一些西方学者也分别从不同的角度和领域来研究经济现象。这些研究成果有：人文经济学、演化经济学、国际政治经济学等。它们顺次从人类学、社会学、国际政治等角度或领域来解释经济现象，从而给原有的新古典综合派的学说增添了新的内容。

第四，西方学者使用了更多的研究方法，除了使用比以往更为复杂和高深的数学和计量经济学的方法，他们还试图设计出一套目标和操作程序来对实际的人进行试验，以便找出实际的人的经济行为。此外，他们也运用计算机来模拟不同条件下的人类的经济行为，企图探索这种行为所导致的结果。

目前，宏观和微观经济学的综合已经成为西方学者的共识，从而综合的字样便失去了它存在的意义。很可能出于这一原因，以萨缪尔森为代表的新古典综合派已经放弃了“新古典综合”的名称，把自己称为现代经济学或现代主流经济学。以现代经济学或现代主流经济学的名义，在上述第一点涉及的宏观部分，他们除了维持原有的基本观点以外，还尽量吸收和容纳其他派别的论点，特别是货币主义和理性预期学派的说法。对上述第二点涉及的微观部分，他们容忍对基本假设的质疑，并且采纳了其中有用的论点，认为新的论点可以提高经济学的解释能力。虽然对基本假设的质疑有损于“理想的社会”的说法，但是他们深信，微观经济政策至少可以使经济社会接近于理想状态。以上述第三、第四点而论，主流经济学对它们持赞赏的态度，但由于新的研究领域和方法尚未取得重大的成果，因此它们对主流经济学的影响是有限的。

总的来说，上述四点并未造成重大的影响。现代西方经济学和过去的新古典综合派无论是在形式上还是在实质性的内容上都是基本相同的。特别是在改善市场经济的运行方面，现在西方经济学和过去一样，仍然提不出确实有效的对策。政策的选择也仍然和过去一样，主要取决于对意识形态的考虑、利益集团力量的对比以及经验提供的数据。

第三节　西方经济学企图解决的两个问题

马克思主义政治经济学告诉我们：上层建筑是为经济基础服务的。作为西方社会上层建筑的西方经济学当然也企图为其经济基础的资本主义作出贡献。更具体地说，从第二节的论述中可以看到，西方经济学企图为资本主义解决以下两个问题。

第一，在意识形态上，宣传资本主义制度的合理性和优越性，从而加强对该制度永恒存在的信念。早在200多年前，西方经济学的鼻祖亚当·斯密已经提出了著名的被称为“看不见的手”的原理，用以论证资本主义相对于封建社会的优越性。为此，他写道：“每人都在力图应用他的资本，来使其生产品能得到最大的价值。一般地说，他并不企图增进公共福利，也不知道他所增进的公共福利为多少。他所追求的仅仅是他个人的安乐，仅仅是他个人的利益。在这样做时，有一只看不见的手引导他去促进一种目标，而这种目标绝不是他所追求的东西。由于追逐他自己的利益，他经常促进了社会利益，其效果要比他真正想促进社会利益时所得到的效果为大。”

亚当·斯密虽然提出了“看不见的手”的原理，但仅以论断的方式把该原理陈述出来，并没有对它加以证明。有鉴于此，亚当·斯密之后的西方经济学者纷纷致力于这一论证的工作。西方学者亨特指出：“过去150年以来的正统经济学者，正和中世纪的经济学者一样，几乎毫无疑问地接受了对他们所在的社会制度的基本论断。他们无休止地进行工作，以便为这一论断建立一个出色的合乎逻辑的体系。”

西方学者建立这一合乎逻辑的体系的过程就是西方经济学发展的过程，这一合乎逻辑的体系即为西方经济学的内容，而西方经济学所讲的资本主义是“理想的社会”的说法不过是亚当·斯密的论断的另一种表达方式。萨缪尔森在其著名的教科书中写道：“西方经济学的最伟大的成就之一就是理解亚当·斯密的论点的确切含义……在这种制度中整个社会经济是有效率的。”目前，建立合乎逻辑的体系的工作仍在进行。总之，宣传资本主义制度的合理性和优越性以便加强对该制度永恒存在的信念，是西方经济学企图为西方社会解决的意识形态的问题。

第二，作为资本主义制度的上层建筑，西方经济学也必须为这一制度所面临的经济问题提供政策建议。资本主义制度具有它的内在和外在的矛盾和缺陷，而这些矛盾和缺陷往往造成它必须加以解决的经济问题，如失业、垄断、经济萧条、劳资对立、通货膨胀、贫富悬殊等，这些问题有时会达到非常严重的程度，以致有可能危及西方社会的存在。例如，萨缪尔森说：“为了理解如何把经济学的成果应用于人类社会的核心问题——这是我们为什么学习经济学的最基本原因。”他所指的人类社会显然是指现代资本主义社会。另一本流行的教科书中写道：“经济学是一个范围广泛的学科，这不仅就它所提出的问题而论，而且就它使用的解决问题的方法而言。”该书中还说：“世界许多最迫切的问题都是经济方面的。”由此可见，研究经济学的目的涉及西方国家如何解决它的国内和国外的重要经济问题。凯恩斯的《就业、利息和货币通论》在西方一般认为是为了拯救 1929 年后处于大萧条状态下的资本主义的著作。

既然西方经济学的第二个任务是解决资本主义的经济问题，而资本主义的经济问题又主要由市场机制的运行所造成，所以为了解决它的经济问题，西方经济学必须对其形成的市场机制进行研究。更具体地说，西方经济学必须对市场经济运行的经验加以总结，以便根据总结出的经验来提出政策建议。上面的两段引文中所提到的把经济学知识用于解决经济问题不外乎是总结市场经济的经验并把经验提升为理论，以便为改善其运行提供依据。

综上所述，作为资本主义制度的上层建筑，西方经济学企图为其经济基础解决两个问题：第一，在意识形态上，宣传资本主义制度的合理性和优越性，从而加强对该制度永恒存在的信念；第二，总结资本主义的市场经济运行的经验并把经验提升为理论，以便为改善其运行，甚至在必要时为拯救其存在提供政策建议。

从上述两个问题中可以看到，西方经济学具有双重性质，它既是资本主义的意识形态，又是资本主义市场经济的经验总结。

第四节 微观经济学

一、什么是微观经济学

微观经济学课程是经济学的入门课程，目的是向学生介绍现代经济学的基本概念、基本构架和分析逻辑，培养对现实世界经济行为与经济现象的观察和分析能力，训练经济学直觉，教授经济学思维方式，使学生能够运用经济学的基本原理去观察、分析和解释现实生活中典型的经济现象和问题，并指导自己在工作、学习、生活和商业活动中作出最优决策。作为一个有别于其他社会科学的经济学的思维方式，微观经济学也可以广泛用来解释我们周围的世界，既可以解释人们的经济行为，也提供了一个有用的补充性视角，解释人们在非经济活动中的行为方式。

因为我们周围的世界或直接或间接地都与经济活动、市场机制有关，人们从事的工作与日常的社会活动也主要是经济活动，因此微观经济学应该属于大学生的通识课，是人们正确认识周围世界、指导自己各项决策的必备基础知识。

微观经济学是关于市场机制运行的理论，是关于价格决定的理论，是关于稀缺资源在不同用途间配置以更好满足人类不同需要的理论，是关于人们行为模式的理论。微观经济学认为，社会经济活动中的各个主体，如消费者、生产者、投资者、劳动者、资本与土地所有者等，在进行决策和选择时，遵循理性行为模式，力图在既定约束下实现最有利的结果，其中居民户（消费者和要素所有者）寻求实现最大效用，生产者寻求实现最大利润。人们基于理性决策的经济行为通过市场供求机制而发生作用，引导稀缺性资源配置到不同用途之中，决定了各种商品的价格，也通过决定各种要素价格而决定了收入分配结构。

微观经济学研究的具体内容包括如下几个方面。

（1）供求均衡价格理论——分析市场机制的运行，以讨论价格是如何决定的。

（2）需求理论——分析消费者如何进行消费决策，以讨论商品需求是如何决定的。

（3）生产与成本理论——分析投入和产出之间的物质技术关系。

（4）厂商行为与市场结构理论——分析厂商在不同市场条件下如何作出产量与价格决策。

（5）要素市场理论——分析厂商在不同市场条件下如何作出生产要素投入的决策，以及劳动、土地、资本等生产要素的供给、需求、价格如何决定。

（6）一般均衡理论——分析当所有市场相互影响时，所有产品与要素的均衡价格与均衡数量如何确定。

（7）福利经济学——分析市场机制是否有效率，是否存在着市场失败，是否需要政府干预。

（8）行为经济学——以实验的方法和认知心理学的思路分析人们的全部行为方式。

二、学习微观经济学的意义

首先，任何一门知识本身就是学习的意义，求知是人与生俱来的需求，更何况微观经济学是非常有趣的知识，有它内在的美感。曼昆说过，他做经济学教授获得了两倍的报酬：一是薪酬，二是经济学的乐趣。

其次，经济学和其中的微观经济学是关于各种经济活动的理论。既然社会的主要活动是财经活动，无论是在工作中，还是在生活中，人们都得处理各种财经、商业事务，如怎样购买合适的商品、投资什么项目、在哪里就业等，因此应该了解有关商业和财经事务的基本规律。

最后，微观经济学原理也可以解释世界运行的规律，实际上其包括着很多人类社会的智慧和哲理。例如，“穷寇勿追”是经济学智慧，“破釜沉舟”是经济学智慧，“不为打翻的牛奶哭泣”也是经济学智慧，“一分钱一分货”更是经济学智慧。

思考与练习

1. 回想你看到过或接触过的西方经济学著作，它们各自属于本章所说的三种类别中的哪一种？
2. 简述西方经济学企图解决的两个问题。
3. 微观经济学研究的内容有哪些？

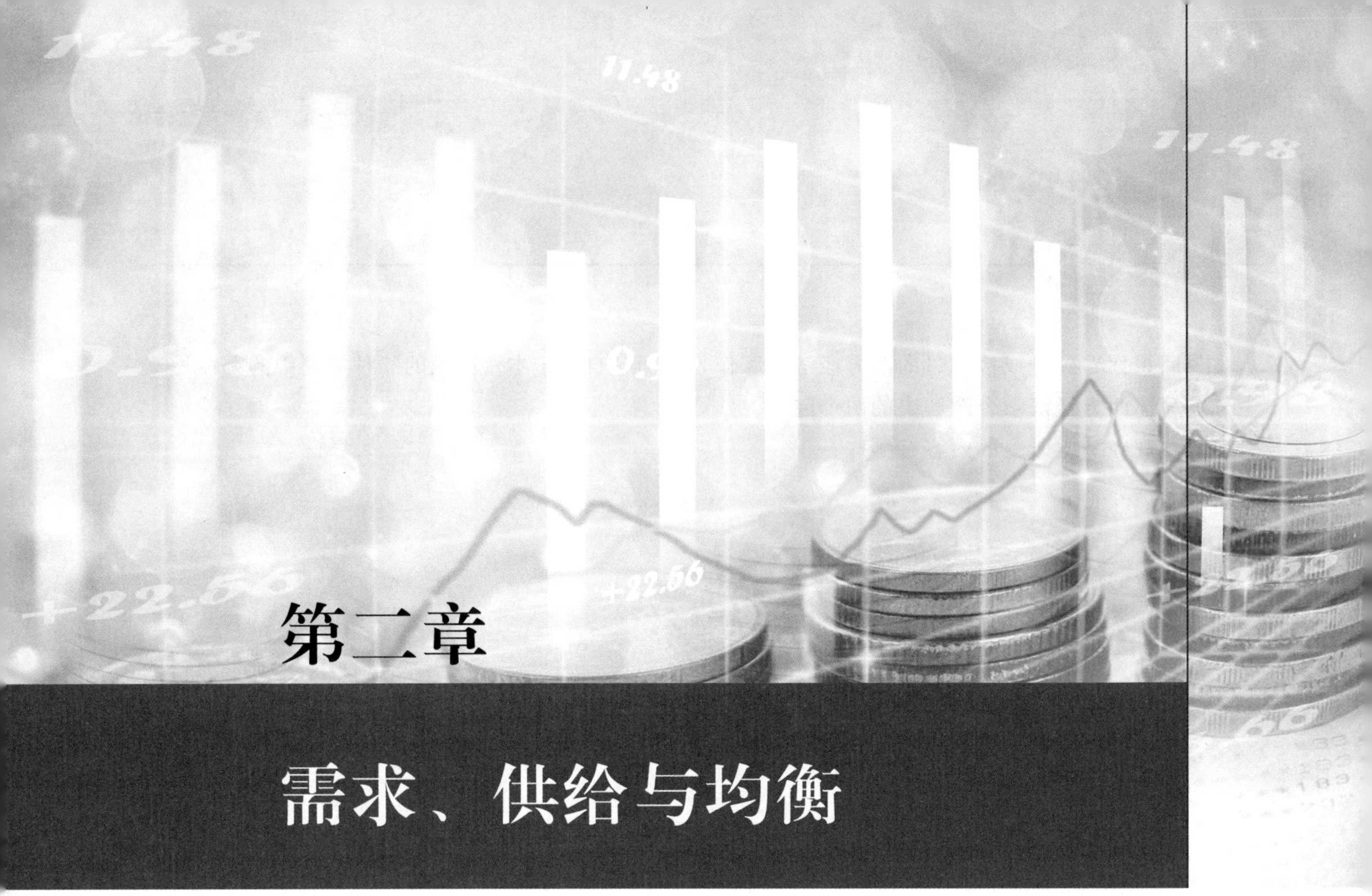

第二章

需求、供给与均衡

学习要求

1. 了解有关需求的概念。
2. 了解有关供给的概念。
3. 掌握市场均衡状态的确定。
4. 了解各种因素变化对市场均衡状态的影响。

第一节　市场

一、市场

市场是某种物品或劳务的一群买者与卖者。买者作为一个群体决定了一种物品的需求，而卖者作为一个群体决定了一种物品的供给。

（一）市场中的买方与卖方

市场由许多进行交易的买方和卖方组成，但如何识别买方与卖方呢？一般而言，买方需要具备以下条件：有某种需求的人；具有能够满足这种需求的购买能力。家庭是许多市场的买方，如教育、电影、住宅等。企业是许多市场的卖方，包括餐饮业、旅游业、服装业等；政府有时也是重要的卖方，政府通过学校成为教育的重要卖方市场。

（二）市场结构

市场采取了多种形式。有时市场组织健全，如许多农产品市场。在这些市场上，所提供销售的物品是完全相同的，并且买者和卖者是如此之多，以至于没有一个买者或卖者可以影响市场价格。这样的市场被称为完全竞争市场。由于完全竞争市场上的买者与卖者必须接受市场决定的价格，因此他们被称为价格接受者。有一些市场完全适用于上述完全竞争的假设。例如，在小麦市场上，有成千上万出售小麦的农民和千百万使用小麦和小麦产品的消费者。由于没有一个买者或卖者能影响小麦价格，因此每个人都把价格作为既定价格。但是，许多物品与劳务的市场并不是完全竞争的。一些市场只有一个卖者，而且这个卖者决定价格，这个卖者被称为垄断。例如，有线电视市场可能就是一种垄断市场。一些市场只有几个卖者，而且这些卖者并不总是主动地进行竞争。这种市场被称为寡头。例如，一些航线就是寡头市场。

尽管市场类型是多种多样的，但完全竞争市场是最容易分析的。而且，由于大多数市场上都有某种程度的竞争，因此从完全竞争下供给与需求研究中所得到的许多结论也适用于更复杂的市场。

二、经济模型

图 2-1 展示了一个直观的经济模型，这个模型称为经济循环简化流向图。在这个模型中，经济简化为由两类决策者——家庭和企业——所组成。

企业用劳动、土地和资本这些投入来生产物品和劳务。这些投入被称为生产要素。家庭则拥有生产要素并消费企业生产的所有物品与劳务。

家庭和企业在物品与劳务市场（在这个市场上，家庭是买者而企业是卖者）以及生产要素市场

（在这个市场上，企业是买者而家庭是卖者）上相互交易。经济学的研究以物品与劳务市场为对象展开。

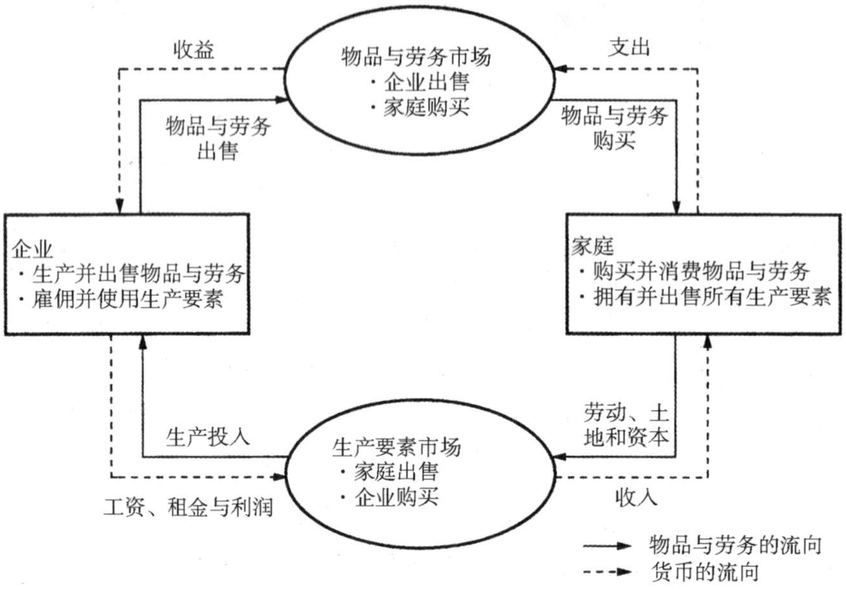

图 2-1　经济循环简化流向图

第二节　需求理论

当人们作为一个买方来到市场，其目标是什么？通俗来说，就是使自己尽可能地富有。但这是否意味着人们能买下想买的任何东西呢？可能不行。尽管拥有的东西越多表示自己越富有，可同时还要考虑自己的收入情况。因此，在作出购买决策时，会受到两个条件的制约，即价格和收入。一个商品的价格越高，在相同条件下，其购买的数量会越少；同时，考虑到自己有限的收入，不论自己作出何种购买决定，都必须放弃其他也可能现在要买的东西。

一、需求曲线

（一）需求的概念

需求指一个特定时期内消费者对一种商品在某一价格下愿意而且能够购买的数量。可以用需求表和需求曲线来分析需求的变化规律。

理解该概念时，需要注意以下问题。

（1）需求是在其他条件不变的情况下，价格和数量的统一。这里的其他条件在本节会详细介绍，包括收入、预期、价格等因素。在分析中，不可能同时考虑所有的因素，价格相对是最重要的，所以一般的需求曲线和需求函数多针对价格而言。

（2）需求是消费者愿意购买的该商品或劳务的数量，而不是指他实际购买的数量，实际购买多少，还取决于市场上确立的销售价格。

（3）需求是有支付能力的需求，是欲望与支付能力的统一。

（4）需求总是涉及两个变量，即价格和需求量。没有相应的价格，就没有需求。

（二）需求表和需求曲线

1. 需求表和需求曲线的形成

假设影响需求的其他因素不变，那么反映价格和需求量关系的列表和曲线就是需求表和需求曲线。设计一个坐标系，以横轴表示需求量，纵轴表示价格。把每一个价格下的需求量反映到坐标空间，表现为多个点，把这些点连起来，就形成了一条需求曲线。

2. 图示

以表 2-1 来表示商品煤炭的需求，其转换图形如图 2-2 所示。

表 2-1　煤炭的需求

价格	36	35	34	33	32	31	30
需求量	565	570	580	590	600	620	630

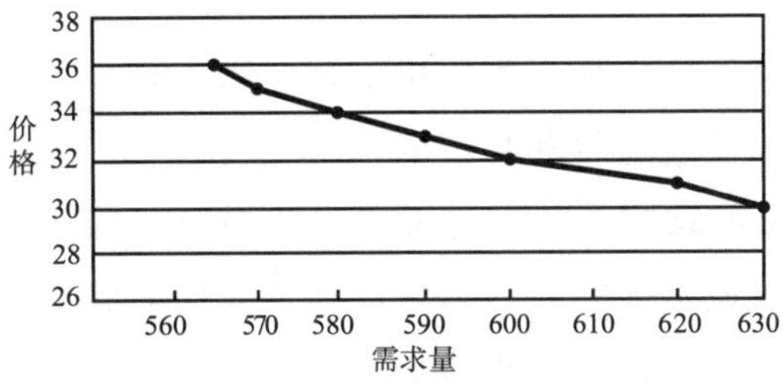

图 2-2　煤炭的需求曲线

（三）需求曲线的特点

1. 需求曲线呈自左上方向右下方倾斜的态势

市场价格越高，需求量越小；市场价格越低，需求量越大。大多数商品都表现为这样的属性，所以也可以把这种价格和需求量之间的意向关系称为需求法则。

2. 需求曲线所反映的只是一定时期内价格和需求量的关系

需求曲线存在的前提是假定影响需求量的其他因素是不变的。但实际上，影响需求量的因素有许多。在一定时期内，可以假定这些因素趋向于静止。而在较长的时期内，很可能会有一些因素发生很大的改变，导致需求量在同一个价格水平下表现出巨大的差异。

3. 需求曲线可以分为行业需求曲线、企业需求曲线和个人需求曲线

行业需求曲线反映所有的消费者对某一商品的需求量在价格波动时产生的需求量的变动。个人需求曲线反映个别消费者对某一商品的需求量在价格波动时产生的需求量的变动。行业需求曲线实际上是对所有消费者在一定价格条件下需求量的横向相加。企业需求曲线反映的是企业提供的产品被消费者需求的数量受价格变动的影响。为了做到不失一般性，下面将以个人需求为例来探讨。

二、需求定理

需求定理反映了一般商品的客观实际，但并不排除某些特殊商品，又由于这些商品只占极小一

部分，因此需求定理并没有因此而遭到破坏。

（一）需求定理的内容

在其他条件不变的情况下，某商品需求量与价格呈反方向变动，即需求量随着商品本身价格上升而减少，随商品本身价格下降而增加。

（二）适用条件

需求定理是以一定的假设条件为前提的，即“其他条件不变”，即除了商品本身的价格之外，其他影响需求的因素都是不变的。

（三）需求定理的例外

需求定理是一般商品在一般情况下的规律，有的特殊商品则常有例外。比较重要的例外有以下几种情况。

一是某些炫耀性商品价格下降，需求减少。例如，珠宝、首饰、豪华型轿车之类的奢侈品，是用来显示人的社会地位和身份的。

二是某些珍贵、稀罕性商品价格越高，需求越高。例如，古董、古画、珍邮之类的珍品，往往是价格越高越显示出它们的珍贵性，从而使对它们的需求量就越大。

三是某些低档商品在特定条件下，当价格下跌时，需求会减少；而价格上涨时，需求反而增加。最著名的是以英国人吉芬而得名的“吉芬商品”。吉芬发现，在 1845 年爱尔兰发生灾荒时，马铃薯的价格虽然急剧上涨，但它的需求量反而增加。原因是灾荒造成爱尔兰人民实际收入急剧下降，不得不增加这类生活必需的低档食品的消费。

三、影响需求量的因素

（一）商品的价格

需求曲线所表现的量是商品价格对需求的影响：当价格较高时，需求量较小；随着价格降低，需求量逐渐增大。

（二）消费者的偏好

假设消费者同时对多种商品有消费需求，对于不同的商品会产生不同的喜好，而喜好程度的差异就会表现出一定的次序性。一般来说，如果消费者对一种商品偏好强烈，会使其需求曲线右移；反之，偏好减弱会使需求曲线左移。

（三）消费者的收入

经济学所分析的需求，一般都是指有支付能力的需求，所以需求量的大小与收入水平有直接的关系。如果收入水平普遍提高了，有支付能力的消费者增加了，那么在相同的价格水平下，需求量一般会增加，这时需求曲线右移；如果收入水平普遍下降，有支付能力的购买者减少了，那么在相同的价格水平下，需求量会减少，需求曲线左移。

（四）相关商品的价格

商品之间的关系有两种，即替代关系和互补关系。替代关系是指两种商品可以相互替代来满足同一种欲望。以麦当劳公司的汉堡包为例。一个准备购买汉堡包的人，同时还可能面临着其他选择，其中包括别的快速食品（如肯德基炸鸡）、中速食品（如有桌布和招待的餐馆制作的餐食）、慢速食品（如家庭烹调的食物）等。假如花在汉堡包上的钱或者时间增加，而其他替代品却保持不变，那么即使是对汉堡包最热心的老主顾，也将无可奈何地去买其他替代品。结果就是替代商品通过采用降价策略拉动了自身的需求量，而被替代的商品的需求量就相应减少了。在坐标系上，表现为需求曲线的左移。互补关系是指两种商品共同满足一种欲望，它们之间是互相补充的。例如，汽车和汽油就是互补商品。当汽油涨价时，使用汽车的成本增加，在某种程度上会导致汽车需求量的下降。所以，当互补产品中某一种产品价格上升时，其他产品的需求量就会减少，需求曲线左移；反之，则使需求曲线右移。

表 2-2 列出了在天然气价格上涨时，天然气的替代品的使用情况。目前，虽然有些使用天然气的炉灶、热水器、取暖炉及其他设备不能使用天然气替代品，但总可找到取暖和做饭的替代办法。另外，还可以减少或干脆消除某些用途。甚至有一天，现有的炉灶和取暖炉都会被比较节省天然气或是使用其他燃料的炉灶所取代。

表 2-2　天然气的使用及其替代品

用　途	可能的替代品及替代方法
家庭取暖	在有些房间内减少供暖；降低暖气温度，穿上厚毛衣；注意房间保温；使用煤热炉；利用太阳能供暖；待在阳光充足的房间里
家庭热水供应	降低水温；使用电热水器
做饭	多吃烤制的食品；购买新式小型炉灶；用微波炉做饭；使用电炉；吃冷食；烹制耗能少的食品（如用鸡蛋代替鸡）；集中烹调；剩饭不加热

需求法则在天然气市场上发生作用的结果是，人们开始对天然气的替代品感兴趣。当天然气价格上涨时，消费者就会寻找较便宜的代用品；当价格下跌后，消费者的目光又从代用品返回到天然气上来。

（五）消费者对价格变化的预期

所谓消费者对价格变化的预期，是指消费者对一段时期内商品价格变化趋势的预测。一般而言，消费者的心态多为“买涨不买跌”。消费者普遍认为，当价格看涨时，现在购买会比以后购买更为经济，所以他们会把将来的需求提前实现，那么产品的需求量也就增大了，表现为需求曲线的右移；反之，则需求量减小，需求曲线左移。企业可以利用消费者的这种心态，有意识地引导潜在消费者实现购买行为。

四、需求函数

用价格、消费者偏好、收入、其他商品的价格、消费者对价格变化的预期等因素表现需求量的函数就是需求函数，即

$$Q_d = f(P_x, T, I, P_s, E) \tag{2-1}$$

式（2-1）中，P_x 为商品价格；T 为消费者偏好；I 为收入；P_s 为其他商品的价格；E 为消费者对价格的预期。

下面以汽车的需求为例来说明问题（假设其他商品的价格对汽车需求量的影响忽略不计），并确定需求函数为

$$Q_d = a_1P + a_2I + a_3T + a_4E \tag{2-2}$$

式（2-2）表明：汽车在某年内的需求量 Q_d 是汽车平均价格 P、收入 I、消费者偏好 T、消费者对价格的预期 E 的线性函数。a_1、a_2、a_3、a_4 为需求函数的参数。现在暂且假定这些参数为已知，并且假定需求函数能准确地预示汽车的需求量，将一组假设的参数值代入方程，得

$$Q_d = -3000P + 1000I + 0.5T + 0.5E \tag{2-3}$$

式（2-3）表明：汽车平均价格每提高 1 美元，汽车需求量将减少 3000 辆，收入每增长 1 美元，汽车需求量将增加 1000 辆等。如果各个参数分别乘各自变量的值，然后把这些乘积加起来，即可得到来年汽车的估计需求量。

在现实中，同时考察五个变量的变化对需求的影响，很难作出一个比较准确的判断。为了较为明确地分析其中一个变量对需求量的影响，经常假定其他因素不变。与其他因素相比，价格因素对商品的需求量有更大的影响，所以现实中所指的需求函数，一般是指需求量对价格的函数，即

$$Q_d = f(P_x) \tag{2-4}$$

为了进一步简化分析，在不影响结论的前提下，大多使用线性需求函数，其形式为

$$Q_d = \alpha - \beta P_x \tag{2-5}$$

式（2-5）中，α、β 为常数，且 α，$\beta>0$，α 为截距，β 为斜率倒数。

五、需求的变化与需求曲线的移动

在经济分析中，特别要注意区分需求量的变动和需求的变动这两个概念。

（一）需求量的变动

需求量的变动是指在其他条件不变时，由某商品的价格变动所引起的该商品需求数量的变动。在几何图形中，需求量的变动表现为商品的价格——需求数量组合点——沿着同一条既定的需求曲线 $Q_d = f(P)$ 的运动。

（二）需求的变动

需求的变动是指在某商品价格不变的条件下，由于其他因素的变动所引起的该商品需求数量的变动。需求的变动表现为需求曲线的位置发生移动。需求的变动和需求量的变动关系如图 2-3 所示。

在图 2-3 中，原有的曲线为 D_1。在商品价格不变的前提下，如果其他因素的变化使需求增加，则需求曲线向右平移，如由 D_1 曲线向右平移到 D_2 曲线的位置。如果其他因素的变化使需求减少，则需求曲线向左平移。由需求的变动所引起的这种需求曲线位置的移动，表示在每一个既定的价格水平需求数量都增加或减少了。例如，在既定的价格水平 P_0，原来的需求数量为 D_1 曲线上的 Q_1，需求增加后的需求数量为 D_2 曲线上的 Q_2，需求减少后的需求数量为 D_3 曲线上的 Q_3。而且，这种在原有价格水平上所发生的需求增加量 Q_1Q_2 和需求减少量 Q_3Q_1 都是由其他因素的变动所引起的。例如，它们分别是由消费者收入水平的提高和下降所引起的。显然，需求的变动所引起的需求曲线的位置的移动，表示整个需求状态的变化。

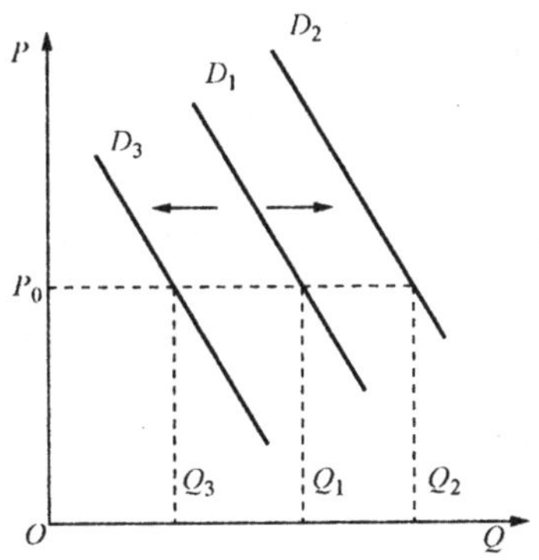

图 2-3　需求的变动和需求量的变动关系

第三节　企业的性质

一、市场与专业化

假设世界上只有两种物品——牛肉与土豆，而且世界上只有两个人——牧牛人和种土豆的农民，他们每个人都既爱吃牛肉，又爱吃土豆。如果牧牛人只能生产牛肉，而农民只能生产土豆，那么贸易使他们能享用更多的品种。这时每个人都可以有配烤土豆的牛排。

虽然这一假设简单地说明了每个人如何能从贸易中获益，但如果牧牛人和农民都能生产对方的物品，只是成本相对较高，那么这种情况下贸易的好处也是相似的。假设农民和牧牛人每人每天工作 8 小时，并可以把这个时间用于种土豆、养牛或两者的结合上，那么这两人的生产可能如表 2-3 所示。

表 2-3 农民和牧牛人的生产可能

项目	生产单位产品所需要的时间/分		8 小时的产量	
	牛肉	土豆	牛肉	土豆
农民	60	15	8	32
牧牛人	20	10	24	48

图 2-4（a）说明了农民的生产可能性边界。如果农民把他的全部 8 小时用于生产土豆，他能生产 32 单位土豆（用横轴表示）而没有牛肉。如果他把所有时间用于生产牛肉，他能生产 8 单位牛肉（用纵轴表示）而没有土豆。如果农民把他的时间平均分配在两种活动上，各项活动用 4 小时，他能生产 16 单位土豆和 4 单位牛肉。

图 2-4（b）表示牧牛人的生产可能性边界。如果牧牛人把他全部 8 小时用于生产土豆，他能生产 48 单位土豆而没有牛肉。如果他把全部 8 小时用于生产牛肉，他能生产 24 单位牛肉而没有土豆。如果牧牛人把他的时间平均分配，每种活动用 4 小时，他能生产 24 单位土豆和 12 单位牛肉。

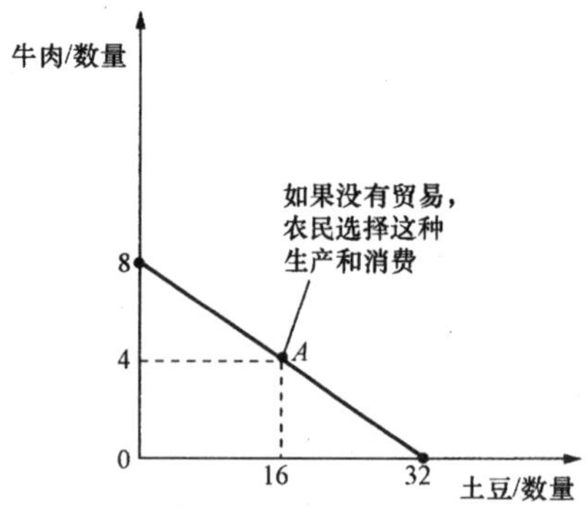

（a）农民的生产可能性边界

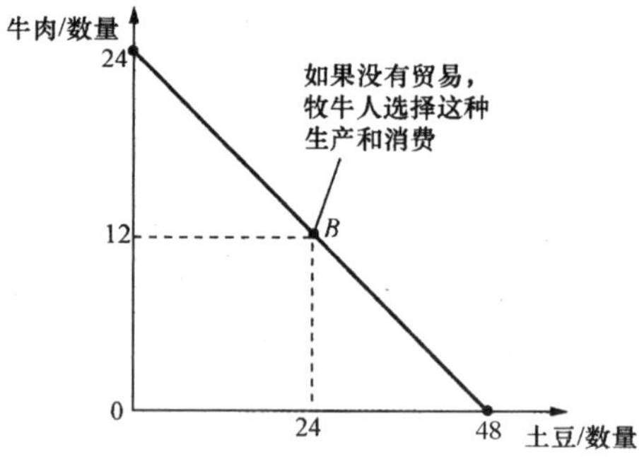

（b）牧牛人的生产可能性边界

图 2-4 生产可能性边界

如果农民和牧牛人选择自给自足而不是相互贸易，那么每个人所消费的就是他所生产的。在这种情况下，生产可能性边界也是消费可能性边界。

几年后，牧牛人有了个主意，并与农民交谈。

牧牛人：我认为你应该完全不用再生产牛肉，并把你所有的时间用于种土豆。现在，你一天 8 小时种土豆，将生产 32 单位土豆。如果把这 32 单位土豆中的 15 单位给我，我给你 5 单位牛肉作为回报，这样你每天将能吃到 17 单位土豆和 5 单位牛肉，多于比你自己干能得到的 16 单位土豆和 4 单位牛肉。

牧牛人：这对我也是有好处的。如果我每天用 6 小时养牛，2 小时种土豆，我将生产 18 单位牛肉和 12 单位土豆。我给你 5 单位牛肉来交换你的 15 单位土豆以后，我将有 13 单位牛肉和 27 单位土豆，比我自己干能得到的 12 单位牛肉和 24 单位土豆都多。

牧牛人：我们两人都可以获益，是因为贸易使我们可以用更多的时间从事我们更擅长的工作。由于专业化和贸易，我们每个人都可以不用增加工作时间而消费更多的牛肉和更多的土豆。

经济社会由自给自足发展到以家庭为经营单位的分工贸易，人们在分工与贸易中发现了获利的机会。业当·斯密强调分工的好处，用市场协调分工会遇到困难，企业的出现就是用来协调分工的。

二、企业的性质

（一）企业的概念

企业是经营并从事专业化生产的组织。生产是把要素投入组合起来制造产出的一种过程。产出的形式可以是实物产品，也可以是服务。在这一过程中，企业和各种关系打交道，通过市场上实现的收益以生产成本的方式给投入要素，一部分以税收的形式给政府，剩下的利润以分红等形式给投资者。

货币与信用的出现是企业大量产生的先决条件。货币的产生使企业家能够将市场中的价差转化为货币形式的利润，使财富的积累成为可能。因此，企业的产生与货币有着天然的密不可分的关系，货币的产生催化了企业的产生。驱逐利润的本质使企业从市场中孕育而生。

科斯从交易费用的角度解释了企业的起源问题，认为当用企业组织交易的费用小于用市场组织交易的费用时，企业就出现了。假设甲成为科斯式的"权威"，乙和丙将自己的劳动力转让给甲，在甲的指挥下进行生产。生产完成后，三种产品在甲、乙、丙三人之间进行交易（或分配）。当甲发现有些交易需求不能够互补时——交易费用过高，按照科斯的想法，甲又会去扩大"企业"规模，把交易费用过高的市场交易内部化。如此下去，这个"企业"的规模会不断扩大，直到所有的交易都可以轻而易举地在"企业"内部完成为止。

（二）企业的功能

首先，节约了交易费用。交易费用是指企业在市场交换过程中，包括寻找交易对象、谈判、签订合同、实施合同、解决合同纠纷等过程中发生的所有费用的总和。企业通过减少交易次数，缩短交易过程，达到节约交易费用的目的，其本质手段在于把原来在外部市场进行的交易活动转化为内部活动。企业在节约交易成本的同时，增加了管理成本。所以企业在扩大其规模时，必须保证节约的交易费用大于管理费用的增加值。其次，提高了集体生产效率。在现代工业生产经营中，有许多工艺和设备只有在集体生产条件下才能发挥效力。

（三）虚拟企业

虚拟企业相对于传统企业，其是指某些厂商、客户或同行业的企业利用信息技术构建的临时组织，其目的是技术共享、费用分摊。虚拟企业建立在一个生产平台或者经济平台上，在这个生产平台上所组织的各企业都具有专门的生产功能。这一运作平台实现了运作的合作化和组织的网络化的组织运作模式。假设一个企业想生产计算机，它没有生产设备和生产线，可以采购一些标准化的组件和软件，委托一个专门的组装企业，把这些标准化的组件和软件组装起来，然后在网上获得采购的消息，再通过一个专门的配送企业把产品配送出去。

三、企业的组织形式

市场经济在其数百年的孕育和发展过程中，形成了以下三种基本的企业组织形式。

（一）业主制企业

业主制企业也称独资企业，是指一个人出资经营，由个人所有和控制并独享经营成果的企业。

（二）合伙制企业

合伙制企业是指两个或两个以上资本所有者共同出资、共同经营，并共同享有经营所得的企业。

（三）公司制企业

公司制企业是指依法集资联合组成的、有独立的注册资产，并自主经营、自负盈亏的法人企业。

四、机会成本与经济利润

利润在传统上的意思比较简单，即定义为收入减去成本。但对经济学家而言，利润的定义有很大区别。经济利润区别于会计利润就在于它考虑了机会成本。

（一）机会成本

机会成本是在经济决策过程中，因选取某一方案而放弃最优方案所付出的代价或丧失的潜在利益。假设一种资源具有多种用途，资源用于其他方面可能获得的最大收益就是资源用于实际方面的机会成本。

机会成本的两个条件如下。

一是所使用的资源具有多种用途。机会成本本质上是对不能利用的机会所付出的成本，因为企业选择了这种用途，就必然丧失其他用途所能带来的收益。如果资源的使用方式是单一的，那就谈不上各个机会的利益比较。只有当资源具有多用性的时候，企业才要考虑机会成本。

二是把可能获得的最大收入视为机会成本。

（二）经济利润

经济利润是考虑机会成本支付条件下的收益。其公式为

$$经济利润＝收入－会计成本－机会成本 \tag{2-6}$$

一般情况下，人们都认为厂商的目标是追求经济利润的最大化。所谓经济利润最大化，主要是指企业从事生产为的是能以比生产产品所费成本更高的价格销售产品，从中取得收益与成本之间的差额，并力图使它最大。但实际情况是：在信息不对称的情况下，厂商追求的目标是实现销售收入的最大化；在公司制企业里，所有者与经营者分离，经营者往往会追求自身效用的最大化，而不是公司利益的最大化。

但从长期来看，仍然假设厂商追求利润最大化。

（三）产生经济利润的途径

一是供不应求拉动市场价格上升，判断什么领域会出现供不应求的状况或趋势，需要经营者善

于捕捉机会。

二是较低的成本是产生高利润的一个条件，主要来自效率的提高。效率的提高又有赖于高素质的管理水平。

所以，从利润的角度来说，一个成功的企业家，不仅要有发现机会的能力，还要有利用机会的能力。

第四节　供给曲线与供给函数

为了分析价格与市场双方的相互关系，在学习了需求曲线和影响需求的因素之后，还需了解供给在市场上的表现。

供给是市场的一个关键因素。与需求一样，供给的卖方在进入市场时，也有它的目标，即获取最大化的利润。如果想获取最大化的利润，那么卖方必然受到若干产出（货物与劳务）所需要的投入的限制。这些投入的数量的多少会受到生产技术的影响。

厂商的生产技术是用来把投入转化为产出的一系列方法。对于不同的方法有不同的效率，相应地需要不同的投入量。比如，对生产苹果的农场主而言，有很多方法可以从投入（土地、苹果树、劳力、资本、运输、包装袋、物料等）中获得产出（苹果）。土地可以选择不同的类型；劳力可以使用具有不同素质和技术水平的人；运输可以用人力、机动车等。正如人们可以想象到的，有各种不同的方法可以用于投入生产出特定数量的苹果，每种生产方法都是该产业中现有技术的一部分。企业的技术不仅告诉企业应该怎么生产，还告诉企业不能怎么做。企业的技术对企业来说是个重要的限制条件。同时，企业的支出也是一个重要的限制，其决定了企业可以投入多少钱。这两者结合起来，就决定了企业的产出。另外，企业所面对的市场价格也是每个企业在决定产出时一个重要的限制条件。

因此，作为一个想获取最大化利润的企业，在进入竞争性市场时，将面临三个限制性条件，即生产技术、预算、市场价格。

一、供给

（一）供给的定义

供给是指在一定时期内和一定价格水平下，企业愿意且能够提供的该商品的数量。在理解这一概念时，需要注意以下四点。

一是供给是在其他条件不变的情况下价格和数量的统一。这里的其他条件包括预算、预期、价格等因素。

二是供给是生产者愿意生产的该商品或劳务的数量，而不是指他实际生产的数量，实际生产多少，还取决于市场上确立的销售价格。

三是供给有效供应能力，是意愿与生产能力的统一。

四是供给总是涉及两个变量，即价格、供给量。没有相应的价格，就没有供给。

（二）供给表和供给曲线

1. 供给表和供给曲线的形成

假设影响供给量的其他因素不变，那么反映价格与供给量关系的表和曲线就是供给表和供给曲线。在坐标轴上，以价格为纵轴、供给为横轴，把实际的供给量相对于价格的数值用点表现出来，把这些点连接起来，就形成了供给曲线。

2. 图示

以表 2-4 来表示某商品的供给，其转换为图形如图 2-5 所示。

表 2-4　某商品的供给

价格	30	31	32	33	34	35	36
供给量	500	550	600	650	675	700	725

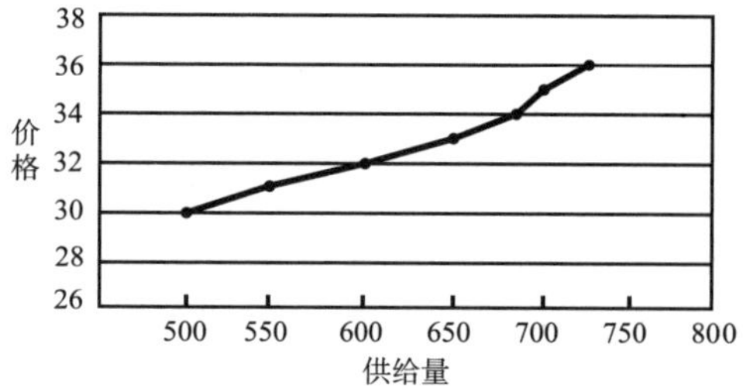

图 2-5　某商品的供给曲线

3. 供给曲线的特点

供给曲线的特点与需求曲线的特点大体是一一对应的。

（1）多数呈自左下方向右上方倾斜的态势。

（2）只反映特定时期内的价格与供给量的关系。由于影响供给的因素有多种，在假定价格以外的其他因素不变时，只能在一个时期内进行，而不能认为一条供给曲线可以表明任何一个时期的同一价格水平下的供给量。

（3）曲线可以分为行业供给曲线和企业供给曲线。与需求曲线类似，可以把行业供给曲线理解为企业供给曲线的横向相加。为了做到不失一般性，在下面的探讨中，以单个企业的供给为例来探讨，即在讲到供给时指的是单个企业的供给。

麦当劳公司对快餐食品价格的上涨可能会有什么样的反应呢？在这种情况下，生产上的抉择将是增加汉堡包的产量。于是有以下可能：为汉堡包提供更多的烤肉架和储藏库；增加餐馆；使用更先进的设备；高薪聘请熟练的技术工人；增加汉堡包制造业的工人人数；提供更快速的服务。

当汉堡包的价格相对其成本或与菜单上其他项目的价格相比较低时，麦当劳公司就会因缺乏利润刺激而不再力争销售更多的汉堡包和采用高成本生产技术了；反之，在较高的价格下，麦当劳公司受到利润刺激，将乐于采用某些高成本生产方式来生产更多的汉堡包。例如，当产品价格上涨时，麦当劳公司就要考虑如何更新自己的生产和销售技术以增加供应量。但是，如果不增加产品平均成本，产品的产量一般不可能增加。因此，公司通常并不愿为发展生产而增加成本，除非是对较高的价格有一个乐观的估计。

二、供给定理

供给定理反映了一般商品的客观实际，并不排除某些特殊商品，但由于这些商品只占极小一部分，因此供给定理并没有因此而遭到破坏。

（一）供给定理的内容

在其他条件不变的情况下，商品价格和供给量呈同方向变动，即供给量随着商品本身价格的上升而增加，随商品本身价格的下降而减少。

（二）适用条件

供给定理是以一定的假设条件为前提的，即“其他条件不变”，除了商品本身的价格之外，其他影响供求的因素都是不变的。

（三）供给定理的例外

一是劳动市场的供给曲线不规则。工资提高到一定水平，随着工资进一步提高，工人劳动的供给反而减少。

二是特殊商品市场如古字画等，其供给关系也可能与上述不同。

三、影响供给量的主要因素

（一）商品价格

价格是一个非常重要的信号，商品的价格越高，供给量越大；商品的价格越低，供给量越少。

（二）其他商品的价格

与影响需求的因素不同的是，商品价格不是直接作用于供给量，而是通过利润率机制来影响供给量的。比如，一个企业一直在生产彩电，但是它发现房地产的价格在不断上升。这种价格的上升预示着房地产可能会有一个很高的利润，这家企业就有可能把投入彩电生产上的资金转移一部分到房地产上，结果就会影响彩电的供给量。因此，当其他商品价格上升时，那些价格不变的产品利润率可能会相应下降，这个产业的产品供给量就可能会减少；如果其他商品的价格下降，那么这种商品的供给量就有可能增加。

（三）生产技术

当企业进行生产技术改造、技术更新的时候，在正常的条件下会使生产效率提高、生产成本下降，在相同的价格下企业会有更大的收益。因此，在一般条件下，生产技术进步会使企业供给曲线向右移动，增大供给量。

（四）生产要素的价格

生产要素的价格直接影响企业的生产成本。如果企业购买的生产要素价格较高，那么生产这种产品的成本势必较高，在相同的价格条件下，企业就可能减少这种商品的生产量和供给量，供给曲线就会左移。如果生产要素的价格下降，那么生产这种商品的成本就会降低，在这个市场价格水平条件下，企业的盈利就会增加，市场的供给量也会增加，供给曲线将右移。

四、供给函数

商品价格、相关商品的价格、生产技术和生产要素的价格等因素共同影响着供给量，用这些因素表现供给变化的函数，就是供给函数，即

$$Q_s = f\ (P_x,\ P_s,\ C,\ P_e) \tag{2-7}$$

式（2-7）中，P_x 为商品价格；P_s 为其他商品的价格；C 为生产技术；P_e 为生产要素的价格。

与研究需求函数一样，不可能同时分析所有这些因素对供给产生的影响，所以一般假定其他因素不变，分析一个因素使供给产生变化的规律。因为商品价格是影响供给的最重要的因素，所以现实中的供给函数多指对价格而言的供给函数，即

$$Q_s = f\ (P_x) \tag{2-8}$$

五、供给量的变动与供给的变动

供给量的变动和供给的变动都会引起供给数量的变动，两者区别在于引起变动的因素是不相同的。

（一）供给量的变动

供给量的变动是指在其他条件不变时，由某商品的价格变动所引起的该商品供给数量的变动。在几何图形中，这种变动表现为商品的价格——供给数量组合点——沿着同一条既定的供给曲线 $Q_s = f\ (P)$ 的运动。

（二）供给的变动

供给的变动是指在商品价格不变的条件下，由于其他因素变动所引起的该商品供给数量的变动。这里的其他因素变动可以指生产成本的变动、生产技术水平的变动、相关商品的价格的变动和生产者对未来的预期的变化等。在几何图形中，供给的变动表现为供给曲线的位置发生移动。

供给的变动与供给量的变动关系如图 2-6 所示。在图 2-6 中，原来的供给曲线为 S_1。在除商品价格以外的其他因素变动的影响下，供给增加，则使供给曲线由 S_1 曲线向右平移到 S_2 曲线的位置；供给减少，则使供给曲线由 S_1 曲线向左平移到 S_3 曲线的位置。由供给的变化所引起的供给曲线位置的移动，表示在每一个既定的价格水平供给数量都增加或都减少了。例如，在既定的价格水平 P_0，供给增加，使供给数量由 S_1 曲线上的 Q_1 上升到 S_2 曲线上的 Q_2；相反，供给减少，使供给数量由 S_1 曲线上的 Q_1 下降到 S_3 曲线上的 Q_3。这种在原有价格水平上所发生的供给增加量 Q_1Q_2 和减少量

Q_3Q_1，都是由其他因素变化所带来的。例如，它们分别是由生产成本下降或上升所引起的。很显然，供给的变动所引起的供给曲线位置的移动，表示整个供给状态的变化。

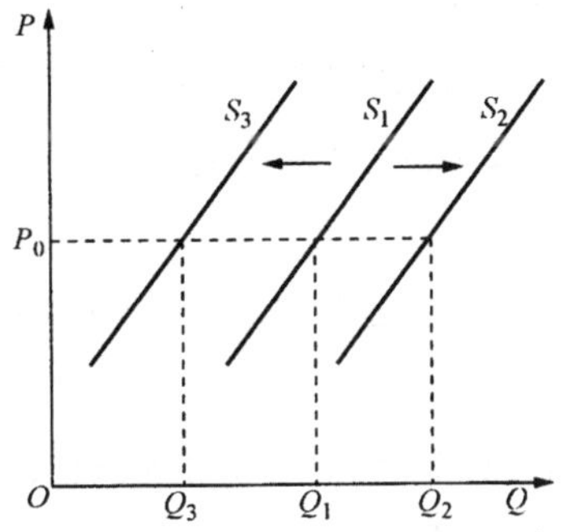

图 2-6　供给的变动和供给量的变动关系

第五节　市场均衡价格

一、市场均衡的实现

供给与需求都受价格的影响，但无论是供给还是需求，都无法自行决定价格。真实的市场价格是这两种机制均衡作用的结果。市场均衡是在假定供给与需求曲线为已知且既定不变的状况下，生产者愿意提供的数量与消费者愿意买进的数量恰好相等，这时价格将固定下来，不再有变动的趋势，此时称为市场达到均衡状态 E。这种使需求量恰好与供给量相等的价格，称为均衡价格 P_e，与均衡价格相对应的供（需）量，称为均衡数量 Q_e，如图 2-7 所示。

买者与卖者的行动自然而然地使市场向供给与需求的均衡变动。为了说明原因，可以分析当市场价格不等于均衡价格时会出现什么情况，如图 2-8 所示。

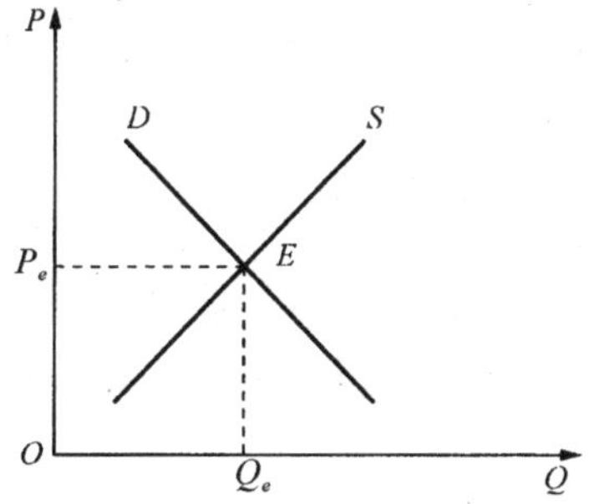

图 2-7　市场均衡状况

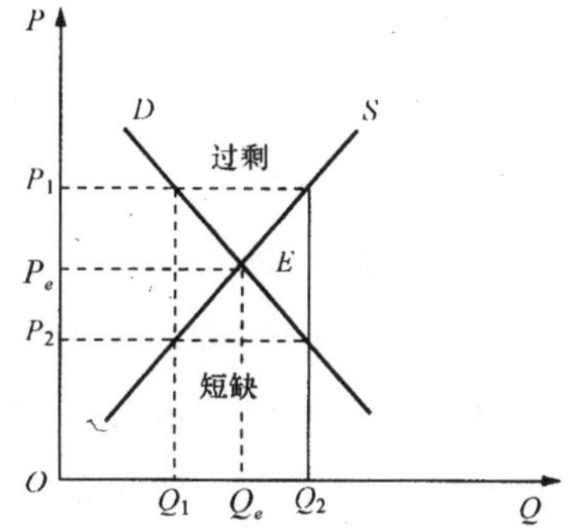

图 2-8　市场均衡的实现

假设市场价格高于均衡价格 P_e，当每个物品的价格在 P_1 时，物品的供给量（Q_2）超过了需求量（Q_1），存在物品的过剩，在现行价格时，卖者不能卖出他们想卖的所有物品。这种情况被称为超额供给。厂商对超额供给的反应是降低物品价格，而且要一直下降到市场达到均衡时为止。假设现在市场价格低于均衡价格，在这种情况下，每个物品的价格是 P_2，而且物品需求量超过了供给量，存在物品短缺，消费者不能按现行价格买到他们想买的。这种情况被称为超额需求。由于太多的消费者抢购太少的物品，厂商可以作出的反应是提高自己的价格。随着价格上升，市场又一次向均衡变动。

因此，许多消费者与厂商的活动自发地把市场价格推向均衡价格。一旦市场达到其均衡价格，所有买者和卖者都得到满足，也就不存在价格上升或下降的压力。均衡价格通常并不是在市场受到扰动后立刻就能建立起来的，在不同市场上达到均衡的快慢是不同的，这取决于价格调整的快慢。但是，在大多数自由市场上，由于价格最终要变动到其均衡水平，因此过剩与短缺都只是暂时的。实际上，这种现象普遍存在，以至于有时被称为供求规律，即任何一种物品价格的调整都会使该物品的供给与需求达到平衡。

供给关系和需求关系可用函数表达，即需求量为

$$Q_d = f(P) \tag{2-9}$$

供给量为

$$Q_s = f(P) \tag{2-10}$$

处于均衡位置时，有

$$Q_s = Q_d \tag{2-11}$$

二、分析市场均衡变动的三个步骤

现在已经说明了供给与需求如何共同决定市场均衡，市场均衡又决定了物品价格，以及如何决定买者所购买和卖者所生产的该物品数量。当然，均衡价格和数量取决于供给和需求曲线的位置。当某些事件使这些曲线中的一种移动时，市场上的均衡就改变了。关于这种变动的分析被称为比较静态分析，因为它涉及原均衡与新均衡的比较。

当分析某个事件如何影响一个市场时，一般按三个步骤进行。第一步是确定该事件是使供给曲线移动或需求曲线移动，还是在一些情况下使两种曲线都移动。第二步是确定曲线是向右移动，还是向左移动。第三步是用供求图来考察这种移动如何影响均衡价格和数量。

【案例 2-1】 需求变动。假设某一年夏季天气特别热。这种情况如何影响冰激凌市场呢？下面遵循上述三个步骤来分析这个问题。

（1）天气热通过改变人们对冰激凌的嗜好而影响需求曲线。这就是说，天气改变了人们在任何一种既定价格时想购买的冰激凌数量。供给曲线不变，因为天气并不直接影响销售冰激凌的企业。

（2）因为天气热使人们想吃更多的冰激凌，所以需求曲线向右移动，需求增加了。这种移动表明，在每一种既定的价格水平下，冰激凌的需求量更多了。

（3）换句话说，天气热提高了冰激凌的价格，增加了冰激凌的销售量。

【案例 2-2】 供给的变动。假设在一年夏季，地震摧毁了几家冰激凌工厂。这个事件如何影响冰激凌市场呢？下面还是遵循上述三个步骤来分析这个问题。

（1）地震影响供给曲线。地震通过减少厂商数量而改变了在任何一种既定价格时，厂商生产并销售的冰激凌数量。需求曲线没变，因为地震并没有直接改变家庭希望购买的冰激凌数量。

（2）供给曲线向左移动，因为在任何一种价格时企业愿意并能够出售的总量减少了。

（3）供给曲线移动使均衡价格上升，均衡数量减少。由于地震，冰激凌的价格上升了，而销售量减少了。

【案例 2-3】 供给和需求都变动。现在假设天气炎热和地震同时发生。下面仍遵循上述三个步骤来分析两个事件的这种结合。

（1）此时可以确定两条曲线都应该移动。天气炎热影响需求曲线，因为它改变了家庭在任何一种既定价格时想要购买的冰激凌数量。同时，地震改变了供给曲线，因为它改变了企业在任何一种既定价格时想要出售的冰激凌数量。

（2）这两条曲线移动的方向：需求曲线向右移动，而供给曲线向左移动。

（3）此时会引起两种可能的结果，这取决于需求和供给曲线移动的相对大小。在这两种情况下，均衡价格上升。一种结果是，需求有大幅度增加，而供给减少很小，均衡数量增加了；另一种结果是，供给有大幅度减少，而需求增加很小，均衡数量减少了。因此，这些事件肯定会提高冰激凌的价格，但它们对冰激凌销售量的影响是不确定的。

第六节 市场功能

经济学在决策过程中发挥其作用的前提条件是承认市场配置资源的作用。管理经济学着眼于市场经济条件下，企业怎么确定价格，怎么选择产量，怎么实现最大限度的利润。市场具有引导、调节、传递信息、非人格性及分配等功能。

一、引导

蜂蜜价格的上涨促使有关企业增加了蜂蜜的生产和销售。于是，消费者对蜂蜜需求增长的信息通过价格传递给供给者，而且价格的调整促使企业生产出消费者所需增加的那部分蜂蜜。通过这种途径，引导着社会中的稀缺资源按消费者的需求方向流动。资源被价格机制所引导：价格调整向企业发出信号，当需求增加引起价格上涨时，企业便增加生产，而需求下降引起价格下跌时，企业便压缩生产。价格沟通了买主与卖主之间的信息交流。

在蜂蜜这个事例中，企业将致力于使产量在短期内增加。从长远来看，这种较高的价格还会将一些新的企业从其他行业中吸引过来，前提是它们期望从蜂蜜业中获得超过它们原来所在行业的利润。当新的企业被吸引到这个行业来以后，蜂蜜的产量就会增长，结果又将使价格下跌。简而言之，消费者需求的增长使价格上涨，刺激生产蜂蜜的企业在近期内增加产量，从长远看，还可能吸引来更多的蜂蜜生产者。在把可用于其他用途的资源引向蜂蜜业生产的过程中，价格具有引导的功能。

二、调节

对蜂蜜的需求的增长最初引起了短缺。卖主的供给量限制了消费者在既定价格下能够买到的蜂蜜数量，尽管他们希望在这个价格下买到更多的蜂蜜。如何确定让哪些消费者失望和放弃蜂蜜的哪些用途呢？显然，这是一个如何调节的问题。最简单的调节方法是价格调节，在市场作用下，价格将会上涨。高价供给的蜂蜜会使一些消费者转而采用蜂蜜的其他替代品或是放弃蜂蜜的某些不太重要的用途，以此来减少对蜂蜜的需求量。在非市场经济或受控市场经济中，则必须使用其他的方法在消费者中调节短缺资源。

三、传递信息

价格系统廉价地向市场参与者提供信息。生产者通过市场价格来判断消费者是否对他们的产品感兴趣；消费者通过有关商品的价格决定购买商品的品种和数量。此外，市场还提供在何处能得到商品的信息。你若知道了加油站的位置，通常也就知道了在哪里能够买到汽油了。

四、非人格性

价格系统对货币交易发生作用。只要付得起咨询费，任何买主都可买到商品。市场交易的这种非人格性有两个重要的特点。

（一）市场满足的是需求，而不是需要

只有那些付得起钱的人才能够得到商品和服务；对于无力按市场价格付钱的合法消费者来说，尽管他们有需要，这种愿望也不能得到满足。

（二）它掩盖了商品买卖间的真实情况

在均衡价格下，供给量等于需求量。在短缺期间，卖主特别会为了两种原因而拒绝与某些买主做生意：一是根据人为的特征区别对待（如种族、宗教、性别等）；二是根据顾客的价格区别对待（哪些消费者最重要）。在价格控制下，由失望的消费者排成的长队使卖主可以在不损失利润的情况下对买主挑挑拣拣。因此，在必须把商品卖给任何一个有钱人的市场中，市场系统的这种非人格特性，一般在检验人们的品行和防止滥用权力方面，起到了一个虽不全面但又十分重要的作用。

五、分配

当买主、卖主都可以使用价格这个信号的时候，双方可以很容易地计算和比较自己选择带来的利益和付出的费用。所有的消费者都必须决定究竟是依赖于市场所提供的商品、服务、训练和机会，还是谋求建立一定程度的、自己拥有商品和提供服务的纵向联合。例如，消费者可以由市场为他们提供所有的打字服务，也可以买一台打字机自己学习打字；企业可以依靠市场提供生产所需的资源，也可以采取自己生产和储藏必需资源的方式实行纵向联合。在纵向联合与依赖市场之间所进行的有

效权衡，取决于消费者对利益和费用所进行的抉择，而利益和费用是由市场价格决定的。

当市场机制遭到破坏时，如何进行任务分配的抉择呢？价格控制往往会导致囤积，它意味着买主选择了部分地储藏存货来替代依赖市场。设想有这样一个无能的市场系统，市场的分崩离析迫使消费者去囤积服装、牙膏、肥皂，乃至冰箱、汽车等以备将来使用。另外，在市场控制中被扭曲了的价格信号会使究竟是买还是租的决策发生偏差。市场控制促进了这一占有形式——纵向联合的发展。市场中的这种经营方式阻碍了能够提供有效产销归属的市场功能的发挥。

思考与练习

1. 需求与需求量的区别是什么？

2. 互补品与替代品的区别是什么？

3. 画出两个不同市场的供需图，标记为 A、B，然后说明下列不同事件对价格和数量的影响。

（1）A、B 是替代品，生产者预计商品 A 价格要涨。

（2）A、B 满足同样的口味，人们的口味从 A 转向 B。

（3）A、B 是互补品，商品 B 的生产技术有了很大的提高。

4. 运用供给和需求曲线的移动来说明下述事件对苹果市场的影响。要弄清楚价格和销售量变动的方向。

（1）科学家发现一天吃一个苹果确实能少生病。

（2）甜橙的价格增至原来的 3 倍。

（3）一场干旱使苹果的收成比原来减少了 2/3。

（4）数以千计的大学生放弃学业成为苹果采摘者。

（5）数以千计的大学生放弃学业成为苹果种植者。

5. 市场的均衡是如何实现的？

6. 以某一商品为例，简述市场的功能。

7. 美国工人和日本工人每人每年可以生产 4 辆汽车。一个美国工人一年可以生产 10 吨粮食，而一个日本工人一年可以生产 5 吨粮食。为了使事情简单化，假设每个国家有 1 亿个工人。

（1）根据这种情况，绘制一张类似表 2-3 的表。

（2）画出美国和日本经济的生产可能性边界。

（3）美国、日本两国中，哪个国家在生产汽车中有绝对优势？如果生产粮食呢？

（4）没有贸易时，美国和日本各有一半工人生产汽车，一半工人生产粮食。美国和日本各能生产多少汽车和粮食呢？

（5）从没有贸易的状况出发，举例说明贸易可以使美国和日本的状况更好。

第三章

弹性理论

学习要求

1. 理解需求的价格弹性。
2. 掌握供给价格弹性的计算。
3. 了解弹性理论的实际应用。

第一节　需求弹性

一、弹性的一般含义

在经济学里，当两个经济变量存在着函数关系时，可以用弹性来表示因变量对自变量变化的反应程度。弹性的数值告诉我们的是，当一个经济变量发生1%的变化时，由它引起的另一个经济变量变化的百分比。弹性的一般公式为

$$弹性系数=\frac{因变量的变化率}{自变量的变化率} \tag{3-1}$$

假设两个经济变量之间的函数关系为 $y=f(x)$，则弹性的数学表达式为

$$E=\frac{\frac{\Delta y}{y}}{\frac{\Delta x}{x}}=\frac{\Delta y}{\Delta x}\cdot\frac{x}{y} \tag{3-2}$$

在式（3-2）中，E 为弹性系数；Δx、Δy 分别表示变量 x、y 的变化量。

当 $\Delta x\to 0$ 且 $\Delta y\to 0$ 时，弹性公式为

$$E=\lim_{\Delta x\to 0}\frac{\Delta y}{\Delta x}\cdot\frac{x}{y}=\frac{\mathrm{d}y}{\mathrm{d}x}\cdot\frac{x}{y} \tag{3-3}$$

二、需求的价格弹性

（一）概念

需求的价格弹性表示在一定时期内商品的需求量变化对该商品价格变化的反应程度。其公式为

$$E_d=\frac{\frac{\Delta Q}{Q}}{\frac{\Delta P}{P}}=\frac{\Delta Q}{\Delta P}\cdot\frac{P}{Q} \tag{3-4}$$

在理解需求的价格弹性时，要注意以下几点。

一是 E_d 被定义为需求量变化的比率与价格变化的比率这两个百分比的比值，即当价格变化1%时，需求量变化百分之多少。为什么不用需求量变化的绝对量 ΔQ 与价格变化的绝对量 ΔP 的比值 $\Delta Q/\Delta P$ 来表示价格变化一定程度引起的需求量变化程度的大小呢？因为用需求量变化的绝对量与价格变化的绝对量的比值来计算 E_d，会因为计量单位的不同而使 E_d 的值不相同。如果两个变量的变化都用百分比表示，不管采用什么样的计量单位，E_d 的值都是一样的。

二是 E_d 的数值可以是正数，也可以是负数，这取决于有关的两个变量是呈同方向变化还是呈反方向变化。如果是正数，则表示两个变量是呈同方向变化的；如果是负数，则表示两个变量是呈反方向变化的。也就是说，E_d 的符号表示两个变量变化的方向性关系，E_d 的大小则表示变化程度的大小。在一般情况下，需求量与价格呈反方向变化，所以需求的价格弹性系数为负数。

（二）需求价格弹性的计算

需求的价格弹性可分为弧弹性和点弹性。

1. 弧弹性的计算

弧弹性表示需求曲线上两点之间的弹性，其公式为

$$E_d=\frac{\frac{\Delta Q}{Q}}{\frac{\Delta P}{P}}=\frac{\Delta Q}{\Delta P}\cdot\frac{P}{Q}=\frac{Q_2-Q_1}{P_2-P_1}\cdot\frac{P_1}{Q_1} \tag{3-5}$$

式（3-5）中，P_1、Q_1 为起始的价格和需求量，P_2、Q_2 为变化后的价格和需求量。下面我们举例分析它。

【案例 3-1】　假设需求函数为 $Q_d=2000-400P$。

当商品的价格从 4 下降到 3 时，根据以上需求函数可知，需求量从 400 提高到 800。此时，弧弹性

$$E_d=\frac{\Delta Q}{\Delta P}\cdot\frac{P}{Q}=\frac{Q_2-Q_1}{P_2-P_1}\cdot\frac{P_1}{Q_1}=\frac{800-400}{3-4}\times\frac{4}{400}=-4$$

当商品的价格从 3 提高到 4 时，需求量从 800 下降到 400。此时

$$E_d=\frac{\Delta Q}{\Delta P}\cdot\frac{P}{Q}=\frac{Q_2-Q_1}{P_2-P_1}\cdot\frac{P_1}{Q_1}=\frac{400-800}{4-3}\times\frac{3}{800}=-1.5$$

显然，在需求曲线的同一条弧上，降价和提价所产生的需求价格弹性值是不相等的。

为了消除价格上升和价格下降所引起的弹性系数值的差别，在不强调是提价还是降价的情况下，取两点价格的平均值 $\frac{P_1+P_2}{2}$ 和两点需求量的平均值 $\frac{Q_1+Q_2}{2}$ 分别代替上式中的 P_1、Q_1 的值。所以，弧弹性的计算公式又可以写成

$$E_d=\frac{Q_2-Q_1}{P_2-P_1}\cdot\frac{\frac{P_1+P_2}{2}}{\frac{Q_1+Q_2}{2}}$$

于是，上面例子中的

$$E_d=\frac{400-800}{4-3}\times\frac{\frac{4+3}{2}}{\frac{400+800}{2}}=-\frac{7}{3}$$

由此可见，需求的价格弧弹性的计算有三种情况：提价时计算的 E_d、降价时计算的 E_d 和按中点公式计算的 E_d。具体用哪一种方法计算需要根据具体的情况而定。

2. 点弹性的计算

点弹性表示需求曲线某一点上的弹性，即当价格的变化无限小时，所引起的需求量变化的反应程度，其公式为

$$E_d=\lim_{\Delta p\to 0}\frac{\Delta Q}{QP}\cdot\frac{P}{Q}=\frac{\mathrm{d}Q}{\mathrm{d}P}\cdot\frac{P}{Q} \tag{3-6}$$

继续分析【案例 3-1】：需求函数

$$Q_d=2000-400P$$

当 $P=4$ 时，$Q=400$，点弹性

$$E_d=\frac{\mathrm{d}Q}{\mathrm{d}P}\cdot\frac{P}{Q}=-400\times\frac{4}{400}=-4$$

（三）需求价格弹性的分类

根据需求价格弹性的弹性系数值的大小，可以将其分为五类，如图 3-1 所示。

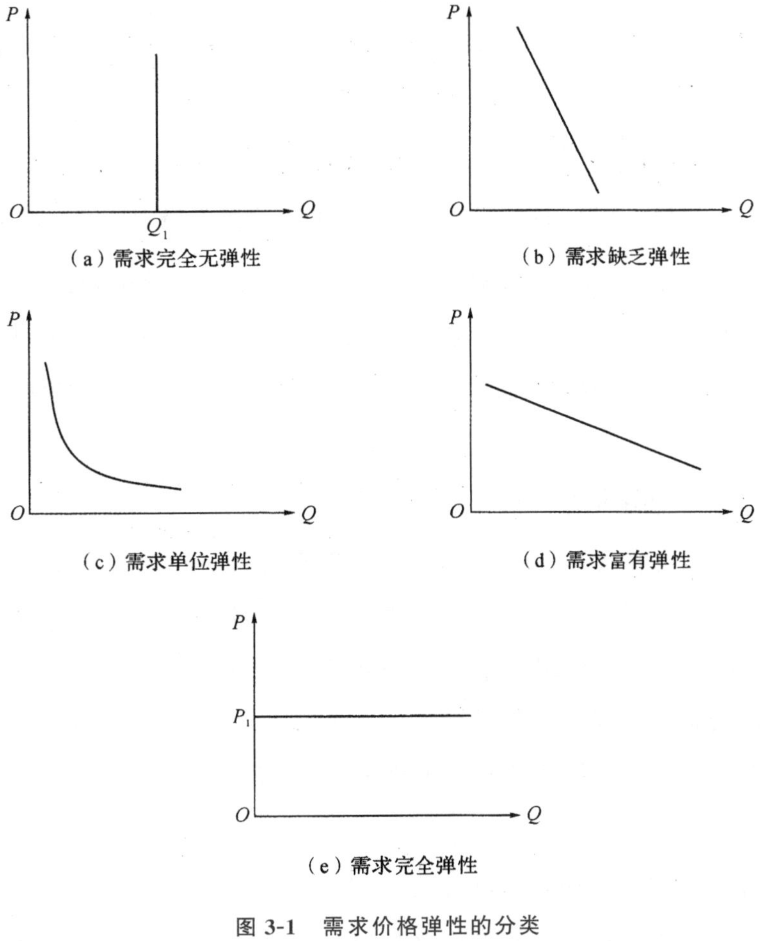

图 3-1 需求价格弹性的分类

1. 需求完全无弹性

即 $|E_d|=0$。在这种情况下，不管价格如何变化，需求量都不会变化。此时的需求曲线是垂直于横轴的直线。

2. 需求缺乏弹性

即 $0<|E_d|<1$。在这种情况下，需求量变化的比率小于价格变化的比率。此时的需求曲线是一条比较陡峭的线。

3. 需求单位弹性

即 $|E_d|=1$。在这种情况下，需求量变化的比率等于价格变化的比率。此时的需求曲线是一条正双曲线。

4. 需求富有弹性

即 $|E_d|>1$。在这种情况下，需求量变化的比率大于价格变化的比率。此时的需求曲线是一条比较平坦的线。

5. 需求完全弹性

即 $|E_d|\to\infty$。在这种情况下，在既定的价格下，需求量是无限的。此时的需求曲线是一条与横轴平行的直线。

（四）影响需求价格弹性的因素

为什么不同商品的需求价格弹性不同呢？一般而言，影响需求价格弹性的因素有以下几点。

1. 消费者对商品的需求程度，即商品对该消费者是生活必需品还是奢侈品

一般而言，消费者对生活必需品的需求稳定且变化不大，所以生活必需品的需求弹性较小，如粮食、蔬菜。相反，消费者对奢侈品的需求不稳定且变化大，所以奢侈品的需求弹性较大，如珠宝、首饰。

2. 商品的替代品数目和替代相近程度

若一种商品有很多相近的替代品，则它的需求就富有弹性。这是因为如果价格提高，消费者就会少买这种商品而多买它的替代品。如果价格下降，消费者就会多买这种商品而少买它的替代品。所以，如果把一种商品的范围限定得越狭窄，它的替代品就越多，则需求弹性越大。比如某种特定品牌的洗衣粉，它的替代品包括许多其他品牌的洗衣粉，但如果所指的商品是洗衣粉，它的替代品就只有各种品牌的洗衣液。所以某种特定品牌的洗衣粉的需求弹性大于泛指各种品牌的洗衣粉的需求弹性。

3. 商品在家庭总支出中所占比例的大小

比如洗衣粉、肥皂之类的商品，它的需求弹性很小。这不仅仅因为它们是生活必需品，还因为

它们在家庭总支出中一般占很小的比例，它们的价格变化对每个家庭的需求影响非常小。

4. 商品用途的广泛性

如果某种商品的用途越多，则其需求弹性越大；如果某种商品的用途越少，则其需求弹性越小。比如，棉花可以纺织成各种各样的纺织用品，棉花价格的上升就会从多种途径导致对它的需求的减少。如果某种商品只有很少的用途，则与用途较多的商品比较，用途较少的商品的需求弹性就相对较小。

5. 时间的长短

一般来说，时间越长，需求就越有弹性。因为时间越长，消费者就越容易找到相应的替代品。

在以上五种影响因素中，最重要的是商品的需求程度、替代品的影响和商品在家庭总支出中所占比例的大小。某种商品的需求价格弹性大小，是由以上因素综合决定的，不能只考虑其中的某一种因素。另外，某种商品的需求价格弹性也会因时间、消费者收入水平等的不同而有所不同。例如，电视、冰箱等商品在刚出现时，需求价格弹性比较大，随着人们收入水平的提高，需求价格弹性也就逐渐变小了。

（五）需求价格弹性的运用

对香烟征收高额的税是否能遏制青少年吸烟的问题呢？

有人认为青少年吸烟的主要原因是受同龄人吸烟的影响，对香烟征收高额的税来遏制青少年吸烟效果甚微。这种说法对吗？

虽然同龄人的影响是青少年吸烟的最重要的决定因素，但这并不意味着对香烟征收高额的税对降低青少年吸烟率没有效果。绝大多数的青少年没有多少钱进行自主消费，因此香烟在青少年吸烟者的支出中占有很大的比重。因此，香烟的需求价格弹性不可忽视。当对香烟征收高额的税时，一些青少年吸烟者因无法支付高额费用而放弃吸烟。还有人将选择消费其他商品而不愿支付高价继续吸烟。

对香烟征收高额的税能直接阻止一部分吸烟者，进一步减少同伴中吸烟者的数量，从而间接阻止其他青少年吸烟者，因间接影响而停止吸烟的人则不再影响其他青少年吸烟，如此反复下去，对香烟征收高额的税来遏制青少年吸烟的累积效应相当大，最后的成效还是比较大的。

三、需求的收入弹性

（一）概念

在商品价格和影响需求量的其他因素不变的情况下，消费者收入的变化也会引起需求量的变化。需求的收入弹性表示在一定时期内商品需求量的变化对于消费者收入变化的反应程度。它等于该商品需求量的变化率和消费者收入的变化率的比值。

假设某种商品的需求量 Q 是消费者收入 M 的函数，即 $Q=f(M)$，该商品的需求收入弹性公式为

$$E_M=\frac{\frac{\Delta Q}{Q}}{\frac{\Delta M}{M}}=\frac{\Delta Q}{\Delta M}\cdot\frac{M}{Q}\text{或}E_M=\lim_{\Delta M\to 0}\frac{\frac{\Delta Q}{Q}}{\frac{\Delta M}{M}}=\frac{\mathrm{d}Q}{\mathrm{d}M}\cdot\frac{M}{Q} \tag{3-7}$$

根据商品的需求收入弹性的大小可以给商品进行分类，在价格不变的条件下，收入的提高一般会引起需求量的增加，所以 E_M 为正数，我们把这类商品称为正常品。在正常品中，把 $E_M>1$ 的商品称为奢侈品，如珠宝、首饰等；把 $E_M<1$ 的商品称为必需品，如大米等；对于某些劣等品，它的需求可能随收入提高反而减少，即 $E_M<0$。比如，当人们在收入较低时主要把土豆作为主食，当收入提高后就可能减少对土豆的消费，同时增加对大米的消费，在这种情况下，土豆的收入弹性为负数。

（二）需求的收入弹性与恩格尔定理

德国统计学家恩格尔根据对德国一些地区的消费统计资料，提出了著名的恩格尔定理：随着收入的提高，用于食物的支出在收入中所占的比重越来越小，即恩格尔系数是递减的。恩格尔系数是食物支出与收入的比值。它可以反映一个国家或者一个家庭的富裕程度和生活水平。一般而言，恩格尔系数越高，富裕程度和生活水平就越低；恩格尔系数越低，富裕程度和生活水平就越高。

四、需求的交叉价格弹性

（一）概念

影响商品需求量的因素很多，相关商品的价格就是其中的一个因素。假定其他因素都不变，仅仅研究另一种相关商品的价格变化与该商品的需求量变化之间的关系，则提出了“需求的交叉价格弹性”概念。

需求的交叉价格弹性是指在一定时期内商品需求量的变化对于它的相关商品价格变化的反应程度。它是该商品的需求量的变化率和它的相关商品的价格变化率的比值。

假定商品 X 的需求量 Q_X 是它的相关商品 Y 的价格 P_Y 的函数，即 $Q_X=f(P_Y)$，则商品 X 的需求的交叉价格弧弹性公式为

$$E_{XY}=\frac{\frac{\Delta Q_X}{Q_X}}{\frac{\Delta P_Y}{P_Y}}=\frac{\Delta Q_X}{\Delta P_Y}\cdot\frac{P_Y}{Q_X} \tag{3-8}$$

点弹性公式为

$$E_{XY}=\lim_{\Delta P_Y\to 0}\frac{\frac{\Delta Q_X}{Q_X}}{\frac{\Delta P_Y}{P_Y}}=\frac{\mathrm{d}Q_X}{\mathrm{d}P_Y}\cdot\frac{P_Y}{Q_X} \tag{3-9}$$

从需求交叉价格弹性系数的符号可以判断两种商品的相互关系。$E_{XY}>0$，表明这两种商品之间存在替代关系，即两种商品互为替代品，如大米与小麦；$E_{XY}<0$，表明这两种商品之间存在互补关系，即两种商品为互补品，如汽车与汽油；$E_{XY}=0$，表明这两种商品之间无相关关系，即两种商品互为独立品。

（二）需求的交叉价格弹性的运用

运用需求的交叉价格弹性可以检验企业的市场份额有多大。如果两种商品拥有正的而且弹性系数高的需求的交叉价格弹性，则表明它们是足以竞争的替代品，两种商品的竞争较激烈，任何一个企业都不会在可能失去大量顾客的前提下私自提价。如果提价，大量消费者将向其他企业购买商品。在这种情况下，任何一个企业市场份额不可能达到垄断的地步，判断哪个企业是垄断者都不合理。

第二节 供给弹性

一、概念

供给的价格弹性表示在一定时期内，商品的供给量的变化对该商品的价格变化的反应程度。其公式为

$$\text{供给的价格弹性系数}=\frac{\text{供给量变化率}}{\text{价格的变化率}} \tag{3-10}$$

它表示当价格变化1%时，供给量变化了多少。其公式为

$$E_s=\frac{\frac{\Delta Q}{Q}}{\frac{\Delta P}{P}}=\frac{\Delta Q}{\Delta P}\cdot\frac{P}{Q} \tag{3-11}$$

供给的价格点弹性表示供给曲线上某一点上的弹性，即当价格的变化无限小时，所引起的供给量变化的反应程度。其公式为

$$E_s=\lim_{\Delta P\to 0}\frac{\frac{\Delta Q}{Q}}{\frac{\Delta P}{P}}=\lim_{\Delta P\to 0}\frac{\Delta Q}{\Delta P}\cdot\frac{P}{Q}=\frac{\mathrm{d}Q}{\mathrm{d}P}\cdot\frac{P}{Q} \tag{3-12}$$

在一般情况下，商品的供给量和该商品的价格同方向变化，所以 E_s 为正值。

二、供给价格弹性的计算

供给的价格弹性也分为弧弹性和点弹性。

（一）弧弹性的计算

供给的价格弧弹性表示供给曲线上两点之间的弹性。其公式为

$$E_s=\frac{\frac{\Delta Q}{Q}}{\frac{\Delta P}{P}}=\frac{\Delta Q}{\Delta P}\cdot\frac{P}{Q}=\frac{Q_2-Q_1}{P_2-P_1}\cdot\frac{P_1}{Q_1} \tag{3-13}$$

式（3-13）中，P_1、Q_1 为起始的价格和供给量；P_2、Q_2 为变化后的价格和供给量。下面我们用例子来分析它。

【案例 3-2】　假设供给函数为 $Q=-2000+500P$。当 $P=5$ 时，$Q=500$；$P=6$ 时，$Q=1000$。

当商品的价格从 5 提高到 6 时

$$E_s=\frac{\Delta Q}{\Delta P}\cdot\frac{P}{Q}=\frac{Q_2-Q_1}{P_2-P_1}\cdot\frac{P_1}{Q_1}=\frac{100-500}{6-5}\times\frac{5}{500}=5$$

当商品的价格从 6 下降到 5 时

$$E_s=\frac{500-1000}{5-6}\times\frac{6}{1000}=3$$

显然，降价和提价所产生的供给价格弹性系数值是不相等的。

为了消除价格上升和价格下降时供给价格弹性系数值的差别，在不强调是提价还是降价时，一般取两点价格的平均值$\frac{P_1+P_2}{2}$和两点供给量的平均值$\frac{Q_1+Q_2}{2}$来分别代替上式中的 P_1、Q_1 的值，所以弧弹性的计算公式又可以写成

$$E_s=\frac{Q_2-Q_1}{P_2-P_1}\cdot\frac{\frac{P_1+P_2}{2}}{\frac{Q_1+Q_2}{2}} \tag{3-14}$$

于是，上面例子中

$$E_s=\frac{1000-500}{6-5}\times\frac{\frac{5+6}{2}}{\frac{500+1000}{2}}=\frac{11}{3}$$

由此可见，供给的价格弧弹性的计算有三种情况：提价时计算的 E_s、降价时计算的 E_s 和按中点公式计算的 E_s。具体用哪一种方法计算需要根据具体的情况而定。

（二）点弹性的计算

计算点弹性的一般公式为

$$E_s=\frac{dQ}{dP}\cdot\frac{P}{Q} \qquad (3\text{-}15)$$

继续分析【案例 3-2】。假设供给函数为 $Q=-2000+500P$，则当 $P=5$ 时，$Q=500$，点弹性

$$E_s=\frac{dQ}{dP}\cdot\frac{P}{Q}=500\times\frac{5}{500}=5$$

三、供给价格弹性的分类

根据供给价格弹性的弹性系数值的大小，可以将其分为五类，如图 3-2 所示。

(一) 供给完全无弹性

即 $E_s=0$。在这种情况下，无论价格如何变化，供给量都不会变化。这时的供给曲线是垂直于横轴的直线。

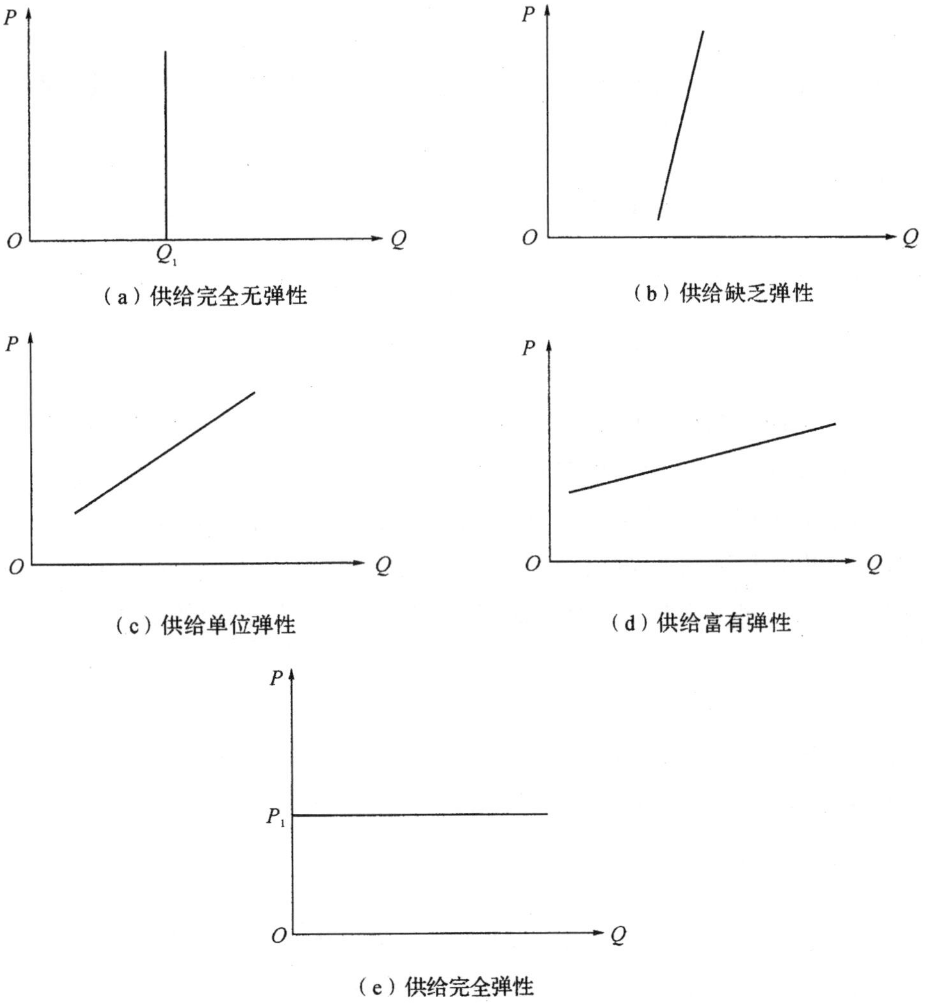

(a) 供给完全无弹性　(b) 供给缺乏弹性　(c) 供给单位弹性　(d) 供给富有弹性　(e) 供给完全弹性

图 3-2　供给价格弹性的分类

（二）供给缺乏弹性

即 $0<E_s<1$。在这种情况下，供给量变化的比率小于价格变化的比率。这时的供给曲线是一条比较陡峭的线。

（三）供给单位弹性

即 $E_s=1$。在这种情况下，供给量变化的比率等于价格变化的比率。这时的供给曲线是一条与横轴成 $45°$并向右上方倾斜的线。

（四）供给富有弹性

即 $E_s>1$。在这种情况下，供给量变化的比率大于价格变化的比率。这时的供给曲线是一条比较平坦的线。

（五）供给完全弹性

即 $E_s\to\infty$。在这种情况下，在既定的价格下，供给量是无限的。这时的供给曲线是一条与横轴平行的直线。

四、影响供给价格弹性的因素

影响供给价格弹性的因素有很多，但主要是以下几个因素。

（一）生产时期的长短

在极短的时期内，厂商产品的供应量限于已有的库存储备，价格无论怎样提高，供应量也无法增加，供给完全缺乏弹性或者供给的价格弹性为零，即供给曲线是垂直于横轴的一条直线。在短时期内，厂商能够在固定的生产规模下增加可变化的生产要素，但无法大幅度增加，所以供给量无法大量增加，而在长时期内，厂商可以通过调整生产规模来提高生产量，同时其他厂商也可以进入该行业生产该种商品，使供给量大大增加，所以其供给弹性会大于同种产品在短期内的供给弹性。

（二）生产的难易程度

一般而言，生产容易且生产周期短的产品对价格的变化反应快，供给弹性就比较大；相反，生产难度高且生产周期长的产品对价格的变化反应慢，供给弹性就比较小。

（三）生产要素的供给弹性

产品的供给在一定程度上取决于生产要素的供给，所以生产要素的供给弹性大，产品的供给弹性也就大；相反，生产要素的供给弹性小，产品的供给弹性也就小。

（四）生产所用的技术类型

使用资本密集型技术生产的产品，生产规模一旦固定，在短期内很难变化，所以其供给弹性小，而使用劳动密集型技术生产的产品，生产规模变化相对容易，所以其供给弹性大。

产品的供给弹性是由上述因素综合决定的，所以不能只考虑其中的一种因素，而要综合考虑它们。

五、供给价格弹性的运用

在 20 世纪 70 年代，石油输出国组织（OPEC）为了增加它们的收入，决定减少石油的产量，提高石油的价格。但它们能一直保持石油的高价格吗？

石油输出国组织发现维持高价格是困难的。在 20 世纪 90 年代部分年份中石油价格回到了 1970 年的水平且一直保持在这种水平上。

这是为什么呢？因为供给和需求在短期和长期中的情况是不一样的。在短期中，石油的需求和供给都是缺乏弹性的。需求缺乏弹性是因为消费者的购买习惯不会立即对石油价格的变化作出反应，所以石油的需求量不会发生大幅度减少。供给缺乏弹性是因为已知的石油储藏量和石油的开采能力不可能迅速发生改变，所以石油的供给量不会发生大幅度增加。因此，短期石油的需求和供给曲线是陡峭的。当石油供给下降时，供给曲线向左平移，在缺乏弹性的需求曲线的作用下，石油的均衡价格的增加幅度大于均衡数量的减少幅度，最后使石油输出国组织的总收入增加。

而长期的情况就不同了。在长期中，石油输出国组织以外的石油生产者会增加石油的勘探和开采能力，消费者的反应则是减少石油的消费量，如用新型节油的车代替老式耗油的车。因此，石油的长期需求曲线和供给曲线都更富有弹性。当石油供给下降时，供给曲线向左平移，在富有弹性的需求曲线的作用下，石油的均衡价格的增加幅度小于均衡数量的减少幅度，最后导致石油输出国组织的总收入减少。

以上分析表明，石油输出国组织不能一直保持石油的高价格，在长期中，减少石油的供给以提高价格会无利可图。

第三节 弹性理论的应用

一、需求的价格弹性与厂商的收益

在实际的生活中会发生这样的经济现象：有的厂商提高产品的价格能使收益提高，而有的厂商提高产品的价格反而收益降低了。为什么会出现这样的现象呢？这与商品的需求价格弹性大小有关。

厂商的收益等于商品的价格乘商品的销售量。假定商品的销售量等于商品的需求量，于是厂商的收益等于商品的价格乘商品的需求量，即厂商的收益 $=P \cdot Q$，其中 P 是商品的价格，Q 是商品的销售量即需求量。

商品的需求价格弹性表示在一定时期内商品的需求量变化对该商品价格变化的反应程度。当商品的价格 P 发生变化时，这种商品的需求量 Q 的变化情况便取决于商品的需求价格弹性。因此该商

品的收益 $P \cdot Q$ 的变化情况便与商品的需求价格弹性大小有关。这种关系可归纳为以下五种情况。

第一种情况：对于 $|E_d|>1$ 的富有弹性的商品，降低商品的价格可以提高厂商的收益，提高价格会减少厂商的收益，即厂商的收益与商品的价格呈反方向变化。当 $|E_d|>1$ 时，厂商降价引起需求量的增加率大于价格的下降率，这就意味着价格下降所造成的收益的减少量小于需求量增加所带来的收益的增加量。因此，降价最终带来的收益 $P \cdot Q$ 是增加的；反之，在厂商提价时最终带来的收益 $P \cdot Q$ 是减少的。

第二种情况：对于 $|E_d|<1$ 的缺乏弹性的商品，降低商品的价格会减少厂商的收益，提高价格会增加厂商的收益，即厂商的收益与商品的价格呈同方向的变化。当 $|E_d|<1$ 时，厂商降价引起需求量的增加率小于价格的下降率，这就意味着价格下降所造成的收益的减少量大于需求量增加所带来的收益的增加量。因此，降价最终带来的收益 $P \cdot Q$ 是减少的；反之，在厂商提价时最终带来的收益 $P \cdot Q$ 是增加的。

第三种情况：对于 $|E_d|=1$ 的单位弹性的商品，降低或者提高商品的价格不会影响厂商的收益。当 $|E_d|=1$ 时，厂商降价引起需求量的增加率等于价格的下降率，这就意味着价格下降所造成的收益的减少量等于需求量增加所带来的收益的增加量，价格提高所造成的收益的增加量等于需求量减少所带来的收益的减少量。因此，无论是降价还是提价，收益 $P \cdot Q$ 是固定不变的。

第四种情况：对于 $|E_d|=0$ 的完全无弹性的商品，降价使收益同比例于价格的下降而减少，提价使收益同比例于价格的上升而增加。

第五种情况：对于 $|E_d|\to\infty$ 的完全弹性的商品，在既定的价格下需求量是无限的，所以收益可以无限增加，因此厂商不会降价；提价会使无穷大的需求量减少到零，所以收益会减少到零。

上述分析表明，以降价促销来增加收益并不适用于所有商品，厂商应该根据商品的需求价格弹性的大小，合理选择是降价还是提价来增加收益。

二、蛛网理论

在研究蛛网模型之前，有必要回顾一下均衡价格决定模型，这一模型可用方程式简洁表示为

$$Q_d=\alpha-\beta \cdot P \tag{3-16}$$

$$Q_s=-\delta+\gamma \cdot P \tag{3-17}$$

$$Q_d=Q_s \tag{3-18}$$

在 20 世纪 30 年代，农产品的供给与需求不断出现的背离问题难住了均衡价格决定模型。西方经济学家对这一现象进行深入研究后，提出了蛛网模型。与均衡价格决定模型相比较，蛛网模型最大的特点就是引入了时间变量，它是一个动态模型。蛛网模型可用方程式表示为

$$Q_t^d=\delta\alpha-\beta \cdot P_t \tag{3-19}$$

$$Q_t^s=-\delta+\gamma \cdot P_{t-1} \tag{3-20}$$

$$Q_t^d=Q_t^s \tag{3-21}$$

式（3-19）至式（3-21）中，α、β、δ 和 γ 均为常数，且都大于零。

蛛网模型的基本假定需要特别强调一点：商品的本期产量 Q_t^s 由前一期的价格 P_{t-1} 决定，商品的本期需求量 Q_t^d 由本期的价格 P_t 决定。这一假设将贯穿于接下来要分析的三种情况之中。

第一种情况：相对于价格轴，需求曲线的斜率绝对值大于供给曲线的斜率绝对值。当市场由于受到外在干扰而偏离原有的均衡状态以后，实际产量和实际价格围绕均衡水平上下波动，但波动幅度越来越小，最后恢复到原来的均衡点，如图 3-3 所示。在第一期，由于受外界因素干扰，实际产量由均衡水平 Q^* 减少到 Q_1。根据需求曲线，此时消费者愿意支付价格 P_1 购买全部的产量 Q_1，于是实际价格就上升到 P_1。根据第一期的价格 P_1，按照供给曲线，于是生产者就将第二期的产量增加到 Q_2。

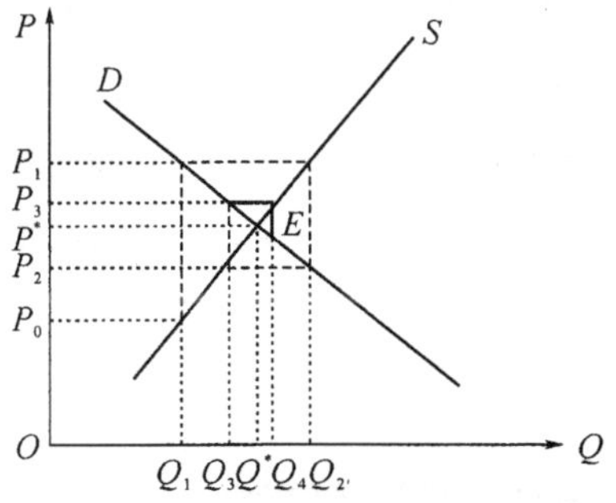

图 3-3　收敛型蛛网

在第二期，生产者为了销售出全部的产量 Q_2，接受消费者所愿意支付的最高价格 P_2，于是实际价格就下降到 P_2，生产者将第三期的产量减少到 Q_3。

在第三期，消费者愿意支付价格 P_3 购买全部的产量 Q_3，于是实际价格上升到 P_3。根据第三期的价格 P_3，生产者又将第四期的产量增加到 Q_4。

如此循环下去，实际价格和实际产量的波动幅度就会越来越小，最后恢复到均衡点 E 所表示的水平。这一蛛网被称为“收敛型蛛网”。

第二种情况：相对于价格轴，需求曲线的斜率绝对值小于供给曲线的斜率绝对值。当市场由于受到外在干扰而偏离原有的均衡状态以后，实际产量和实际价格上下波动的幅度就会越来越大，偏离均衡点越来越远，如图 3-4 所示。

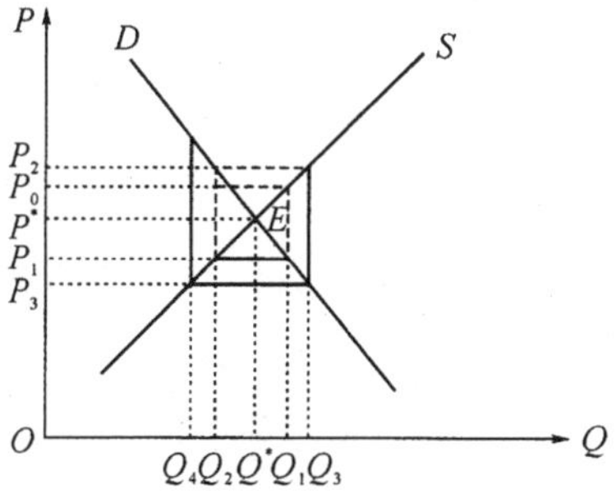

图 3-4　发散型蛛网

在第一期，由于受外界因素干扰，实际产量由均衡水平 Q^* 增加到 Q_1，生产者为了售出全部的产量 Q_1，接受消费者愿意支付的最高价格 P_1，于是实际价格下降到 P_1。根据第一期较低的价格 P_1，生产者将第二期的产量减少到 Q_2。

在第二期，根据需求曲线，消费者愿意支付价格 P_2 购买全部的产量 Q_2，于是实际价格上升到 P_2。根据第二期较高的价格 P_2，生产者将第三期的产量增加到 Q_3。

在第三期，生产者为了售出全部的产量 Q_3，接受消费者愿意支付的最高价格 P_3，于是实际价格下降到 P_3。根据第三期较低的价格 P_3，生产者将第四期的产量减少到 Q_4。

如此循环下去，实际价格和实际产量的波动幅度越来越大，偏离均衡点 E 所表示的均衡产量和均衡价格越来越远。这一蛛网被称为“发散型蛛网”。

第三种情况：供给曲线的斜率绝对值等于需求曲线的斜率绝对值。当市场由于受到外在干扰而偏离原有的均衡状态以后，实际价格和实际产量始终按相同的幅度围绕均衡点波动，既不会进一步偏离均衡点，也不会逐步趋向均衡点，这一蛛网被称为“封闭型蛛网”，如图 3-5 所示。

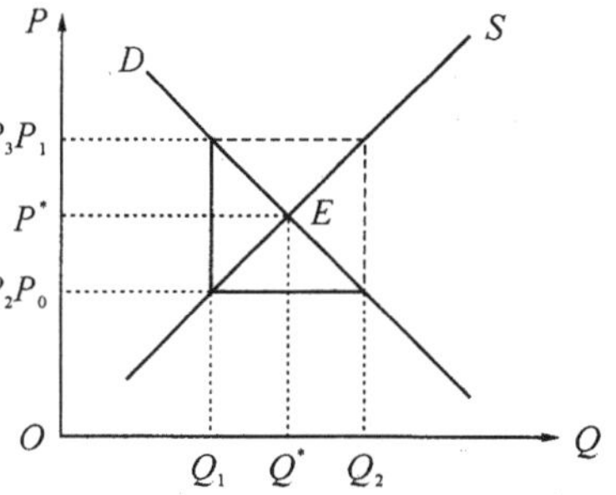

图 3-5　封闭型蛛网

对于封闭型蛛网的分析与对收敛型蛛网和发散型蛛网的分析类似，不再展开论述。

西方经济学家认为，蛛网模型解释了一些生产周期较长商品的价格和产量的波动情况，是一个有现实意义的动态分析模型。但这个模型是一个很简单的和有缺陷的模型。在蛛网模型的基本假定中，商品的本期产量 Q_t^s 由前一期的价格 P_{t-1} 决定，但在现实中并不全是这样的，因为生产者会根据自己的经验逐步修正自己的预期价格，以便使预期价格接近实际价格，进而使实际产量接近市场的实际需求量。

思考与练习

1. 假设需求函数 $Q_d=20—4P$。

(1) 求价格为 3 元时的需求的价格点弹性。

(2) 求价格在 3～4 元时的需求的价格弧弹性。

2. 假设供给函数为 $Q_d=-20+5P$。

(1) 求价格为 5 元时的供给的价格点弹性。

(2) 求价格在 5～6 元时的供给的价格弧弹性。

3. 假设某消费者对某种商品的消费数量和收入之间的函数为 $M=50Q$，求当 $M=500$ 时，需求的收入点弹性。

4. 假设某消费者对某种商品的需求的价格弹性 $E_d=1.2$。

(1) 求在其他条件不变的情况下，该商品的价格提高 3%时，对需求数量的影响。

(2) 求在其他条件不变的情况下，该商品的价格下降 3%时，对需求数量的影响。

5. 假设某消费者对某种商品的需求的收入弹性 $E_M=2$。

(1) 求在其他条件不变的情况下，消费者的收入提高 3%时，对需求数量的影响。

(2) 求在其他条件不变的情况下，消费者的收入下降 3%时，对需求数量的影响。

6. 假设商品 X 的需求量 Q_X 与它的相关商品 Y 的价格 P_Y 的函数为 $Q_X=2P_Y+10$。

(1) 求商品 Y 的价格为 3 元时商品 X 的需求的交叉价格点弹性。

(2) 求商品 Y 的价格从 3 元提高到 4 元时商品 X 的需求的交叉价格弧弹性。

7. 需求的价格弹性 E_d 的大小受什么因素影响？这些因素对 E_d 有怎样的影响？

8. 供给的价格弹性 E_s 的大小受什么因素影响？这些因素对 E_s 有怎样的影响？

第四章

消费者行为理论

学习要求

1. 理解基数效用论的主要内容和分析工具与方法。
2. 理解序数效用论的主要内容和分析工具与方法。
3. 了解序数效用论者如何利用无差异曲线和预算线来说明消费者均衡。

第一节　基数效用论

一、效用的含义

所谓效用，就是消费某种商品或劳务所得到的满足程度。人们之所以要消费商品和劳务，是因为通过一定数量的商品和劳务的消费，人们的一些需要或爱好会得到满足，如吃饭能充饥，喝水能解渴，看书能增长知识，旅游可以放松身心。消费者在消费中获得的满足程度越高则效用越大；反之，满足程度越低就是效用越小。

衡量效用大小的标准是消费者的自我感觉，这是主观评价，因此效用具有以下特点。一是同一种商品或劳务对不同的消费者产生的效用没有可比性。例如，张三觉得馒头好吃，李四也觉得馒头好吃，但谁的满足感更大一些或者说谁的效用更大一些却很难比较。二是同一种商品或劳务对同一消费者产生的效用则具有可比性。同一种商品或劳务的效用，因时间、地点的不同而不同。例如，同一台电扇，在夏天或较炎热地区效用很大，而在冬天或较寒冷地区也许只能带来负效应。这就说明效用的大小完全是一种主观感受，因时间、地点的不同而不同。

那么如何来研究效用呢？一些经济学家认为效用可以用具体数字来衡量；另一些经济学家则认为效用是一种主观感受，无法用具体数字来衡量。由此产生了两种不同的消费者行为理论：基数效用论和序数效用论。本节介绍基数效用论。

基数效用论者认为，效用如同商品的长度、重量等属性一样是可以具体衡量的。例如，可以说消费者吃一个苹果的效用是 10 个效用单位，吃一个梨的效用是 5 个效用单位，消费者消费这两种商品的效用即总满足程度，为 15 个效用单位。

二、边际效用分析

消费商品或劳务给消费者带来效用，关于效用要区分两个概念：总效用（Total Utility，TU）和边际效用（Marginal Utility，MU）。总效用是指消费者在一定时间内，从一定数量的商品或劳务的消费中得到的总满足程度。边际效用则是指消费者在一定时间内，每增加一个单位的商品或劳务消费所得到的效用量的增量。假定消费者对某种商品或劳务的消费数量为 Q，则总效用函数为 $TU=f(Q)$，相应的边际效用函数为 $MU=\dfrac{\Delta TU(Q)}{\Delta Q}$。当商品的增加量趋于无穷小，即 $\Delta Q\to 0$ 时，有

$$MU=\lim_{\Delta Q\to 0}\frac{\Delta TU(Q)}{\Delta Q}=\frac{\mathrm{d}TU(Q)}{\mathrm{d}Q} \tag{4-1}$$

下面用表 4-1 来说明总效用和边际效用。

表 4-1　总效用和边际效用

消费量（Q）	总效用（TU）	边际效用（MU）
0	0	0
1	10	10
2	18	8
3	23	5
4	26	3
5	28	2
6	28	0
7	25	−3

由表 4-1 可见，当商品的消费量由 0 增加到 1 时，总效用由 0 增加到 10 个效用单位，边际效用为 10 个效用单位。当商品的消费量由 1 增加到 2 时，总效用由 10 个效用单位增加到 18，边际效用下降到 8 个效用单位。当商品的消费量增加到 5 时，总效用达到最大值 28。之所以认为它是最大值，是因为如果此时再增加 1 个消费量到 6，已经不能带来总效用的增加，因为边际效用已下降到 0，说明消费者对该商品已经完全满足。此时，如果还要再增加 1 个消费单位，会带来什么后果呢？显然，后果是让消费者感到累赘和负担，反而降低了消费者的满足感，使得总效用下降，边际效用出现负值。

根据表 4-1 可以做出总效用图和边际效用图，如图 4-1 和图 4-2 所示。

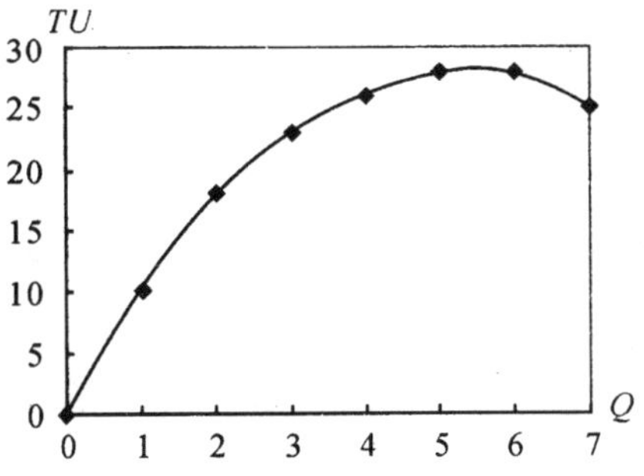

图 4-1　总效用

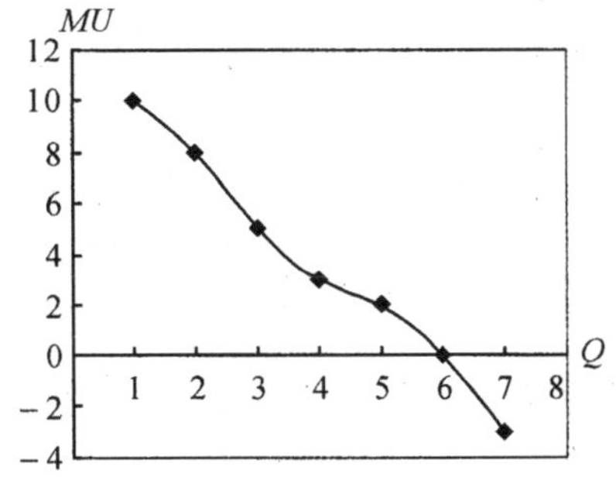

图 4-2　边际效用

三、边际效用递减规律

如图 4-2 所示，随着消费者对某种商品消费量的增加，他从该物品连续增加的每一消费单位中所得到的边际效用是递减的。这就是所谓的边际效用递减规律。

为什么在消费过程中会呈现出边际效用递减规律呢？基数效用论者对此的解释主要有两点。第一，生理或心理的原因。由于物品的效用是消费者对它的主观感受，因此当一种物品的消费数量越多，消费者生理或心理对重复刺激的反应就递减了，从而满足程度减少。我们在消费同一种商品时，如吃苹果的时候，就会有这种感觉。当我们在又饿又渴的时候吃第一个苹果，带来的满足感是非常强烈的，而当吃到第三个、第四个苹果时，会感觉味道已经没有第一个那么好了，吃得越多越感到乏味，这个过程也就是边际效用递减的过程。第二，商品用途的多样性。当商品只有一单位时，消费者必定将该商品用于最重要的用途；当商品有两个单位时，他会将第二个单位的商品用到次重要的用途上。以此类推，用途越来越不重要，边际效用也就递减了。例如，第一个苹果用来解决自己的饥渴，第二个苹果用来帮助同伴解决饥渴，如果还有第三个苹果，可能会用来做苹果面膜了，而做面膜是可有可无的，它当然不及解决饥渴那么重要。

四、消费者均衡

消费者均衡所研究的是单个消费者在既定收入的情况下，如何实现效用最大化的问题。

消费者均衡的研究基于以下三个假设。第一，消费者的偏好是既定的。也就是说，消费者对各种商品的效用、边际效用的评价是既定的。第二，消费者的收入是既定的，货币的边际效用是不变的。第三，商品的价格是既定的。消费者均衡正是要说明在上述假设条件下，消费者如何把有限的货币收入分配在各种商品的购买中以获得最大的效用。

在基数效用论中，消费者实现效用最大化的均衡条件是：消费者用全部的收入所购买的各种商品所带来的边际效用与该商品价格之比相等，或者说消费者应使花在每一种商品上的最后一个单位货币所提供的边际效用都相等。

假定消费者的收入为 I，购买 n 种商品，P_1，P_2，…，P_n 分别为这 n 种商品的既定价格，Q_1，Q_2，…，Q_n 分别表示这 n 种商品的数量，MU_1，MU_2，…，MU_n 分别表示这 n 种商品的边际效用，λ 为不变的货币的边际效用，则上述的消费者效用最大化的均衡条件可以用公式表示为

$$P_1Q_1+P_2Q_2+\cdots+P_nQ_n=I \tag{4-2}$$

$$\frac{MU_1}{P_1}=\frac{MU_2}{P_2}=\cdots=\frac{MU_n}{P_n}=\lambda \tag{4-3}$$

其中，式（4-2）是约束条件，式（4-3）是约束条件下消费者实现效用最大化的均衡条件。式（4-3）表示消费者应选择最优的商品组合，使自己花费在各种商品上的最后一元钱所带来的边际效用相等，并且等于货币的边际效用。

下面以消费者购买两种商品为例，具体说明消费者效用最大化的均衡条件。在购买两种商品情况下的消费者效用最大化的均衡条件为

$$P_1Q_1+P_2Q_2=I \tag{4-4}$$

$$\frac{MU_1}{P_1}=\frac{MU_2}{P_2}=\lambda \tag{4-5}$$

为什么说只有当消费者实现了以上均衡条件时，才能获得最大的效用呢？

首先，我们来分析$\frac{MU_1}{P_1}=\frac{MU_2}{P_2}$这个等式。当$\frac{MU_1}{P_1}<\frac{MU_2}{P_2}$时，对于消费者来说，每单位货币购买商品 1 所得到的边际效用小于购买商品 2 所得到的边际效用。这样，理性的消费者就会增加对商品 2 的购买量，减少对商品 1 的购买量。在这样的调整过程中，一方面，在消费者用减少一个单位货币的商品 1 的购买量来增加一个单位货币的商品 2 的购买量时，由于在商品 1 上的效用减少量小于商品 2 上的效用增加量，因此消费者的总效用是增加的。另一方面，在边际效用递减规律的作用下，商品 1

的边际效用会随其购买量的不断减少而递增，商品 2 的边际效用会随其购买量的不断增加而递减。当消费者将商品 1 和商品 2 的购买量调整到使$\frac{MU_1}{P_1}=\frac{MU_2}{P_2}$时，他便得到了由减少商品 1 的购买量和增加商品 2 的购买量所带来的总效用增加的全部好处，这时消费者获得了最大的效用。相反，当$\frac{MU_1}{P_1}>\frac{MU_2}{P_2}$时，根据同样的道理，消费者也会进行调整，增加商品 1 的购买量，减少商品 2 的购买量，直到$\frac{MU_1}{P_1}=\frac{MU_2}{P_2}$，从而获得最大的效用。

第二节 序数效用论

20 世纪 30 年代，序数效用的概念为大多数西方经济学家所使用，它是为了弥补基数效用论的缺点而提出来的另一种研究消费者行为的理论。序数效用论者认为，效用作为一种心理现象是无法具体衡量的，更不能像基数效用理论那样简单地加和求总，只能通过满足程度的顺序或等级来进行效用的比较，用序数（第一、第二、第三……）来表示。例如，消费者看了一场电影与吃了一顿丰盛的晚餐，他从中得到的效用是无法衡量的，也是无法求和的，更不能用基数效用理论来表示。一般消费者的回答是更偏好哪种需求，即哪一种消费的效用是第一，哪一种消费的效用是第二。如果他更偏好于看电影，就可以说电影的效用第一，晚餐的效用第二。

在现代微观经济学中，通常使用的是序数效用的概念。序数效用论者一般采用无差异曲线的分析方法来考察消费者行为，并在此基础上利用预算约束线来说明预算约束，将其一并联系起来分析消费者均衡与消费者剩余。

一、无差异曲线

（一）消费者偏好的假定

在序数效用论者看来，效用是无法具体衡量的，但是我们又要有相对的比较。基于此点，序数效用论者提出了消费者偏好这一概念。所谓消费者偏好就是消费者对于商品喜爱或喜欢的程度。消费者对于不同的商品，偏好程度是不同的。正是由于这种偏好程度的差异，消费者能够根据自己的意愿，对其所消费的不同商品的喜好顺序进行排列。

在对其偏好程度排列之时，需要遵循序数效用论者提出的消费者偏好的三个基本假设。

1. 消费者偏好的完备性

消费者偏好的完备性是指消费者总是能比较和排列出任意两个商品的效用水平之间的高低关系。如商品 A 与 B 的组合，理性的消费者总是能从对商品 A 的偏好大于对商品 B 的偏好、小于对商品 B 的偏好以及等于商品 B 的偏好这三个选择中作出判断。这一假设保证了消费者总是能理性而且准确地表达出自己的偏好需求。

2. 消费者偏好的可传递性

消费者偏好的可传递性是指对于任何三个商品 A、B、C，如果对 A 的偏好大于对 B 的偏好，对 B 的偏好大于对 C 的偏好，那么对 A 的偏好一定大于对 C 的偏好。

3. 消费者偏好的非饱和性

消费者偏好的非饱和性是指理性的消费者总是喜欢数量多的商品，而非数量少的，即人们经常说的多多益善。如果在得到更多的商品或服务的同时，消费者并没有损失什么，那么消费者会对自己的选择满意。

只有在符合以上三个假设的前提下，我们才说该消费者是理性的。

（二）无差异曲线的定义和特点

1. 无差异曲线的定义

无差异曲线也称等效用曲线，它用来表示能给消费者带来相同的效用水平和满足程度的两种商品的所有组合。

假如，现在有苹果和梨两种商品，它们有 a、b、c、d、e 五种组合方式，这五种组合方式能给消费者带来同样的效用，如表 4-2 所示。

表 4-2　无差异曲线

商品组合	苹果	梨
a	1	11
b	3	7
c	5	4
d	7	2
e	9	1

把这五种组合画在以苹果数量为横轴、梨数量为纵轴的平面图上，并连成曲线，这条曲线就是一条无差异曲线，该曲线上的所有点给消费者带来的效用是相等的。在这个平面上，我们可以画出多条无差异曲线，如图 4-3 所示。

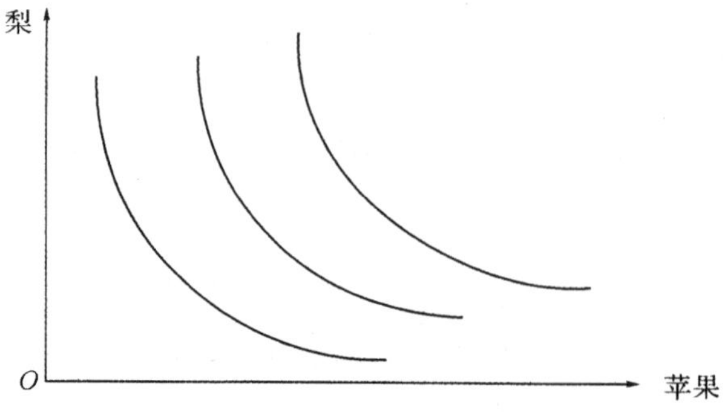

图 4-3　三条无差异曲线

2. 无差异曲线的特点

无差异曲线具有以下四个特点。

(1) 无差异曲线是一条向右下方倾斜的曲线，各切点的斜率为负值。这表明在收入与价格既定的条件下，两种商品之间具有一定的替代关系，在保持总效用不变的情况下，在增加一种商品消费的同时，必须减少另一种商品的消费，两种商品的消费是不能同时增加或减少的。

(2) 在同一坐标平面上可以有无数条无差异曲线，距离原点越远的无差异曲线代表的效用水平越高。同一条无差异曲线代表相同的效用，不同的无差异曲线代表不同的效用。因为效用函数是一个连续的函数，在任何两条无差异曲线之间都存在无数条无差异曲线。

(3) 在同一坐标平面上的任何两条无差异曲线都不相交。利用反证法，若两条无差异曲线相交了，则该交点说明：同一个商品组合可以有不同的效用，显然与定义是矛盾的。

(4) 无差异曲线是凸向原点的。随着横轴的延伸，曲线会变得越来越平坦，这一特征源于边际效用递减规律。

(三) 边际替代率的概念及递减规律

1. 边际替代率的概念

同一条无差异曲线上的不同点，代表了两种商品的不同组合，这些不同组合带给消费者的效用却是一样的。这就说明在维持效用水平不变的前提条件下，消费者要增加一种商品的消费，就必须放弃另一种商品的一部分消费。这种在维持效用水平不变的前提下，消费者增加一个单位某种商品的消费数量时，所需要放弃的另一种商品的消费数量，被称为边际替代率。

商品 1 对商品 2 的边际替代率的公式为

$$MRS_{12}=\left|\frac{\Delta X_2}{\Delta X_1}\right| \tag{4-6}$$

其中，MRS_{12} 为商品 1 对商品 2 的边际替代率，ΔX_1 为商品 1 的消费数量的变化量，ΔX_2 为商品 2 的消费数量的变化量。

MRS_{12} 表示为了增加一个单位的商品 1 的消费，必须减少一个单位的商品 2 的消费。从边际替代率的概念来看，它应该是一个负数，并且等于无差异曲线的斜率。为了方便起见，一般取其绝对值。

2. 边际替代率递减规律

在维持效用水平不变的前提下，随着一种商品消费数量的连续增加，消费者为得到每一个单位的这种商品所需要放弃的另一种商品的消费数量是递减的，此即边际替代率递减规律。

之所以会产生这种现象，是因为随着一种商品的消费数量的逐步增加，消费者想要获得更多的这种商品的愿望就会递减，从而他为了获得一个单位的这种商品而愿意放弃的另一种商品的数量就会越来越少。

（四）无差异曲线的特殊形式

一般的无差异曲线的斜率是负数，且边际替代率呈递减规律，但是在一些特殊的情况下，无差异曲线不是凸向原点的，商品边际替代率不是递减的。当两种商品是完全替代品或完全互补品时，就会出现这种特殊的无差异曲线。

完全替代品指替代比例是固定不变的两种商品。边际替代率为一个常数 C，相应的无差异曲线是直线型无差异曲线。例如，在某消费者看来，大米和面粉之间无差异，两者总是以 1∶1 的比例替代，如图 4-4 所示。

完全互补品指按照固定比例同时消费的两种商品。例如，一双鞋子的左脚鞋与右脚鞋必须同时搭配使用，相应的无差异曲线为直角型无差异曲线。如图 4-5 所示，其中水平部分表示无论右脚鞋如何增加，都不能减少左脚鞋的数量，因而右脚鞋对左脚鞋的边际替代率为零；图中的垂直部分表示无论左脚鞋如何增加，都不能增加右脚鞋的数量，因而左脚鞋对右脚鞋的边际替代率为无穷大。

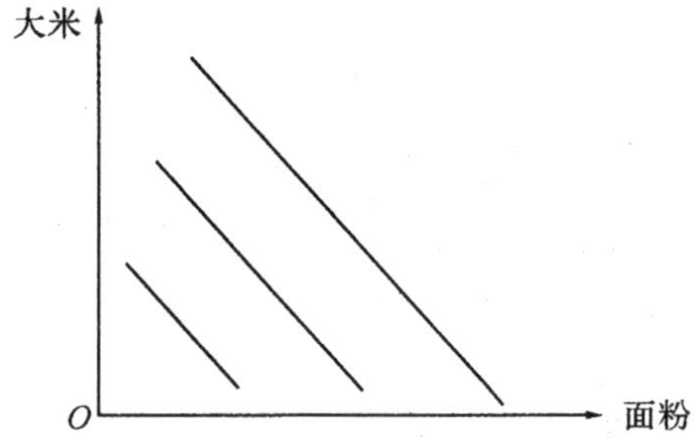

图 4-4　完全替代品的无差异曲线

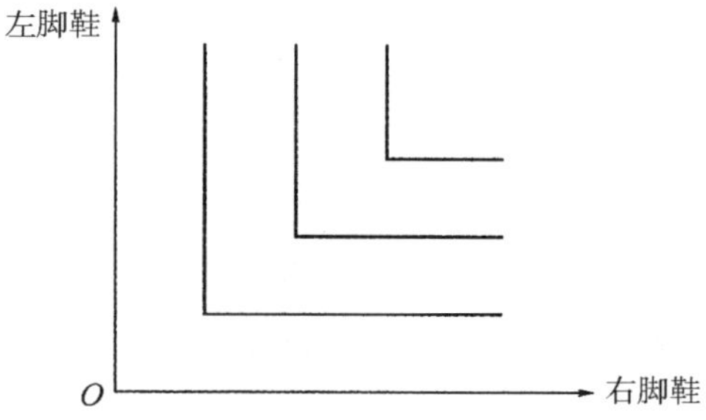

图 4-5　完全互补品的无差异曲线

二、预算约束线

每一个理性的消费者总是希望自己在购买商品或服务时实现效用最大化。但是这一愿望必然会受到现实的制约。一般来说，消费行为的发生会受到两方面的限制：一是消费者的收入水平；二是商品或服务的价格。这就是预算约束，它可以用预算约束线来说明。

（一）预算约束线的概念

预算约束线又称预算线、消费可能线和价格线，是指在消费者收入和商品价格既定的条件下，消费者的全部收入所能购买到的两种商品的各种组合。预算约束线方程为

$$I=P_1\cdot Q_1+P_2\cdot Q_2 \tag{4-7}$$

式（4-7）中，I 表示收入；P_1、P_2 分别表示第 1 种、第 2 种商品的价格；Q_1、Q_2 分别表示第 1 种、第 2 种商品的购买数量。

假定某消费者的收入是 900 元，商品 1 的价格为 20 元，商品 2 的价格为 30 元。如果全部购买商品 1，可以购买 45 个单位；如果全部购买商品 2，可以购买 30 个单位。这样可以做出图 4-6，图中的

直线就是预算约束线。其中，A 点表示全部收入购买商品 2 时的组合点，B 点表示初始价格下，全部收入购买商品 1 时的组合点，B_1 点表示商品 1 价格变化后，全部收入购买商品 1 时的组合点。

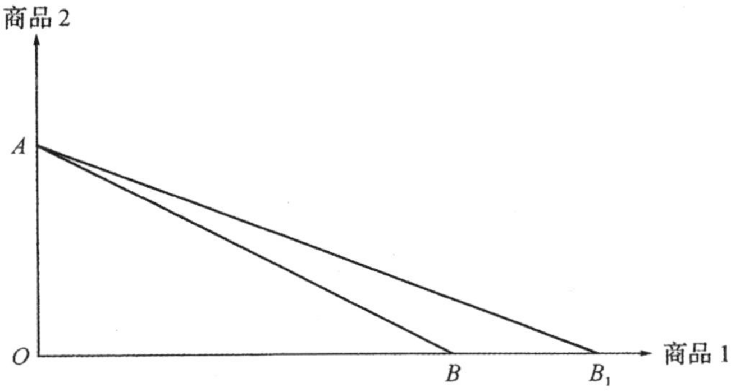

图 4-6　预算约束线

预算约束线表明了消费者消费行为的限制。这种限制就是购买物品所花的钱不能大于收入，也不能小于收入。大于收入是在收入既定条件下无法实现的，小于收入则无法实现效用最大化。

（二）预算约束线的变动

如前所述，只要给定消费者的收入 I 以及两种商品的价格 P_1 和 P_2，则相应的预算线的位置和形状也就确定了。如果收入或价格变动了，预算约束线会发生什么样的变化呢？

如果商品价格不变而消费者的收入变动，则预算约束线会平行移动。收入增加，预算约束线向右平行移动；收入减少，预算约束线向左平行移动，如图 4-7 所示。在图 4-7 中，AB 为原来的预算约束线。当收入增加时，预算约束线移动至 A_1B_1 线；同理，当收入减少时，预算约束线移动至 A_2B_2 线。

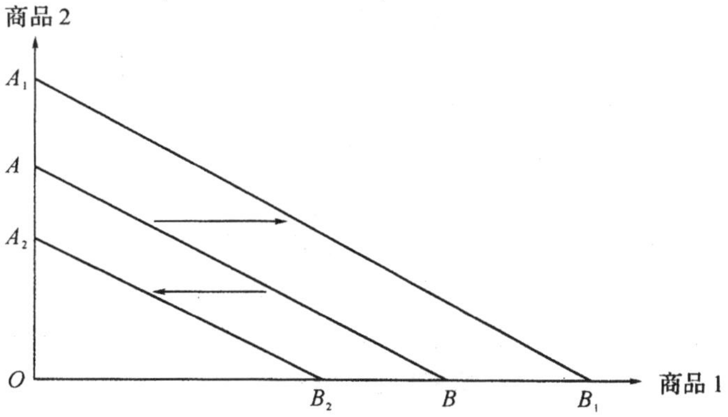

图 4-7　预算约束线的平移

如果收入不变而两种商品的价格同比例上升或下降，则其结果与收入变动相同。

如果收入不变而两种商品的价格不成比例变动，则预算约束线也要移动，但并不是如上面所说的平行移动。假如商品 1 的价格下降，而商品 2 的价格与消费者收入不变，则消费可能线的变动如图

4-8 所示。图 4-8 中显示，当消费者的收入与商品 2 的价格不变，而商品 1 的价格下降，则消费可能线由 AB 移动为 AB_1。

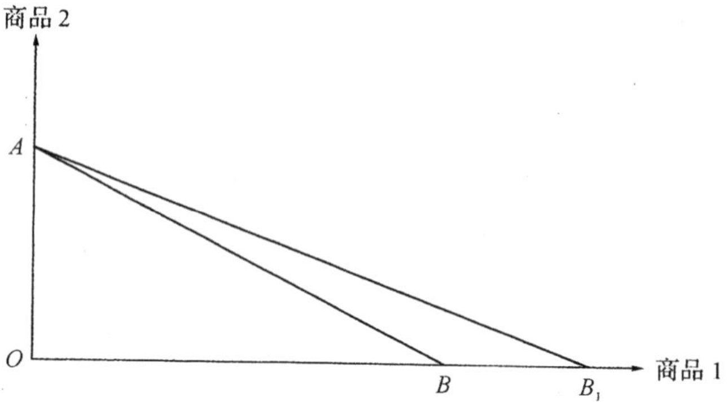

图 4-8　预算约束线的移动

三、消费者均衡

现在我们把无差异曲线与预算约束线结合在一起来分析消费者均衡的实现。

如果把无差异曲线与预算约束线结合在一个图上，那么预算约束线必定与无数条无差异曲线中的一条相切，在这个切点上就实现了消费者均衡，如图 4-9 所示。

消费者的最优购买行为（消费者均衡）必须满足两个条件。第一，最优的商品购买组合必须是消费者最偏好的商品组合。也就是说，最优的商品购买组合必须是能够给消费者带来最大效用的商品组合。第二，最优的商品购买组合必须位于给定的预算约束线上。

下面，利用图 4-9 来具体说明消费者的最优购买行为。

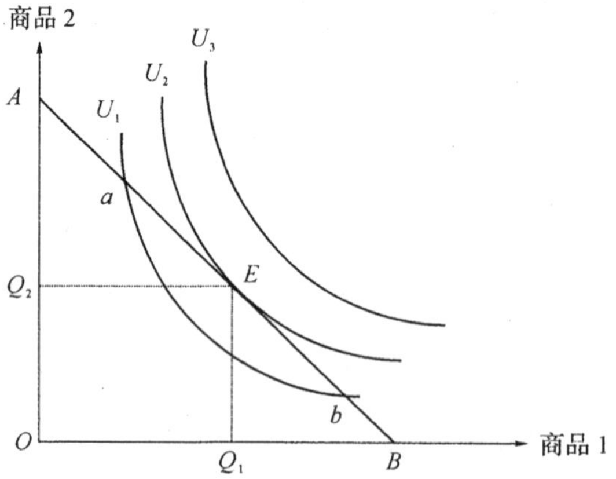

图 4-9　消费者均衡

首先，假定消费者的偏好给定，再假定消费者的收入和两种商品的价格给定，那么消费者应如何选择最优的商品组合，以获得最大的效用呢？

在图 4-9 中找出该消费者实现效用最大化的最优商品组合。只有预算约束线 AB 和无差异曲线 U_2 的切点 E，才是消费者在预算约束下能够获得最大效用的均衡点。在均衡点 E 处，相应的购买组合为（Q_1，Q_2）。

为什么只有 E 点才是消费者效用最大化的均衡点呢？这是因为，就无差异曲线 U_3 来说，虽然它的效用水平高于无差异曲线 U_2，但它与既定的预算约束线 AB 既无交点又无切点。这说明消费者在既定的收入下无法实现无差异曲线 U_3 上任何一点的商品组合的购买。就无差异曲线 U_1 来说，虽然它与既定的预算约束线 AB 交于 a、b 两点（这表明消费者利用现有收入可以购买 a、b 两点的商品组合），但是这两点的效用水平低于无差异曲线 U_2 的效用水平，因此理性的消费者不会用全部收入去购买无差异曲线 U_1 上 a、b 两点的商品组合。事实上，就 a 点和 b 点来说，若消费者能改变购买组合，选择 AB 线段上位于 a 点右边、b 点左边的任何一点的商品组合，都可以落在比 U_1 效用更高的无差异曲线上，从而获得比 a 点和 b 点更大的效用水平。这种沿着 AB 线段由 a 点向右和由 b 点向左的运动，最后必定在 E 点达到均衡。可以得出，只有当既定的预算约束线 AB 和无差异曲线 U_2 相切于 E 点时，消费者才会在既定的预算约束条件下获得最大的满足。所以 E 点就是消费者实现效用最大化的均衡点。

其次，要找出消费者效用最大化的均衡条件。在切点 E，无差异曲线和预算约束线的斜率是相等的。无差异曲线的斜率的绝对值就是商品的边际替代率 MRS_{12}。预算约束线的斜率的绝对值可以用两种商品的价格之比 P_1/P_2 来表示。于是，在均衡点 E 有

$$MRS_{12}=\left|\frac{\Delta X_2}{\Delta X_1}\right|=\frac{P_1}{P_2} \tag{4-8}$$

这就是消费者效用最大化的均衡条件。它表示，在一定的预算约束下，为了实现效用最大化，消费者应该选择最优的商品组合，使两种商品的边际替代率等于两商品的价格之比。也可以这样理解，在消费者均衡点上，消费者为了获得一个单位的商品 1 而交换出去的商品 2 的数量（MRS_{12}），应该等于该消费者能够在市场上用一个单位的商品 1 去交换得到的商品 2 的数量（P_1/P_2）。

为什么说只有当 $MRS_{12}=\dfrac{P_1}{P_2}$时，消费者才能获得最大的满足呢？

因为如果

$$MRS_{12}=\left|\frac{\Delta X_2}{\Delta X_1}\right|=\frac{1}{0.5}>\frac{1}{1}=\frac{P_1}{P_2}$$

那么，从不等式右边看，在市场上消费者减少一个单位的商品 2 的购买量，就可以增加一个单位的商品 1 的购买量。而从不等式左边看，消费者的偏好认为，在减少一个单位的商品 2 时，只需增加 0.5 个单位的商品 1，就可以维持原有的满足程度。这样，消费者就因多得到的 0.5 个单位的商品 1 而使总效用增加。所以，在这种情况下，理性的消费者必然会不断减少对商品 2 的购买量和增加对商品 1 的购买量，以便获得更大的效用。

相反，如果

$$MRS_{12}=\left|\frac{\Delta X_2}{\Delta X_1}\right|=\frac{0.5}{1}<\frac{1}{1}=\frac{P_1}{P_2}$$

那么从不等式右边看，在市场上消费者减少一个单位的商品 1 的购买，就可以增加一个单位的商品 2 的购买。而从不等式左边看，消费者的偏好认为，在减少一个单位的商品 1 时，只需增加 0.5 个单位

的商品 2，就可以维持原有的满足程度。这样，消费者就因多得到的 0.5 个单位的商品 2 而使总效用增加。所以，在这种情况下，理性的消费者必然会不断减少对商品 1 的购买量和增加对商品 2 的购买量，以便获得更大的效用。

显然，只有当消费者将两种商品的消费量调整到 $MRS_{12}=\frac{P_1}{P_2}$ 时，消费者才处于一种既不想再增加也不想再减少任何一种商品购买量的状态，即消费者均衡状态。这时，消费者获得了最大的满足。

四、消费者剩余

（一）消费者剩余的概念

假设一个消费者饥饿难耐，在他购买第一个包子来解决自己饥饿的时候，他愿意支付的最高价格为 5 元，然而一个包子的实际市场价格为 0.5 元，于是他愿意支付的最高价格与实际支付的价格之差为 4.5 元，这就是消费者剩余。我们知道消费者在市场上购买物品是为了获得满足或效用，而且一个购买行为发生之后，消费者的情况得到了改善，否则理性消费者就不会发生这种购买行为。那么我们如何去衡量这种境况的改善？这就引出了“消费者剩余”的概念。消费者愿意对某物品支付的价格与他实际支付价格的差额就是消费者剩余。这一概念最早源于英国经济学家马歇尔，他所下的定义是：他宁愿付出而不愿得不到此物品的价格，超过他实际付出的价格的部分，是这种剩余满足的经济衡量。这个部分就称为“消费者剩余”。

但是在理解这一概念上，我们应该明确，消费者剩余并不是实际收入的增加，只是一种心理上的感觉；不同商品的消费者剩余不同，一般来说，生活必需品的消费者剩余空间更大，因为消费者对这类物品的效用评价高，愿支付的价格也高，但这类物品的市场价格一般并不高。

（二）消费者剩余的衡量方法

在这里我们用最直观的图例法来表示消费者剩余。根据定义我们知道，消费者剩余是指消费者愿意对某物品所支付的价格与他实际支付价格之间的差额。而实际支付的价格是一个市场价格，这个市场价格是由整个市场的供求关系所决定的，不以某一消费者的愿望为转移。某一消费者对该物品的购买仅占市场很小的比例，对整个宏观市场是没有决定性作用的，因此市场的价格是稳定的。

在上述购买包子的例子中，消费者愿意支付的第一个包子价格为 5 元，而实际支付是 0.5 元，此时消费者剩余是 4.5 元。随着该消费者购买这一物品数量的增加，他愿意付出的价格在下降，但市场的价格始终不变。这样，随着消费者购买数量的增加，他从每单位物品购买中所获得的消费者剩余在减少，如表 4-3 所示。消费者剩余如图 4-10 所示，图中网格部分表示当市场价格是

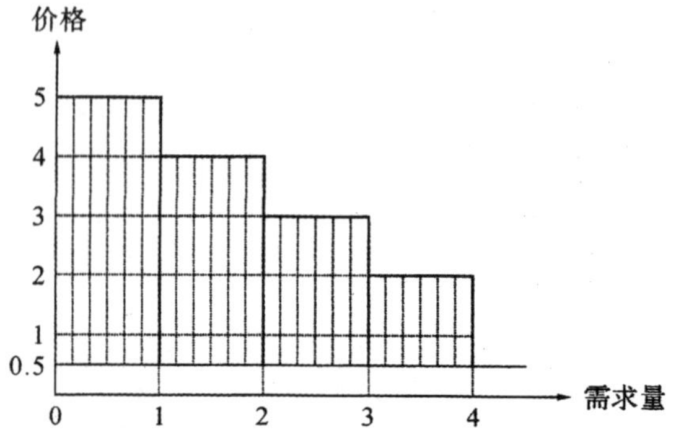

图 4-10　购买包子的消费者剩余

0.5 元时，购买该商品所获得的消费者剩余。

表 4-3　购买包子的消费者剩余

购买序号	愿意支付的价格（元）	消费者剩余
第 1 个	5	4.5
第 2 个	4	3.5
第 3 个	3	2.5
第 4 个	2	1.5

消费者剩余是一种心理现象。消费者在自己的日常购买行为中很少会想到它的存在，这是经济学家抽象出来的概念。但同时这也是一个十分有用的概念，可以用来解释许多经济现象，也是衡量消费者福利的指标。消费者从购买某种物品中得到的消费者剩余越大，说明生产与交易这种物品的活动给消费者带来的福利就越大。消费者剩余以及后面章节介绍的生产者剩余通常会一起被用来研究社会福利、国际贸易的比较利益、政府政策等其他经济学的问题。

第三节　收入效应和替代效应

一、收入效应和替代效应的含义

一种商品价格的变化会引起对该商品需求量的变化，导致这种变化的原因可以分别从收入效应和替代效应去分析。

收入效应是指由商品的价格变化引起消费者实际收入水平变动，进而由实际收入水平的变动所引起的商品需求量的变动。例如，当某商品的价格下降时，对消费者来说，虽然他的收入不变，但会使现有收入的购买力增强，也就是说实际收入水平提高，于是消费者会增加这种商品的购买量，以达到更高的效用水平。这就是收入效应。

替代效应是指商品的价格变动引起商品的相对价格变动，进而由商品的相对价格变动所引起的商品需求量的变动。例如，当商品 1（猪肉）的价格下降，使得价格不变的商品 2（牛肉）显得较以前贵了。于是消费者会增加商品 1 的购买量而减少商品 2 的购买量，这就是替代效应。替代效应不把实际收入水平变动的影响考虑在内，所以替代效应不改变消费者的效用水平。

由以上分析可得，收入效应表示消费者的效用水平发生了变化，替代效应则不改变消费者的效用水平。

二、正常物品的收入效应和替代效应

下面，我们运用无差异曲线和预算约束线来分析收入效应和替代效应。图 4-11 中的横轴和纵轴分别表示商品 1 和商品 2 的数量。商品 1 是正常物品。商品价格变化之前，消费者的预算线束线为 AB，该预算约束线与无差异曲线 U_1 相切于 a 点，a 点是消费者效用最大化的一个均衡点，相应的商品 1 的需求量为 X_1。现在假定商品 1 的价格 P_1 下降，使预算约束线从 AB 移至 AB'，均衡点从 a 移至 b，相应的商品 1 的需求量从 X_1 增至 X_2，即增加 X_1X_2，这便是商品 1 的价格 P_1 下降所引起的总效应。这个总效应可以被分解为替代效应和收入效应，即 $X_1X_2=X_1X_3+X_3X_2$。

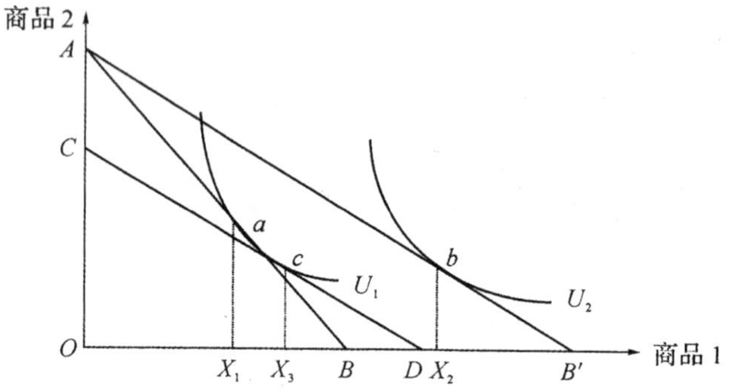

图 4-11　正常物品的收入效应和替代效应

为了分析替代效应，首先要剔除收入效应带来的影响，这需要利用补偿预算线这一分析工具。补偿预算线是指当商品价格发生变化引起消费者的实际收入水平发生变化，用来表示以假设的货币收入的增减来维持消费者的实际收入水平不变的一种分析工具。也就是说，当商品价格下降引起实际收入水平提高时，假设可以取走消费者的一部分货币收入，使消费者的实际收入维持原来的水平，则补偿预算线就可以用来表示使消费者的货币收入下降到只能维持原有的无差异曲线的效用水平(原有的实际收入水平)；当商品价格上升引起实际收入水平下降时，假设给消费者的损失给予一定的货币收入补偿，使消费者的实际收入维持原来的水平，则补偿预算线在此就可以用来表示使消费者的货币收入提高到能维持原有的无差异曲线的效用水平。

如图 4-11 所示，具体做法是作一条与预算结束线 AB'平行且与无差异曲线 U_1 相切的补偿预算线 CD，这样就剔除了实际收入水平增加所带来的影响。这样，由于商品相对价格发生变化，补偿预算线从 AB 移至 CD，相应的均衡点从 a 移至 c，对商品 1 的需求量从 X_1 增加到 X_3，增加了 X_1X_3。增加的 X_1X_3 就是在剔除了实际收入水平变化影响以后的替代效应。在这里，由 P_1 下降所引起的需求量的增加量 X_1X_3 是一个正值。由此可见，正常物品的替代效应与价格呈反方向变动。

现在让补偿预算线从 CD 向外平移至 AB'，相对价格没有变，而收入有所上升，这是由于商品价格下降而带来消费者实际收入的上升。相应的均衡点从 c 移至 b，对商品 1 的需求量从 X_3 增加到 X_2，增加了 X_3X_2，增加的需求量 X_3X_2 就是仅仅由于实际收入增加而发生的收入效应。在这里，收入效应 X_3X_2 是一个正值。这是由于当商品 1 的价格下降使实际收入水平增加时，消费者肯定会增加对商品 1 的购买。由此可见，正常物品的收入效应与价格呈反方向变动。

综上所述，对于正常物品来说，替代效应与价格呈反方向变动，收入效应与价格也呈反方向变动，在它们的共同作用下，总效应（需求量的变动）必定与价格呈反方向变动。正因如此，正常物品的需求曲线是向右下方倾斜的。

三、低档物品的收入效应与替代效应

在分析低档物品的收入效应和替代效应之前，必须了解它与正常物品的区别，以及由此带来的这两类商品的各自收入效应的特点。

商品可以分为正常物品和低档物品两大类。正常物品和低档物品的区别在于：正常物品的需求量与消费者的收入水平呈同方向变动，也就是说，正常物品的需求量随着消费者收入水平的提高而增加，随着消费者收入水平的下降而减少。而低档商品的需求量与消费者的收入水平呈反方向变动，也就是说，低档商品的需求量随着消费者收入水平的提高而减少，随着消费者收入水平的下降而增加。

由此可以推知，当某正常物品的价格下降（或上升）导致消费者实际收入提高（或下降）时，消费者会增加（或减少）对该正常物品的需求量。也就是说，正常物品的收入效应与价格呈反方向变动，所以在图 4-11 中，c 点必定落在 a、b 两点之间。而对于低档物品来说，当某低档物品的价格下降（或上升）导致消费者的实际收入水平提高（或下降）时，消费者会减少（或增加）对该低档物品的需求量。也就是说，低档物品的收入效应与价格呈同方向变动。

由于正常物品和低档物品的区别不对它们各自的替代效应产生影响，所以对所有商品来说，替代效应与价格都是呈反方向变动的。

下面用图 4-12 分析低档物品价格下降时的收入效应和替代效应。

图 4-12 中的横轴和纵轴分别表示商品 1 和商品 2 的数量，其中商品 1 是低档物品。商品价格变化之前，消费者的预算线为 AB，该预算线与无差异曲线 U_1 相切于 a 点，a 点是消费者效用最大化的一个均衡点，相应的商品 1 的需求量为 X_1。现在假定商品 1 的价格 P_1 下降，使预算线从 AB 移至 AB'，均衡点从 a 移至 b，相应的商品 1 的需求量从 X_1 增至 X_2，即增加 X_1X_2，这便是商品 1 的价格 P_1 下降所引起的总效应。这个总效应可以被分解为收入效应和替代效应。现在，作一条与预算线 AB' 平行且与无差异曲线 U_1 相切的补偿预算线 CD，便可将总效应分解成收入效应和替代效应。具体来看，P_1 下降所引起的商品相对价格的变化，使预算线从 AB 移至 CD，相应的均衡点从 a 移至 d，对商品 1 的需求量增加了 X_1X_3，这就是替代效应，是个正值。现在让预算约束线从 CD 向外平移至 AB'，相对价格没有变，而收入有所上升，这是由于商品价格下降而带来的消费者实际收入的上升。相应的均衡点从 d 移至 b，对商品 1 的需求量从 X_3 减少到 X_2，减少了 X_3X_2，这就是收入效应。在这里，收入效应 X_3X_2 是一个负值。这是由于当商品 1 的价格下降使实际收入水平增加时，消费者会减少对商品 1 的购买。由于收入效应是个负值，所以图 4-12 中的 b 点必定落在 a、d 两点之间。

从图 4-12 中看出，商品 1 的价格 P_1 下降所引起的商品 1 的需求量变化的总效应为 X_1X_2，它等于正的替代效应 X_1X_3 和负的收入效应 X_3X_2 之和，并且由于替代效应 X_1X_3 的绝对值大于收入效应 X_3X_2 的绝对值，所以总效应 X_1X_2 为正值。

综上所述，对于低档物品来说，替代效应和价格呈反方向变动，收入效应与价格呈同方向变动，而且多数情况下，替代效应的作用大于收入效应的作用，所以总效应与价格呈反方向变动，相应的需求曲线也是向右下方倾斜的。

但是，在少数情况下，某些低档物品的收入效应会大于替代效应的作用，在这种情况下总效应与价格呈同方向变动。这种需求量与价格呈同方向变动的特殊低档商品也被称为吉芬物品。

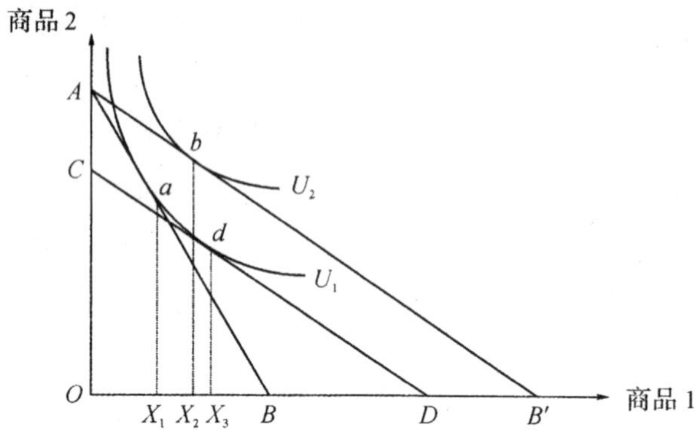

图 4-12　低档物品的收入效应和替代效应

四、吉芬物品的收入效应与替代效应

吉芬物品是英国人吉芬在 19 世纪发现的。19 世纪中叶，爱尔兰发生灾荒，土豆价格上升，但是土豆需求量却反而增加了。这一现象在当时被称为“吉芬难题”。

那么，为什么吉芬物品的需求曲线向右上方倾斜呢？我们结合图 4-13 来分析。图 4-13 中的横轴和纵轴分别表示商品 1 和商品 2 的数量，其中商品 1 是吉芬物品。商品价格变化之前，消费者的预算线为 AB，该预算线与无差异曲线 U_1 相切于 a 点，a 点是消费者效用最大化的一个均衡点，相应的商品 1 的需求量为 X_1。现在假定商品 1 的价格 P_1 下降，使预算线从 AB 移至AB'，均衡点从 a 移至b，相应的商品 1 的需求量减少 X_1X_2，这便是商品 1 的价格 P_1 下降所引起的总效应。这个总效应可以被分解为替代效应和收入效应。通过作补偿预算线 CD 可得，X_1X_3 是替代效应，是正值，X_3X_2 是收入效应，是负值。并且，正的替代效应 X_1X_3 的绝对值小于负的收入效应 X_3X_2 的绝对值，于是最后形成的总效应 X_1X_2 为负值。在图 4-13 中，a 点必定落在 b、c 两点之间。

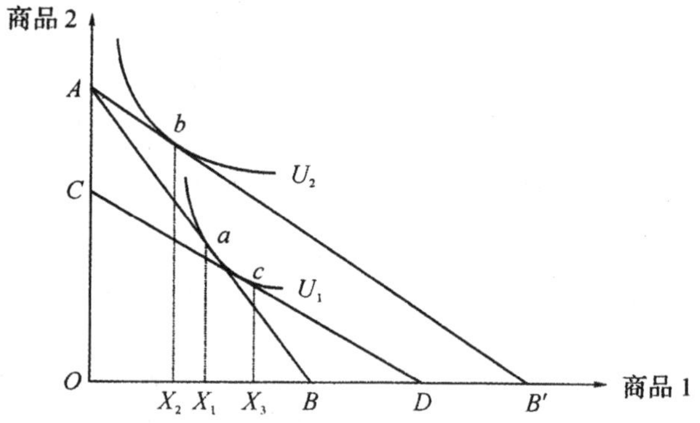

图 4-13　吉芬物品的收入效应和替代效应

由此可得，吉芬物品是一种特殊的低档物品。吉芬物品的替代效应与价格呈反方向变动，收入效应则与价格呈同方向变动。吉芬物品的特殊性就在于：它的收入效应的作用很大，超过了替代效应的作用，从而使总效应为负值，总效应与价格呈同方向变动。这也是吉芬物品的需求量呈现出向右上方倾斜的特殊形状的原因。

由此就可以解释“吉芬难题”了。当时的爱尔兰，购买土豆的消费支出在多数贫困家庭的收入中占较大的比例，所以土豆价格的上升导致贫困家庭实际收入水平大幅下降。在这种情况下，变得更穷的人们不得不大量增加对土豆的购买，这样形成的收入效应非常大，超过了替代效应，于是出现了土豆的需求量随着价格上升而增加的特殊现象。

下面将本节分析正常物品、低档物品和吉芬物品的收入效应和替代效应所得的结论综合于表 4-4。

表 4-4　商品价格变化所引起的收入效应和替代效应

商品类别	替代效应与价格的关系	收入效应与价格的关系	总效应与价格的关系	需求曲线的形状
正常物品	呈反方向变化	呈反方向变化	呈反方向变化	向右下方倾斜
低档物品	呈反方向变化	呈同方向变化	呈反方向变化	向右下方倾斜
吉芬物品	呈反方向变化	呈同方向变化	呈同方向变化	向右上方倾斜

第四节　基数效用论与序数效用论的比较

基数效用论和序数效用论作为两种不同的消费者行为理论，既有一定的区别，又有一定的联系。

一、基数效用论和序数效用论的区别

第一，各自的假设不同。基数效用论者认为，效用的大小可以用基数度量并可以加总。也就是说，消费者消费某一商品或劳务所得到的满足程度可以用效用单位来进行衡量，消费者消费几种物品所得到的满足程度可以加总而得出总效用。而序数效用论者认为，效用作为一种主观感受无法计量，也不能加总求和，只能表示出满足程度的高低和顺序，因此效用只能用序数来表示。

第二，分析工具和方法不同。基数效用论主要采用边际效用分析方法，利用边际效用递减规律来推导消费者均衡。序数效用论主要采用无差异曲线分析法，利用预算约束线和无差异曲线来推导消费者均衡。

二、基数效用论和序数效用论的联系

第一，所得出的消费者均衡条件实质上是相同的。下面的推导将说明这一点。

在保持效用水平不变的前提下，消费者增加一个单位某种商品的消费量所带来的效用的增加量和相应减少的另一种商品的消费量所带来的效用的减少量必定是相等的。即有

$$|MU_1 \cdot \Delta X_1| = |MU_2 \cdot \Delta X_2| \tag{4-9}$$

式（4-9）可以写为

$$MR_{S_{1}2} = \left|\frac{\Delta X_2}{\Delta X_1}\right| = \frac{MU_1}{MU_2} \tag{4-10}$$

又因为在预算约束条件下，消费者增加一个单位某种商品的货币支出和相应减少的另一种商品的货币收入是相等的，因此以下等式成立：

$$|\Delta X_1| \cdot P_1| = |\Delta X_2 \cdot P_2| \tag{4-11}$$

结合以上两式可得序数效用论关于消费者均衡的条件为

$$MRS_{12}=\frac{MU_1}{MU_2}=\frac{P_1}{P_2} \tag{4-12}$$

或者

$$\frac{MU_1}{P_1}=\frac{MU_2}{P_2}=\lambda \tag{4-13}$$

而式（4-13）与基数效用论关于消费者均衡的条件是相同的。

第二，基数效用论和序数效用论都是一种消费者行为理论，研究的问题都是消费者如何在既定收入约束条件下追求效用最大化的过程。

第三，基数效用论和序数效用论推导的需求曲线具有相同的趋势，即需求曲线向右下方倾斜，符合需求定律，且需求曲线上的任何一点消费者都获得了效用最大化。

思考与练习

1. 某消费者有 120 元，当商品 1 的价格为 20 元、商品 2 的价格为 10 元时，各种不同数量的商品 1 和商品 2 的边际效用如表 4-5 和表 4-6 所示。

表 4-5　商品 1 的边际效用

Q_1	1	2	3	4	5	6
MU_1	16	14	12	5	2	1

表 4-6　商品 2 的边际效用

Q_2	1	2	3	4	5	6	7	8	9	10	11	12
MU_2	10	8	7.5	7	6.5	6	5.5	5	4.5	4	3.5	3

购买几单位商品 1 和几单位商品 2 时，可以实现效用最大化？这时货币的边际效用是多少？

2. 某学生还剩 3 门考试，现在只有 7 天时间复习，每门课程的复习时间与预期成绩如表 4-7 所示。

表 4-7　3 门考试不同复习时间与预期成绩的对比

天数	0	1	2	3	4	5	6	7
微积分	30	48	60	70	78	84	88	90
微观经济学	40	55	67	75	81	85	87	88
英语	38	58	73	85	90	93	95	96

如何安排复习时间，才能使预期成绩最高？

3. 已知一件衣服的价格是 100 元，一份商务套餐的价格是 20 元，那么在某消费者关于这两种商品效用最大化的均衡点上，一份商务套餐对一件衣服的边际替代率是多少？

4. 已知某人月收入 1200 元，全部花费在 X 和 Y 两种商品上，他的效用函数为 U= XY，X 的价格为 20 元，Y 的价格为 30 元。

(1) 为获得最大效用，他购买的 X 和 Y 各为多少？

(2) 货币的边际效用和他获得的总效用各为多少？

(3) 假如 X 的价格提高 44%，Y 的价格不变，为保持原来的效用水平，他的收入必须增加多少？

5. X 商品的价格下降时，替代效应 $X_1X_3=8$，收入效应 $X_3X_2=-6$，那么该商品属于哪类商品？

6. 下列商品中哪些最可能是正常物品？哪些最可能是低档物品？

(1) 奥迪汽车；

(2) 进口矿泉水；

(3) 过季衣服；

(4) 正版杀毒软件；

(5) 二手自行车。

7. “当所有物品的边际效用完全相等时，效用达到最大”的说法正确吗？如果正确，请说明理由；如果不正确，请修正这句话，并解释理由。

8. 水的用途很广泛，而钻石的用途却很有限，为什么钻石的价格远远大于水？

9. 阐述商品的边际替代率递减规律。

第五章

生产理论

学习要求

1. 掌握一种可变要素生产函数的特征。
2. 掌握两种可变要素生产函数的特征。
3. 理解等成本线。
4. 掌握最优的生产要素组合。

生产者，亦称厂商或企业，它是指能够作出统一的生产决策的单个经济单位。在微观经济学中，根据理性人的基本前提，一般总是假定厂商的生产目标是追求自身的最大利润。

本章旨在考察生产者在生产过程中投入生产要素的数量和产品的产出数量之间的技术关系，这种关系通常用生产函数来表示。生产函数表示在一定时期内，在技术水平不变的条件下，厂商生产中所使用的各种生产要素的数量与所能生产的最大产量之间的关系。

假定 X_1，X_2，…，X_n 顺次表示某产品生产过程中所使用的 n 种生产要素的投入数量，Q 表示所能生产的最大产量，则生产函数可以写为

$$Q=f(X_1, X_2, \cdots, X_n) \tag{5-1}$$

为了简化分析，通常假定生产中只使用劳动和资本这两种生产要素。若以 L 表示劳动投入数量，以 K 表示资本投入数量，则生产函数就写为

$$Q=f(L, K) \tag{5-2}$$

第一节 短期生产理论

微观经济学的生产理论可以分为短期生产理论和长期生产理论。如何区分短期生产和长期生产呢？短期指生产者来不及调整全部生产要素的数量，至少有一种生产要素的数量是固定不变的时间周期。长期指生产者可以调整全部生产要素的数量的时间周期。相应地，在短期内，生产要素投入可以区分为不变投入和可变投入。生产者在短期内无法进行数量调整的那部分要素投入是不变要素投入，如机器设备、厂房等。生产者在短期内可以进行数量调整的那部分要素投入是可变要素投入，如劳动、原材料、燃料等。在长期，生产者可以调整全部的要素投入。例如，生产者根据企业的经营状况，可以缩小或扩大生产规模，甚至还可以加入或退出一个行业的生产。由于在长期所有的要素投入量都是可变的，因而也就不存在可变要素投入和不变要素投入的区分。显然，短期和长期的划分是以生产者能否变动全部要素投入的数量为标准的。

微观经济学通常以一种可变生产要素的生产函数考察短期生产理论，以两种可变生产要素的生产函数考察长期生产理论。本节介绍短期生产理论，下一节介绍长期生产理论。

一、一种可变生产要素的生产函数

由生产函数 $Q=f(L, K)$ 出发，假定资本投入量是固定的，用 $\overline{K}$ 表示，劳动投入量是可变的，用 L 表示，则生产函数可以写为

$$Q=f(L, \overline{K}) \tag{5-3}$$

这就是通常采用的一种可变生产要素的生产函数的形式，它也被称为短期生产函数。

二、总产量、平均产量和边际产量

短期生产函数 $Q=f(L,\bar{K})$ 表示在资本投入量固定时，由劳动投入量变化所带来的最大产量的变化。由此，我们可以得到劳动的总产量（Total Product）、劳动的平均产量（Average Product）和劳动的边际产量（Marginal Product）这三个概念。总产量、平均产量和边际产量的英文简写顺次是 TP、AP 和 MP。

劳动的总产量 TP_L 指与一定的可变要素劳动的投入量相对应的最大产量。它的定义公式为

$$TP_L=f(L,\bar{K}) \tag{5-4}$$

劳动的平均产量 AP_L 指平均每一个单位可变要素劳动的投入量所生产的产量。它的定义公式为

$$AP_L=\frac{TP_L(L,\bar{K})}{L} \tag{5-5}$$

劳动的边际产量 MP_L 指增加一个单位可变要素劳动投入量所增加的产量。它的定义公式为

$$MP_L=\frac{\Delta TP_L(L,\bar{K})}{\Delta L} \tag{5-6}$$

或

$$MP_L=\lim_{\Delta L\to 0}\frac{\Delta TP_L(L,\bar{K})}{\Delta L}=\frac{\mathrm{d}TP_L(L,\bar{K})}{\mathrm{d}L} \tag{5-7}$$

类似地，对于生产函数 $Q=f(\bar{L},K)$ 来说，它表示在劳动投入量固定（$\bar{L}$）时，由资本投入量变化所带来的最大产量的变化。由该生产函数可以得到相应的资本的总产量、资本的平均产量和资本的边际产量，它们的定义公式分别为

$$TP_K=f(\bar{L},K) \tag{5-8}$$

$$AP_K=\frac{TP_K(\bar{L}\cdot K)}{K} \tag{5-9}$$

$$MP_K=\frac{\Delta TP_K(\bar{L}\cdot K)}{\Delta K} \tag{5-10}$$

或

$$MP_K=\lim_{\Delta K\to 0}\frac{\Delta TP_K(\bar{L},K)}{\Delta K}=\frac{\mathrm{d}TP_K(\bar{L},K)}{\mathrm{d}K} \tag{5-11}$$

根据式（5-4）至式（5-11），可以编制一张关于一种可变生产要素的生产函数的总产量、平均产量和边际产量的表列。表 5-1 就是一个例子，表中 $Q=f(L,\bar{K})$。

表 5-1　总产量、平均产量和边际产量

劳动投入量（L）	劳动的总产量（TP_L）	劳动的平均产量（AP_L）	劳动的边际产量（MP_L）
0	0	0	
1	3	3	3

续表

劳动投入量（L）	劳动的总产量（TP_L）	劳动的平均产量（AP_L）	劳动的边际产量（MP_L）
0	0	0	
2	8	4	5
3	12	4	4
4	15	$3\frac{3}{4}$	3
5	17	$3\frac{2}{5}$	2
6	17	$2\frac{5}{6}$	0
7	16	$3\frac{2}{7}$	−1
8	13	$1\frac{5}{8}$	−3

图 5-1 是根据表 5-1 绘制的产量曲线图。图中的横轴表示可变要素劳动的投入数量 L，纵轴表示产量 Q，TP_L、AP_L 和 MP_L 三条曲线顺次表示劳动的总产量曲线、劳动的平均产量曲线和劳动的边际产量曲线。这三条曲线都是先呈上升趋势，而后达到各自的最高点以后，再呈下降趋势的。

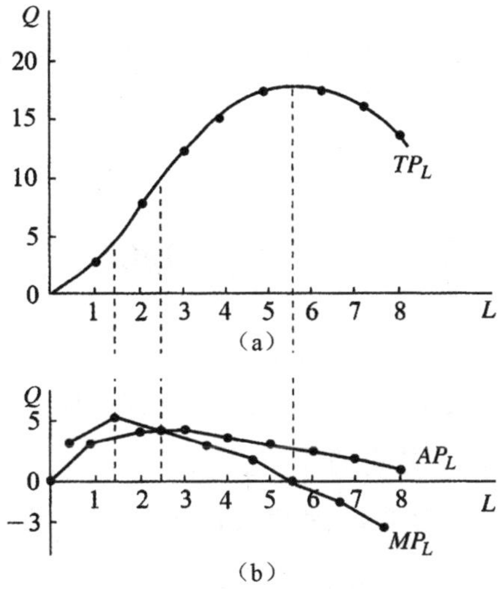

图 5-1　一种可变生产要素的生产函数的产量曲线（一）

三、边际报酬递减规律

由表 5-1 和图 5-1 可以清楚地看到，对一种可变生产要素的生产函数来说，边际产量表现出先上升而最终下降的特征，这一特征被称为边际报酬递减规律，有时也被称为边际产量递减规律或边际收益递减规律。

西方经济学家指出，在生产中普遍存在这么一种现象：在技术水平不变的条件下，在连续等量地把某一种可变生产要素增加到其他一种或几种数量不变的生产要素上去的过程中，当这种可变生产要素的投入量小于某一特定值时，增加该要素投入所带来的边际产量是递增的；当这种可变要素的投入量连续增加并超过这个特定值时，增加该要素投入所带来的边际产量是递减的。这就是边际报酬递减规律。边际报酬递减规律是短期生产的一条基本规律。例如，对于给定的 10 公顷麦田来说，在技术水平和其他投入不变的前提下，考虑使用化肥的效果。如果只使用 1 千克化肥，那么可想而知，这 1 千克化肥所带来的总产量的增加量即边际产量是很小的，可以说是微不足道的。但随着化肥使用量的增加，其边际产量会逐步提高，直至达到最佳的效果即最大的边际产量。但必须看到，若超过化肥的最佳使用量后，还继续增加化肥使用量，那么就会对小麦生长带来不利影响，化肥的边际产量就会下降。过多的化肥甚至会烧坏庄稼，导致负的边际产量。

从理论上讲，边际报酬递减规律成立的原因在于：对于任何产品的短期生产来说，可变要素投入和固定要素投入之间都存在着一个最佳的数量组合比例。在开始时，由于不变要素投入量给定，而可变要素投入量为零，因此生产要素的投入量远远没有达到最佳的组合比例。随着可变要素投入量的逐渐增加，生产要素的投入量逐步接近最佳的组合比例，相应地可变要素的边际产量呈现出递增的趋势。一旦生产要素的投入量达到最佳的组合比例，可变要素的边际产量就达到最大值。在这一点之后，随着可变要素投入量的继续增加，生产要素的投入量越来越偏离最佳的组合比例，相应地可变要素的边际产量便呈现出递减的趋势了。

边际报酬递减规律强调的是：在任何一种产品的短期生产中，随着一种可变要素投入量的增加，边际产量最终必然会呈现出递减的特征。或者说，该规律提醒人们要看到在边际产量递增阶段后必然会出现的边际产量递减阶段。正是边际报酬递减规律决定了表 5-1 和图 5-1 中劳动的边际产量 MP_L 表现出先上升后下降的特征。

四、总产量、平均产量和边际产量之间的相互关系

西方经济学家通常将总产量曲线、平均产量曲线和边际产量曲线置于同一张坐标图中来分析这三个产量概念之间的相互关系。图 5-2 就是这样一张标准的一种可变生产要素的生产函数的产量曲线图，它反映了短期生产的有关产量曲线之间的相互关系。

在图 5-2 中可以清楚地看到，由边际报酬递减规律决定的劳动的边际产量 MP_L 曲线先是上升的，并在 B' 点达到最高点，然后再下降。由短期生产的这一基本特征出发，利用图 5-2 从以下三个方面来分析总产量、平均产量和边际产量之间的相互关系。

第一，关于总产量和边际产量之间的关系。根据边际产量的定义公式 $MP_L=\frac{\mathrm{d}TP_L(L,\bar{K})}{\mathrm{d}L}$ 可以推知，过 TP_L 曲线任何一点的切线的斜率就是相应的 MP_L 值。例如，在图中，当劳动投入量为 L_1 时，过 TP_L 曲线上 A 点的切线的斜率就是相应的 MP_L 值，它等于 $A'L_1$ 的高度。

正是由于每一个劳动投入量的边际产量 MP_L 的值就是相应的总产量 TP_L 曲线的斜率，所以在图中 MP_L 曲线和 TP_L 曲线之间存在着这样的对应关系：在劳动投入量小于 L_4 的区域，MP_L 均为正值，则相应地 TP_L 曲线的斜率为正，即 TP_L 曲线是上升的；在劳动投入量大于 L_4 的区域，MP_L 均为负值，则相应地 TP_L 曲线的斜率为负，即 TP_L 曲线是下降的。当劳动投入量恰好为 L_4 时，MP_L 为零值，则相应地 TP_L 曲线的斜率为零，即 TP_L 曲线达到极大值点。以上这种关系可以简单

地表述为：只要边际产量是正的，总产量就总是增加的；只要边际产量是负的，总产量就总是减少的；当边际产量为零时，总产量达最大值。显然，MP_L 曲线的最大值点 B' 和 TP_L 曲线的拐点 D 是相互对应的。

第二，关于总产量和平均产量之间的关系。根据平均产量的定义公式 $AP_L=\frac{TP_L(L,\overline{K})}{L}$ 可以推知，连接 TP_L 曲线上任何一点和坐标原点的线段的斜率就是相应的 AP_L 值。例如，在图 5-2 中，当劳动投入量为 L_1 时，连接 TP_L 曲线上 A 点和坐标原点的线段 OA 的斜率即 $\frac{AL_1}{QL_1}$，就是相应的 AP_L 值，它等于 $A''L_1$ 的高度。

正是由于这种关系，所以在图 5-2 中，当 AP_L 曲线在 C' 点达最大值时，TP_L 曲线必然有一条从原点出发的最陡的切线，其切点为 C 点。

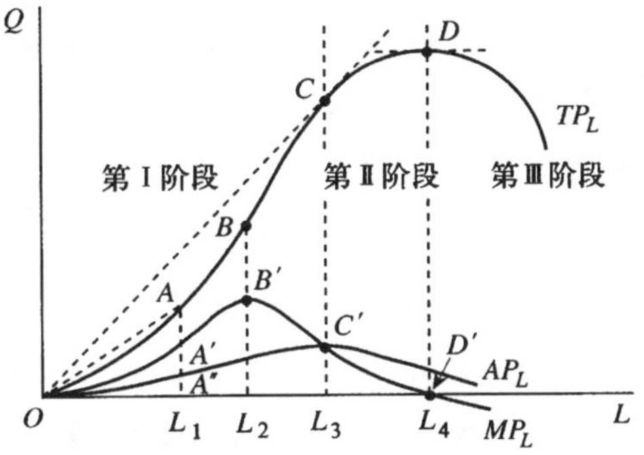

图 5-2　一种可变生产要素的生产函数的产量曲线（二）

第三，关于平均产量和边际产量之间的关系。在图中，我们可以看到 MP_L 曲线和 AP_L 曲线相交于 AP_L 曲线的最高点 C'。在 C' 点以前，MP_L 曲线高于 AP_L 曲线，MP_L 曲线将 AP_L 曲线拉上；在 C' 点以后，MP_L 曲线低于 AP_L 曲线，MP_L 曲线将 AP_L 曲线拉下。不管是上升还是下降，MP_L 曲线的变动都快于 AP_L 曲线的变动。

为什么 MP_L 曲线和 AP_L 曲线之间会存在这样的关系？这是因为，就任何一对边际量和平均量而言，只要边际量大于平均量，边际量就把平均量拉上；只要边际量小于平均量，边际量就把平均量拉下。举一个简单的实际例子：假定一个篮球队队员的平均身高为 1.90 米。如果新加入的一名队员的身高为 1.95 米（相当于边际量），那么整个队的平均身高就会增加。相反，如果新加入的一名队员的身高为 1.85 米（相当于边际量），那么整个队的平均身高会下降。因此，就平均产量 AP_L 和边际产量 MP_L 来说，当 $MP_L>AP_L$ 时，AP_L 曲线是上升的；当 $MP_L<AP_L$ 时，AP_L 曲线是下降的；当 $MP_L=AP_L$ 时，AP_L 曲线达到极大值。又由于边际报酬递减规律作用下的 MP_L 曲线是先升后降的，所以当 MP_L 曲线和 AP_L 曲线相交时，AP_L 曲线必达到最大值。

此外，由于在可变要素劳动投入量的变化过程中，边际产量的变动相对平均产量的变动而言要更敏感一些，因此不管是增加还是减少，边际产量的变动都快于平均产量的变动。

五、短期生产的三个阶段

根据短期生产的总产量曲线、平均产量曲线和边际产量曲线之间的关系，可将短期生产划分为三个阶段，如图 5-2 所示。

在第Ⅰ阶段，产量曲线的特征为：劳动的平均产量始终是上升的，且达到最大值；劳动的边际产量上升达到最大值，然后开始下降，且劳动的边际产量始终大于劳动的平均产量；劳动的总产量始终是增加的。这说明：在这一阶段，不变要素资本的投入量相对过多，这对生产者增加可变要素劳动的投入量是有利的。或者说，生产者只要增加可变要素劳动的投入量，就可以较大幅度地增加总产量。因此，任何理性的生产者都不会在这一阶段停止生产，而是连续增加可变要素劳动的投入量，以增加总产量，并将生产扩大到第Ⅱ阶段。

在第Ⅲ阶段，产量曲线的特征为：劳动的平均产量继续下降，劳动的边际产量降为负值，劳动的总产量也呈现下降趋势。这说明：在这一阶段，可变要素劳动的投入量相对过多，生产者减少可变要素劳动的投入量是有利的。因此，这时即使劳动要素是免费供给的，理性的生产者也不会增加劳动投入量，而是通过减少劳动投入量来增加总产量，以摆脱劳动的边际产量为负值和总产量下降的局面，并退回到第Ⅱ阶段。

由此可见，任何理性的生产者既不会将生产停留在第Ⅰ阶段，也不会将生产扩张到第Ⅲ阶段，所以生产只能在第Ⅱ阶段进行。在生产的第Ⅱ阶段，生产者可以得到由第Ⅰ阶段增加可变要素投入所带来的全部好处，又可以避免将可变要素投入增加到第Ⅲ阶段所带来的不利影响。因此，第Ⅱ阶段是生产者进行短期生产的决策区间。在第Ⅱ阶段的起点处，劳动的平均产量曲线和劳动的边际产量曲线相交，即劳动的平均产量达最高点。在第Ⅱ阶段的终点处，劳动的边际产量曲线与水平轴相交，即劳动的边际产量等于零。至于在生产的第Ⅱ阶段，生产者所应选择的利润最大化的最佳投入数量究竟在哪一点，还有待于以后结合成本、收益和利润进行深入的分析。

第二节　长期生产理论

一、两种可变生产要素的生产函数

在生产理论中，为了简化分析，通常以两种可变生产要素的生产函数来考察长期生产问题。假定生产者使用劳动和资本两种可变生产要素来生产一种产品，则两种可变生产要素的长期生产函数可以写为

$$Q=f(L, K) \tag{5-12}$$

式中，L 为可变要素劳动的投入量；K 为可变要素资本的投入量；Q 为产量。

二、等产量曲线

生产理论中的等产量曲线和效用理论中的无差异曲线是很相似的。等产量曲线是在技术水平不变的条件下，生产同一产量的两种生产要素投入量的所有不同组合的轨迹。以常数 Q^0 表示既定的产量水平，则与等产量曲线相对应的生产函数为

$$Q=f\ (L,\ K)\ =Q^0 \tag{5-13}$$

显然，这是一个两种可变生产要素的生产函数。

下面用图 5-3 和图 5-4 来说明等产量曲线的含义及其特点。

图 5-3 是描述连续生产函数的三维空间几何图形。图中水平面的两个坐标轴 OL 和 OK 分别表示劳动和资本的投入数量，高度坐标轴表示产量 Q。$OKQ'L$ 为产量曲面。产量曲面上的任何一点都代表一个产量高度，由该点对应到 $L—K$ 平面上两轴的垂直线表示生产这一点的产量所需要的生产要素的组合。例如，P 是产量曲面上的一点，它代表产量 $PP'=RR'$。由原点对应到 $L—K$ 平面上两轴的垂直线分别表示生产 PP'产量的劳动投入量为 OL_1，资本投入量为 OK_1。同理，可以在图中找到生产 RR'产量水平的所有的不同的投入要素组合，设想在高度 $PP'=AA'=BB'=RR'$，用一个平面去切产量曲面 $OKQ'L$，会得到一条曲线 APB。APB 曲线是产量曲面上表示同一个产量水平 RR' 的点的轨迹。把 APB 曲线垂直投影到 $L—K$ 平面上，得到曲线 $A'P'B'$。$A'P'B'$曲线是生产同一产量水平 PR'的两种可变生产要素的各种不同组合的轨迹。例如，在 $A'P'$和 B'三点上的劳动和资本投入组合都带来相同的产量水平，即 $AA'=PP'=BB'=RR'$。$A'P'B'$就是一条等产量曲线。

把三维空间图中的等产量曲线转换到二维平面坐标中，可以得到在分析长期生产函数时通常所用的等产量曲线，如图 5-4 所示。

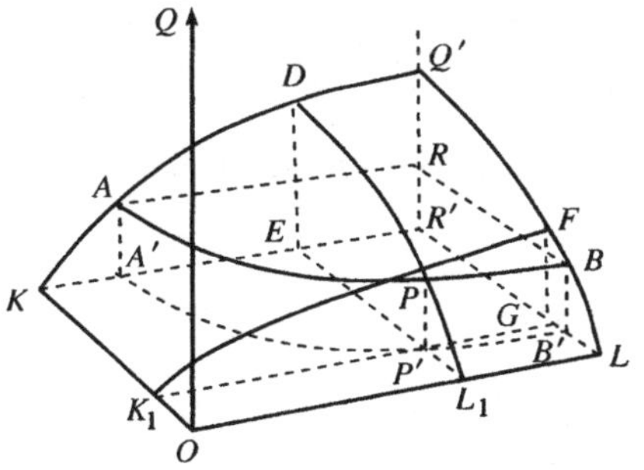

图 5-3 生产函数的产量曲面和等产量曲线

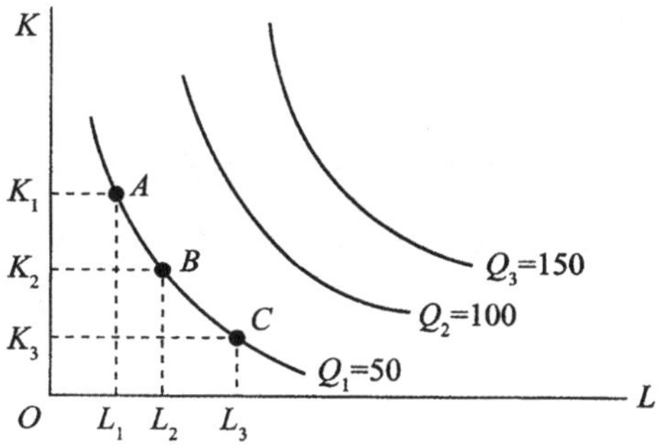

图 5-4 等产量曲线

图中有三条等产量曲线，它们分别表示可以生产出 50 单位、100 单位和 150 单位产量的各种生产要素的组合。以代表产量为 50 单位的等产量曲线为例进行分析：50 单位的产量既可以使用 A 点的要素组合（OL_1 单位的劳动和 OK_1 单位的资本）生产出来，也可以使用 B 点的要素组合（OL_2 单位的劳动和 OK_2 单位的资本）或 C 点的要素组合（OL_3 单位的劳动和 OK_3 单位的资本）生产出来。

与无差异曲线相似，等产量曲线与坐标原点的距离的大小表示产量水平的高低：离原点越近的

等产量曲线代表的产量水平越低；离原点越远的等产量曲线代表的产量水平越高。同一平面坐标上的任意两条等产量曲线不会相交。等产量曲线是凸向原点的。

三、边际技术替代率

与等产量曲线相联系的一个概念是边际技术替代率，其英文缩写为 MRTS。

一条等产量曲线表示一个既定的产量水平可以由两种可变要素的各种不同数量的组合生产出来。这意味着生产者可以通过对两要素之间的相互替代，来维持一个既定的产量水平。例如，为了生产50个单位的某种产品，生产者可以使用较多的劳动和较少的资本，也可以使用较少的劳动和较多的资本。前者可以看成是劳动对资本的替代，后者可以看成是资本对劳动的替代。想象一下，在图 5-4中，为了维持固定的 50 单位的产量，在厂商的产量沿着既定的等产量曲线由 A 点滑动到 C 点的过程中，劳动投入量必然会随着资本投入量的不断减少而增加；相反，由 C 点运动到 A 点的过程中，劳动投入量必然会随着资本投入量的不断增加而减少。由两要素之间这种相互替代的关系，可以得到边际技术替代率的概念。在维持产量水平不变的条件下，增加一个单位某种生产要素的投入量时，所减少的另一种要素的投入数量，被称为边际技术替代率。劳动对资本的边际技术替代率的定义公式为

$$MRTS_{LK}=-\frac{\Delta K}{\Delta L} \tag{5-14}$$

式中，ΔK 和 ΔL 分别为资本投入量的变化量和劳动投入量的变化量。式（5-14）中右侧加一个负号是为了使 $MRTS$ 值在一般情况下为正值，以便于比较，或

$$MRTS_{LK}=\lim_{\Delta L\to 0}-\frac{\Delta K}{\Delta L}=-\frac{\mathrm{d}K}{\mathrm{d}L} \tag{5-15}$$

显然，等产量曲线上某一点的边际技术替代率就是等产量曲线在该点的斜率的绝对值。

边际技术替代率还可以表示为两要素的边际产量之比。这是因为边际技术替代率的概念是建立在等产量曲线的基础上的，所以对于任意一条给定的等产量曲线来说，当用劳动投入去替代资本投入时，在维持产量水平不变的前提下，由增加劳动投入量所带来的总产量的增加量和由减少资本量所带来的总产量的减少量必定是相等的，即必有

$$|\Delta L \cdot MP_L| = |\Delta K \cdot MP_K|$$

整理得

$$-\frac{\Delta K}{\Delta L}=\frac{MP_L}{MP_K}$$

由边际技术替代率的定义公式得

$$MRTS_{LK}=-\frac{\Delta K}{\Delta L}=\frac{MP_L}{MP_K} \tag{5-16}$$

或

$$MRTS_{LK}=-\frac{\mathrm{d}K}{\mathrm{d}L}=\frac{MP_L}{MP_K} \tag{5-17}$$

可见，边际技术替代率可以表示为两要素的边际产量之比。

在两种生产要素相互替代的过程中，普遍地存在这么一种现象：在维持产量不变的前提下，当一种生产要素的投入量不断增加时，每一个单位的这种生产要素所能替代的另一种生产要素的数量是递减的。这一现象被称为边际技术替代率递减规律。以图 5-5 为例，在两要素的投入组合沿着既定的等产量曲线 Q^0 由 a 点顺次运动到 b、c 和 d 点的过程中，劳动投入量等量地由 L_1 增加到 L_2，再增加到 L_3 和 L_4，即有 $OL_2-OL_1=OL_3-OL_2=OL_4-OL_3$，而相应地资本投入量的减少量为 $OK_1-OK_2>OK_2-OK_3>OK_3-OK_4$。这表示：在产量不变的条件下，在劳动投入量不断增加和资本投入量不断减少的替代过程中，边际技术替代率是递减的。

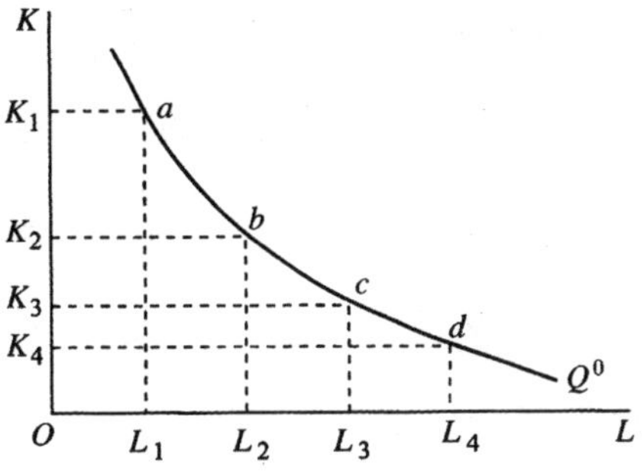

图 5-5　边际技术替代率递减

边际技术替代率递减的主要原因在于：任何一种产品的生产技术都要求各要素投入之间有适当的比例。简单地说，以劳动和资本两种要素投入为例，在劳动投入量很少和资本投入量很多的情况下，减少一些资本投入量可以很容易地通过增加劳动投入量来弥补，以维持原有的产量水平，即劳动对资本的替代是很容易的。但是，在劳动投入增加到相当多的数量和资本投入量减少到相当少的数量的情况下，再用劳动去替代资本就将是很困难的了。

前面提到，等产量曲线一般具有凸向原点的特征，这一特征是由边际技术替代率递减规律所决定的。因为由边际技术替代率的定义公式（5-15）可知，等产量曲线上某一点的边际技术替代率就是等产量曲线在该点的斜率的绝对值，又由于边际技术替代率是递减的，所以等产量曲线的斜率的绝对值是递减的，即等产量曲线是凸向原点的。

四、特殊形状的等产量曲线

一般来说，在边际技术替代率递减规律作用下的等产量曲线都是凸向原点的，但也有特殊的情况，下面介绍两种特殊形状的等产量曲线。

（一）固定替代比例的生产函数（也被称为线性生产函数）

固定替代比例的生产函数表示在每一产量水平上任何两种生产要素之间的替代比例都是固定的。假定生产过程中只使用劳动和资本两种要素，则固定替代比例的生产函数的通常形式为

$$Q=aL+bK \tag{5-18}$$

式中，Q 为产量；L 和 K 分别表示劳动和资本的投入量；常数 a、$b>0$。显然，与这一线性生产函数相对应的等产量曲线是一条直线。假定劳动和资本之间的固定替代比例为 2∶1，则相应的等产量曲线如图 5-6（a）所示。

（二）固定投入比例的生产函数（也被称为里昂惕夫生产函数）

固定投入比例的生产函数表示在每一个产量水平上任何一对要素投入量的比例都是固定的。假定生产过程中只使用劳动和资本两种要素，则固定投入比例的生产函数的通常形式为

$$Q=\min\left\{\frac{L}{u},\ \frac{K}{v}\right\} \tag{5-19}$$

式中，Q 为产量；L 和 K 分别为劳动和资本的投入量；常数 u、$v>0$，分别为固定的劳动和资本的生产技术系数，它们分别表示生产一个单位产品所需要的固定的劳动投入量和固定的资本投入量。式（5-19）的生产函数表示：产量水平 Q 取决于$\frac{L}{u}$和$\frac{K}{v}$这两个比值中较小的那一个，即使其中的一个比值较大，也不会提高产量 Q。需要指出的是，在该生产函数中，一般又通常假定生产要素投入量 L、K 都满足最小的要素投入组合的要求，所以有

$$Q=\frac{L}{u}=\frac{K}{v} \tag{5-20}$$

进一步地，可以有

$$\frac{K}{L}=\frac{v}{u} \tag{5-21}$$

式（5-21）清楚地体现了该生产函数的固定投入比例的性质：当产量发生变化时，各要素的投入量将以相同的比例发生变化，所以各要素的投入量之间的比例维持不变。关于固定投入比例生产函数的这一性质，可以用图 5-6（b）加以说明。

在图 5-6（b）中，横轴和纵轴分别表示劳动和资本的投入数量，各自以 a、b 和 c 为顶点的三条含有直角的实线，顺次表示生产既定的产量 Q_1、Q_2 和 Q_3 的各要素组合。以生产产量 Q_2 来说，b 点的要素组合（L_2，K_2）是生产产量 Q_2 的最小的要素投入量组合。以 b 点为顶点的两条直角边上的任何一点（不包括 b 点），都不是生产产量 Q_2 的最小的要素投入量组合。例如，g 点表示资本投入量过多，f 点表示劳动投入量过多。如果产量由 Q_2 增加为 Q_3 或由 Q_2 减少为 Q_1，则最小要素投入组合相应地会由 b 点移至 c 点或由 b 点移至 a 点。此时，两要素投入量以相同的比例增减，而两要素投入比例保持不变，即

$$\frac{K_1}{L_1}=\frac{K_1}{L_2}=\frac{K_3}{L_3}=\frac{v}{u}$$

因此，从原点出发经过 a、b 和 c 点的射线 OR 表示了这一固定投入比例生产函数的所有产量水平的最小要素投入量的组合。

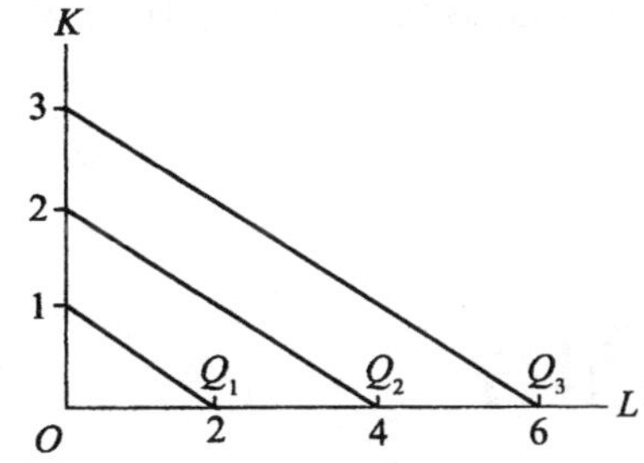

（a）固定替代比例的生产函数

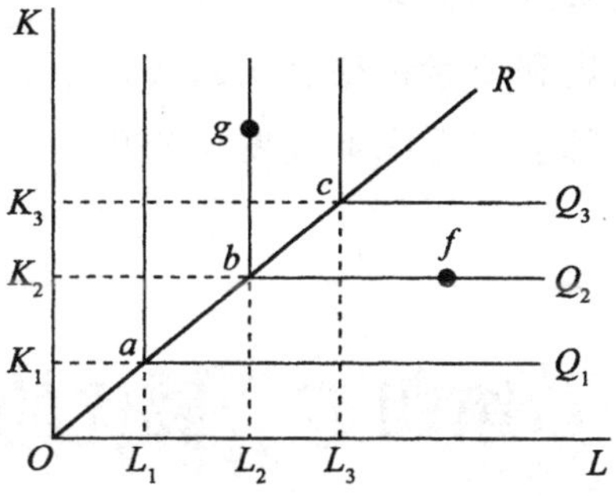

（b）固定投入比例的生产函数

图 5-6　固定替代比例和固定投入比例的生产函数

第三节　等成本线

在生产要素市场上，厂商对生产要素的购买支付构成了厂商的生产成本。成本问题是追求利润最大化的厂商必须考虑的一个经济问题。

生产论中的等成本线是一个与效用论中的预算线非常相似的分析工具。等成本线是在既定的成本和既定的生产要素价格条件下，生产者可以购买到的两种生产要素的各种不同数量组合的轨迹。假定要素市场上既定的劳动的价格即工资率为 ω，既定的资本的价格即利息率为 r，厂商既定的成本支出为 C，则成本方程为

$$C=\omega L+rK \tag{5-22}$$

由成本方程可得

$$K=-\frac{\omega}{r}L+\frac{C}{r} \tag{5-23}$$

图 5-7　等成本线

根据以上式可以得到等成本线，如图 5-7 所示。由于式（5-23）的成本方程式是线性的，所以等成本线必定是一条直线。图中横轴上的点$\frac{C}{\omega}$表示既定的全部成本都购买劳动时的数量，纵轴上的点$\frac{C}{r}$表示既定的全部成本都购买资本时的数量，连接这两点的线段就是等成本线。它表示既定的全部成本所能购买到劳动和资本的各种组合。根据式（5-23），等成本线的纵截距为$\frac{C}{r}$；等成本线的斜率为$-\frac{\omega}{r}$，即为两种生产要素价格之比的负值。

在图 5-7 中，等成本线以内区域中的任何一点，如 A 点，表示既定的全部成本都用来购买该点的劳动和资本的组合以后还有剩余。等成本线以外的区域中的任何一点，如 B 点，表示用既定的全部成本购买该点的劳动和资本的组合是不够的。唯有等成本线上的任何一点，才表示用既定的全部

成本能刚好购买到的劳动和资本的组合。

在成本固定和要素价格已知的条件下，便可以得到一条等成本线。所以，任何关于成本和要素价格的变动，都会使等成本线发生变化。

第四节　最优的生产要素组合

长期来看，所有的生产要素的投入数量都是可变动的，任何一个理性的生产者都会选择最优的生产要素组合进行生产。本节将把等产量曲线和等成本线结合在一起，研究生产者是如何选择最优的生产要素组合，从而实现既定成本条件下的最大产量或者实现既定产量条件下的最小成本。

一、关于既定成本条件下的产量最大化

假定在一定的技术条件下厂商用两种可变生产要素劳动和资本生产一种产品，且劳动的价格 ω 和资本的价格 r 是给定的，厂商用于购买这两种要素的全部成本 C 也是给定的。如果企业要以既定的成本获得最大的产量，那么它应该如何选择最优的劳动投入量和资本投入量的组合呢？

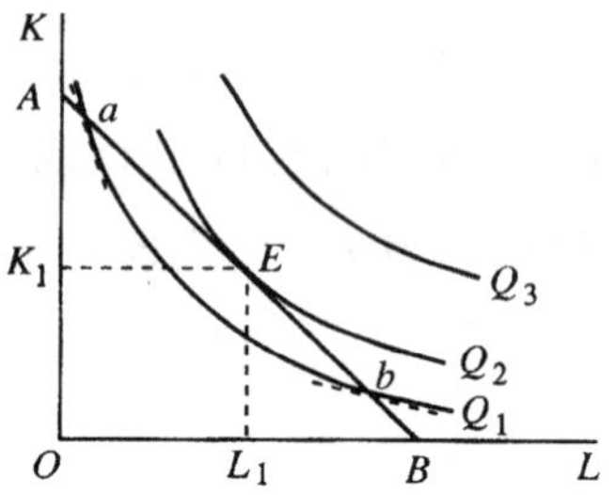

图 5-8　既定成本条件下产量最大的要素组合

在图 5-8 中，有一条等成本线 AB 和三条等产量曲线 Q_1、Q_2 和 Q_3。等成本线 AB 的位置和斜率取决于给定的成本量 C 和两要素的价格比例 $\frac{\omega}{r}$。由图 5-8 中可见，唯一的等成本线 AB 与其中一条等产量曲线 Q_2 相切于 E 点，该点就是生产的均衡点。它表示：在既定的成本条件下，厂商应该按照 E 点的生产要素组合进行生产，即劳动投入量和资本投入量分别为 OL_1 和 OK_1，这样厂商就会获得最大的产量。

为什么 E 点就是最优的生产要素组合点呢？这就需要分析代表既定成本的唯一的等成本线 AB 与三条等产量曲线 Q_1、Q_2 和 Q_3 之间的关系。先看等产量曲线 Q_3。等产量曲线 Q_3 代表的产量虽然高于等产量曲线 Q_2，但唯一的等成本线 AB 与等产量曲线 Q_3 既无交点又无切点。这表明等产量曲线 Q_3 所代表的产量是企业在既定成本下无法实现的产量，因为厂商利用既定成本只能购买到位于等成本线 AB 上或等成本线 AB 以内区域的要素组合。再看等产量曲线 Q_1。等产量曲线 Q_1 虽然与唯一的等成本线 AB 相交于 a、b 两点，但等产量曲线 Q_1 所代表的产量是比较低的。因为此时厂商在不增加成本的情况下，只需由 a 点出发向右或由 b 点出发向左沿着既定的等成本线 AB 改变要素组合，就可以增加产量。所以，只有在唯一的等成本线 AB 和等产量曲线 Q_2 的相切点 E，才是实现既定成本条件下的最大产量的要素组合。任何更高的产量在既定成本条件下都是无法实现的，任何更低的产量都是低效率的。

总之，在均衡点 E，等产量曲线 Q_2 与等成本线 AB 相切。由于等产量曲线的斜率可用边际技术替

代率 $MRTS$ 表示，等成本线的斜率可用生产要素的相对价格的负值 $-\frac{\omega}{r}$ 表示，因此在生产均衡点 E 有

$$MRTS_{LK}=\frac{\omega}{r} \tag{5-24}$$

它表示：为了实现既定成本条件下的最大产量，厂商必须选择最优的生产要素组合，使两要素的边际技术替代率等于两要素的价格比例。这就是两种生产要素的最优组合的原则。

因为边际技术替代率可以表示为两要素的边际产量之比，所以上式可以写为

$$MRTS_{LK}=\frac{MP_L}{MP_K}=\frac{\omega}{r} \tag{5-25}$$

进一步，可以有

$$\frac{MP_L}{\omega}=\frac{MP_K}{r} \tag{5-26}$$

它表示：厂商可以通过对两要素投入量的不断调整，使最后一个单位的成本支出无论用来购买哪一种生产要素所获得的边际产量都相等，从而实现既定成本条件下的最大产量。

二、关于既定产量条件下的成本最小化

如同生产者在既定成本条件下会力求实现最大的产量一样，生产者在既定的产量条件下也会力求实现最小的成本。这可以用图 5-9 来说明。

图 5-9 中有一条等产量曲线 Q 和三条等成本线 AB、$A'B'$ 和 $A''B''$。唯一的等产量曲线 Q 代表给定的产量。三条等成本线具有相同的斜率（表示两要素的价格是给定的），但代表三个不同的成本量，其中等成本线 AB 代表的成本大于等成本线 $A'B'$ 代表的成本，等成本线 $A'B'$ 代表的成本大于等成本线 $A''B''$ 代表的成本。唯一的等产量曲线 Q 与其中一条等成本线 $A'B'$ 相切于 E 点，这就是生产的均衡点或最优要素组合点。它表示：在既定的产量条件下，生产者应该选择 E 点的要素组合（OL_1，OK_1），才能实现最小的成本。

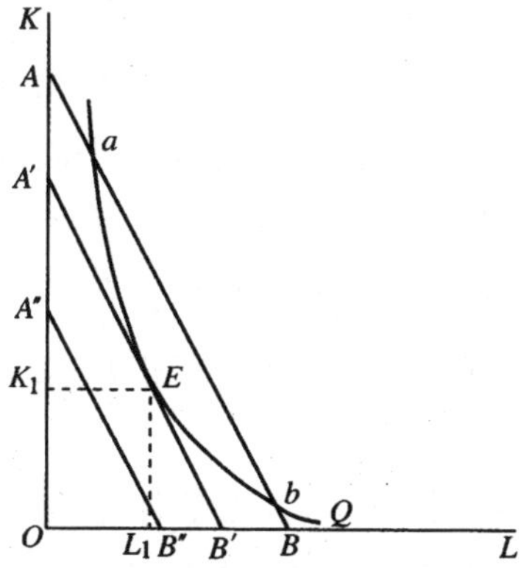

图 5-9 既定产量条件下成本最小的要素组合

这是因为，等成本线 $A''B''$ 虽然代表的成本较低，但它与既定的等产量曲线 Q 既无交点又无切点，它无法实现等产量曲线 Q 所代表的产量。

等成本线 AB 虽然与既定的等产量曲线 Q 相交于 a、b 两点，但它代表的成本过高，通过沿着等产量曲线 Q 由 a 点向 E 点或者由 b 点向 E 点的移动，都可以获得相同的产量而使成本下降。所以只有在切点 E，才是在既定产量条件下实现最小成本的要素组合。

在图 5-9 中，既定的等产量曲线 Q 和等成本线 $A'B'$ 的切点 E 便是生产的均衡点。在均衡点 E 有

$$MRTS_{LK}=\frac{\omega}{r} \tag{5-27}$$

它表示：厂商应该选择最优的生产要素组合，使两要素的边际技术替代率等于两要素的价格之比，从而实现既定产量条件下的最小成本。

由于边际技术替代率可以表示为两要素的边际产量之比，所以上式可以写为

$$MRTS_{LK}=\frac{MP_L}{MP_K}=\frac{\omega}{r} \tag{5-28}$$

进一步，可以有

$$\frac{MP_L}{\omega}=\frac{MP_K}{r} \tag{5-29}$$

它表示：为了实现既定产量条件下的最小成本，厂商应该通过对两要素投入量的不断调整，使花费在每一种要素上的最后一个单位的成本支出所带来的边际产量相等。

以上就是厂商在既定产量条件下实现最小成本的两要素的最优组合原则。该原则与厂商在既定成本条件下实现最大产量的两要素的最优组合原则是相同的，见式（5-24）、式（5-25）和式（5-26）。

三、扩展线

在其他条件不变时，当生产的产量或成本发生变化时，企业会重新选择最优的生产要素的组合，在变化了的产量条件下实现最小的成本或在变化了的成本条件下实现最大的产量。扩展线涉及的就是这方面的问题。

在生产要素的价格、生产技术和其他条件不变时，如果企业改变成本，则等成本线就会发生平移；如果企业改变产量，则等产量曲线就会发生平移。这些不同的等产量曲线将与不同的等成本线相切，形成一系列不同的生产均衡点，这些生产均衡点的轨迹就是扩展线。如图 5-10 所示，图中的曲线 ON 就是一条扩展线。由于生产要素的价格保持不变，两要素的价格比例是固定的，又由于生产均衡的条件为两要素的边际技术替代率等于两要素的价格比例，因此在扩展线上的所有的生产均衡点上边际技术替代率都是相等的。

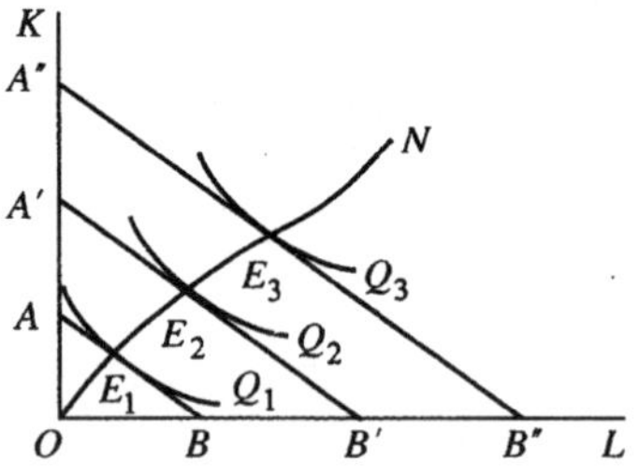

图 5-10　扩展线

扩展线表示：在生产要素价格、生产技术和其他条件不变的情况下，当生产的成本或产量发生变化时，厂商必然会沿着扩展线来选择最优的生产要素组合，从而实现既定成本条件下的最大产量或实现既定产量条件下的最小成本。扩展线是厂商在长期扩张或收缩生产时所必须遵循的路线。

思考与练习

1. 某种可变生产要素的短期生产函数的产量如表 5-2 所示。

表 5-2 某种可变生产要素的短期生产函数的产量

可变要素的数量	可变要素的总产量	可变要素的平均产量	可变要素的边际产量
1		2	
2			10
3	24		
4		12	
5	60		
6			6
7	70		
8			0
9	63		

(1) 在表中填空。

(2) 该生产函数是否表现出边际报酬递减？如果是，是从第几单位的可变要素投入量开始的？

2. 用图说明短期生产函数 $Q=f(L, \overline{K})$ 的 TP_L 曲线、AP_L 曲线和 MP_L 曲线的特征及其之间的相互关系。

3. 已知生产函数 $Q=f(L, K)=2KL-0.5L^2-0.5K^2$，假定厂商目前处于短期生产，且 $K=10$。

(1) 写出在短期生产中，该厂商关于劳动的总产量 TP_L 的函数、劳动的平均产量 AP_L 的函数和劳动的边际产量 MP_L 的函数。

(2) 分别计算当劳动的总产量 TP_L、劳动的平均产量 AP_L 和劳动的边际产量 MP_L 各自达到极大值时，厂商的劳动投入量。

(3) 什么时候 $AP_L=MP_L$？它的值又是多少？

4. 已知生产函数为 $Q=\min\{2L, 3K\}$。

(1) 当产量 $Q=36$ 时，L 与 K 的值分别是多少？

(2) 如果生产要素的价格分别为 $P_L=2$，$P_K=5$，则生产 480 单位产量时的最小成本是多少？

5. 假设某厂商的短期生产函数为 $Q=35L+8L^2-L^3$。

(1) 求该企业的平均产量函数和边际产量函数。

(2) 如果企业使用的生产要素的数量为 $L=6$，则该值是否处于短期生产的合理区间？为什么？

6. 假设生产函数 $Q=\min\{5L, 2K\}$。

(1) 作出 $Q=50$ 时的等产量曲线。

(2) 推导该生产函数的边际技术替代率函数。

7. 已知生产函数为：$Q=5L^{1/3}K^{2/3}$；$Q=\frac{KL}{K+L}$；$Q=KL^2$；$Q=\min\{3L, K\}$。

（1）求厂商长期生产的扩展线方程。

（2）当 $P_L=1$，$PK=1$，$Q=1000$ 时，分析厂商实现最小成本的要素投入组合。

8. 已知生产函数 $Q=AL^{1/3}K^{2/3}$。判断：在短期生产中，该生产函数是否受边际报酬递减规律的支配。

9. 已知某企业的生产函数为 $Q=L^{\frac{2}{3}}K^{\frac{1}{3}}$，劳动的价格 $\omega=2$，资本的价格 $r=1$。

（1）当成本 $C=3000$ 时，企业实现最大产量时的 L、K 和 Q 的均衡值是多少？

（2）当产量 $Q=800$ 时，企业实现最小成本时的 L、K 和 C 的均衡值是多少？

第六章

成本理论

学习要求

1. 掌握有关成本的概念。
2. 掌握各类短期成本曲线的特征及关系。
3. 掌握各类长期成本曲线的特征及关系。

第一节 成本的概念

企业的生产成本通常被看成企业对所购买的生产要素的货币支出。然而，西方经济学家指出，仅从这样的角度来理解成本概念是不够的。为此，他们提出了机会成本的概念以及显成本和隐成本的概念。

一、机会成本

西方经济学家认为，经济学是要研究一个经济社会如何对稀缺的经济资源进行有效配置的问题。从经济资源的稀缺性这一前提出发，当一个社会或一个企业用一定的经济资源生产一定数量的一种或者几种产品时，这些经济资源就不能同时被使用在其他的生产用途上。这就是说，这个社会或这个企业所获得的一定数量的产品收入，是以放弃用同样的经济资源来生产其他产品时所能获得的收入为代价的。由此，便产生了机会成本的概念。一般地，生产一定数量的某种商品的机会成本是指生产者所放弃的使用相同的生产要素在其他生产用途中所能得到的最高收入。在西方经济学中，企业的生产成本应该从机会成本的角度来理解。

二、显成本和隐成本

企业的生产成本可以分为显成本和隐成本两个部分。

企业生产的显成本是指厂商在生产要素市场上购买或租用他人所拥有的生产要素的实际支出。例如，某厂商雇用了一定数量的工人，从银行取得了一定数量的贷款，并租用了一定数量的土地，为此这个厂商就需要向工人支付工资，向银行支付利息，向土地出租者支付地租，这些支出便构成了该厂商的生产的显成本。从机会成本的角度讲，这笔支出的总价格必须等于这些生产要素的所有者将相同的生产要素使用在其他用途时所能得到的最高收入。否则，这个企业就不能购买或租用到这些生产要素，并保持对它们的使用权。

企业生产的隐成本是指厂商本身所拥有的且被用于该企业生产过程的那些生产要素的总价格。例如，为了进行生产，一个厂商除了雇用一定数量的工人、从银行取得一定数量的贷款和租用一定数量的土地外（这些均属于显成本支出），还动用了自己的资金和土地，并亲自管理企业。西方经济学家指出，既然借用了他人的资本需向他人支付利息，租用了他人的土地需向他人支付地租，聘用他人来管理企业需向他人支付薪金，那么同样的道理，在这个例子中，当厂商使用了自有生产要素时，也应该得到报酬。所不同的是，现在厂商是自己向自己支付利息、地租和薪金。所以，这笔价值就应该计入成本之中。由于这笔成本支出不如显成本那么明显，故被称为隐成本。隐成本也必须从机会成本的角度按照企业自有生产要素在其他用途中所能得到的最高收入来支付，否则厂商会把自有生产要素转移出本企业，以获得更高的报酬。

三、利润

企业所有的显成本和隐成本之和构成总成本。企业的经济利润指企业的总收益和总成本之间的差额，简称企业的利润。企业所追求的最大利润，指的就是最大的经济利润。经济利润也被称为超额利润。

在西方经济学中，还需区别正常利润和经济利润。正常利润通常指厂商对自己所提供的企业家才能的报酬支付。需要强调的是，正常利润是厂商生产成本的一部分，它是以隐成本计入成本的。为了理解正常利润是成本的一部分这一说法，我们需要运用前面讲到的机会成本的概念。从机会成本的角度看，当一个企业所有者同时又拥有管理企业的才能时，他将会面临两种选择机会：一种选择是在自己的企业当经理，另一种选择是到别人所拥有的企业当经理。如果他到别人所拥有的企业当经理，他可以获得收入报酬。如果他在自己的企业当经理，他就失去了到别的企业当经理所能得到的收入报酬，而他所失去的这份报酬就是他在自己所拥有的企业当经理的机会成本。或者说，如果他在自己的企业当经理，那么他应当自己向自己支付报酬，而且这份报酬数额应该等于他在别的企业当经理时可以得到的最高报酬。所以，从机会成本的角度看，正常利润属于成本，并且属于隐成本。

由于正常利润属于成本，因此经济利润中不包含正常利润。又由于厂商的经济利润等于总收益减去总成本，所以当厂商的经济利润为零时，厂商仍然得到了全部的正常利润。

成本理论是建立在生产理论的基础之上的。我们已经知道，生产理论分为短期生产理论和长期生产理论，因而相应地，成本理论也分为短期成本理论和长期成本理论。短期成本有不变成本和可变成本之分；长期成本没有不变成本和可变成本之分，长期内所有成本都是可变的。

第二节　短期成本理论

一、短期成本的分类

在短期，厂商的成本有不变成本部分和可变成本部分之分。具体地讲，厂商的短期成本有以下七种：总不变成本、总可变成本、总成本、平均不变成本、平均可变成本、平均总成本和边际成本。它们的英文缩写顺次为 *TFC*、*TVC*、*TC*、*AFC*、*AVC*、*AC* 和 *MC*。

总不变成本（*TFC*）是厂商在短期内为生产一定数量的产品对不变生产要素所支付的总成本，如建筑物和机器设备的折旧费等。由于在短期内不管企业的产量为多少，这部分不变要素的投入量都是不变的，所以 *TFC* 是一个常数，它不随产量的变化而变化。即使产量为零，*TFC* 也仍然存在。如图 6-1（a）所示，图中的横轴 Q 表示产量，纵轴 C 表示成本，*TFC* 曲线是一条水平线。它表示在短期内，无论产量如何变化，*TFC* 都是固定不变的。

总可变成本（*TVC*）是厂商在短期内为生产一定数量的产品对可变生产要素支付的总成本，如厂商对原材料、燃料动力和工人工资的支付等。*TVC* 曲线如图 6-1（b）所示，是一条由原点出发向右上方倾斜的曲线。*TVC* 曲线表示：由于在短期内厂商是根据产量的变化不断地调整可变要素的投入量，因此 *TVC* 随产量的变动而变动。当产量为零时，*TVC* 也为零。在这以后，*TVC* 随着产量的增加而增加。*TVC* 的函数形式为

$$TVC = TVC(Q) \tag{6-1}$$

总成本（*TC*）是厂商在短期内为生产一定数量的产品对全部生产要素所支出的总成本。它是 *TFC* 和 *TVC* 之和。*TC* 曲线如图 6-1（c）所示，是从纵轴上相当于 *TFC* 高度的点出发的一条向右上方倾斜的曲线。*TC* 曲线表示：在每一个产量上的 *TC* 由 *TFC* 和 *TVC* 共同构成。*TC* 用公式表示为

$$TC(Q) = TFC + TVC(Q) \tag{6-2}$$

平均不变成本（*AFC*）是厂商在短期内平均每生产一个单位产品所支付的不变成本。*AFC* 曲线如图 6-1（d）所示，是一条向两轴渐近的曲线。*AFC* 曲线表示：在 *TFC* 固定的前提下，随着产量的增加，*AFC* 是越来越小的。*AFC* 用公式表示为

$$AFC(Q) = \frac{TFC}{Q} \tag{6-3}$$

平均可变成本（*AVC*）是厂商在短期内平均每生产一个单位产品所支付的可变成本。用公式表示为

$$AVC(Q) = \frac{TVC(Q)}{Q} \tag{6-4}$$

平均总成本（*AC*）是厂商在短期内平均每生产一个单位产品所支付的全部成本。它等于 *AFC* 和 *AVC* 之和。用公式表示为

$$AC(Q) = \frac{TC(Q)}{Q} = AFC(Q) + AVC(Q) \tag{6-5}$$

边际成本（*MC*）是厂商在短期内增加一个单位产量时所增加的总成本。用公式表示为

$$MC(Q) = \frac{\Delta TC(Q)}{\Delta Q} \tag{6-6}$$

或

$$MC(Q) = \lim_{\Delta Q \to 0} \frac{\Delta TC(Q)}{\Delta Q} = \frac{\mathrm{d}TC}{\mathrm{d}Q} \tag{6-7}$$

由式（6-7）可知，在每一个产量水平上的 *MC* 值就是相应的 *TC* 曲线的斜率。

AVC 曲线、*AC* 曲线和 *MC* 曲线顺次如图 6-1（e）、图 6-1（f）和图 6-1（g）所示。这三条曲线都呈现出 U 形的特征。它们表示：随着产量的增加，*AVC*、*AC* 和 *MC* 都是先递减，各自达到本身的最低点之后再递增。

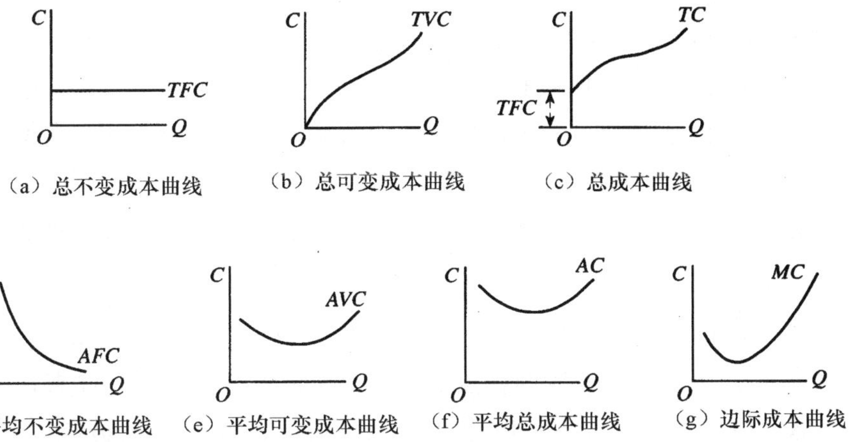

（a）总不变成本曲线　（b）总可变成本曲线　（c）总成本曲线

（d）平均不变成本曲线　（e）平均可变成本曲线　（f）平均总成本曲线　（g）边际成本曲线

图 6-1　各类短期成本曲线

二、短期成本曲线的综合图

在图 6-1 中，分别画出了 7 条不同类型的短期成本曲线。现在，将这些不同类型的短期成本曲线置于同一张图中，以分析不同类型的短期成本曲线之间的相互关系。这项工作将通过表 6-1 和图 6-2 来完成。

表 6-1 是某厂商的短期成本表。表中的平均成本和边际成本的各栏均可以分别由相应的总成本的各栏推算出来。该表体现了各种短期成本之间的相互关系。

表 6-1　某厂商的短期成本

产量（*Q*）	总成本			平均成本			边际成本（*MC*）
	总不变成本（*TFC*）	总可变成本（*TVC*）	总成本（*TC*）	平均不变成本（*AFC*）	平均可变成本（*AVC*）	平均总成本（*AC*）	
0	1200	0	1200				
1	1200	600	1800	1 200.0	600.0	1800.0	600
2	1200	800	2000	600.0	400.0	1000.0	200
3	1200	900	2100	400.0	300.0	700.0	100
4	1200	1050	2250	300.0	262.5	562.5	150
5	1200	1400	2600	240.0	280.0	520.0	350
6	1200	2100	3300	200.0	350.0	550.0	700

图 6-2 是根据表 6-1 绘制的短期成本曲线图，它是典型的短期成本曲线的综合图。

仔细观察图 6-2，除了发现那些在图 6-1 中已经得到体现的短期成本曲线的特征以外，还可以发现以下特征。

先分析图 6-2（a）。由图 6-2（b）中可见，*TC* 曲线是一条由水平的 *TFC* 曲线与纵轴的交点出发，向右上方倾斜的曲线。在每一个产量上，*TC* 曲线和 *TVC* 曲线两者的斜率都是相同的，并且 *TC*

曲线和 TVC 曲线之间的垂直距离都等于固定的总不变成本 TFC。这显然是由于 TC 曲线是通过把 TVC 曲线向上垂直平移 TFC 的距离而得到的。

此外，在图 6-2（a）中，TVC 曲线和 TC 曲线在同一个产量水平（2.5 单位）各自存在一个拐点 C 和 B。在拐点以前，TVC 曲线和 TC 曲线的斜率是递减的；在拐点以后，TVC 曲线和 TC 曲线的斜率是递增的。

再分析图 6-2（b）。由图 6-2（b）中可见，不仅 AVC 曲线、AC 曲线和 MC 曲线均呈 U 形特征，而且 MC 曲线与 AVC 曲线相交于 AVC 曲线的最低点 F，MC 曲线与 AC 曲线相交于 AC 曲线的最低点 D。

最后，将图 6-2（a）和图 6-2（b）结合在一起分析。可以发现，图 6-2（b）中 MC 曲线的最低点 A 恰好对应图 6-2（a）中的 TC 曲线的拐点 B 和 TVC 曲线的拐点 C，或者说 A、B、C 三点同时出现在同一个产量水平（2.5 单位）。在图 6-2（b）中的 AVC 曲线达到最低点 F 时，图 6-2（a）中的 TVC 曲线恰好有一条从原点出发的切线与 TVC 曲线相切于 G 点，或者说 G、F 两点同时出现在同一个产量水平（4 单位）。相类似地，图 6-2（b）中的 AC 曲线达到最低点 D 时，图 6-2（a）中的 TC 曲线恰好有一条从原点出发的切线，与 TC 曲线相切于 E 点，或者说 E、D 两点同时出现在同一个产量水平（5 单位）。

至于短期成本曲线所体现的这些特征的原因，我们将在下面运用边际报酬递减规律进行深入的解释。

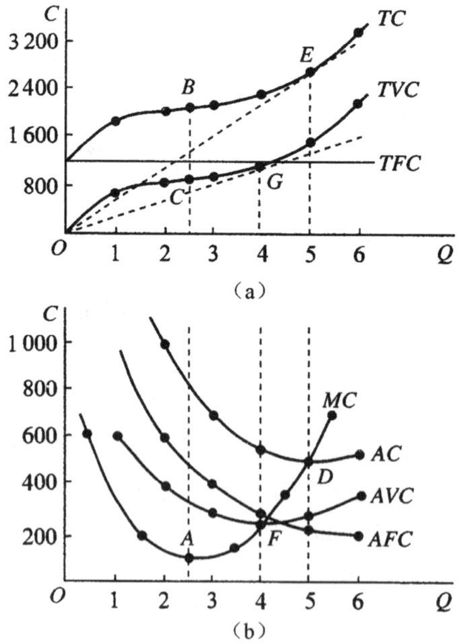

图 6-2　短期成本曲线图

三、短期成本变动的决定因素：边际报酬递减规律

边际报酬递减规律是短期生产的一条基本规律，因此它也决定了短期成本曲线的特征。

边际报酬递减规律是指在短期生产过程中，在其他条件不变的前提下，随着一种可变要素投入量的连续增加，它所带来的边际产量先是递增的，达到最大值以后再递减。关于这一规律，也可以从产量变化所引起的边际成本变化的角度来理解：假定生产要素的价格是固定不变的，在开始时的边际报酬递增阶段，增加一个单位可变要素投入所产生的边际产量递增，则意味着可以反过来说：在这一阶段增加一个单位产量所需要的边际成本是递减的。在以后的边际报酬递减阶段，增加一个单位可变要素投入所产生的边际产量递减，则意味着也可以反过来说：在这一阶段增加一个单位产量所需要的边际成本是递增的。显然，边际报酬递减规律作用下的短期边际产量和短期边际成本之间存在着一定的对应关系。这种对应关系可以简单地表述如下：在短期生产中，边际产量的递增阶段对应的是边际成本的递减阶段，边际产量的递减阶段对应的是边际成本的递增阶段，与边际产量的最大值相对应的是边际成本的最小值。正因为如此，在边际报酬递减规律作用下的边际成本 MC 曲线表现出先降后升的 U 形特征。

关于短期生产的边际产量和边际成本这一对应关系，还可从以下推导中得到验证。假定短期生产函数为

$$Q=f(L,\ \overline{K})$$

短期成本函数为

$$TC(Q)=TVC(Q)+TFC \tag{6-8}$$

再假定生产要素劳动的价格 ω 是给定的，则有

$$TC(Q)=TVC(Q)+TFC=\omega\cdot L(Q)+TFC$$

其中，TFC 为常数。根据短期边际成本的定义有

$$MC=\frac{\mathrm{d}TC}{\mathrm{d}Q}=\omega\frac{\mathrm{d}L}{\mathrm{d}Q}+0$$

即

$$MC=\omega\cdot\frac{1}{MP_L} \tag{6-9}$$

式（6-9）表明边际成本 MC 和边际产量 MP_L 两者的变动方向是相反的：因为在边际报酬递减规律作用下的边际产量 MP_L 是先上升，达到一个最高点以后再下降，所以相应地，边际成本 MC 是先下降，达到一个最低点以后再上升，即短期边际成本 MC 曲线是 U 形的。

从边际报酬递减规律所决定的 U 形的 MC 曲线出发，可以解释其他的短期成本曲线的特征以及短期成本曲线相互之间的关系。

第一，关于 TC 曲线、TVC 曲线和 MC 曲线之间的相互关系。由于在每一个产量水平上的 MC 值就是相应的 TC 曲线的斜率，又由于在每一产量上的 TC 曲线和 TVC 曲线的斜率是相等的，因此在每一个产量水平上的 MC 值同时就是相应的 TC 曲线和 TVC 曲线的斜率。于是，图 6-2 中的 TC 曲线、TVC 曲线和 MC 曲线之间表现出这样的相互关系：与在边际报酬递减规律作用下的 MC 曲线的先降后升的特征相对应，TC 曲线和 TVC 曲线的斜率也由递减变为递增，而且 MC 曲线的最低点 A 与 TC 曲线的拐点 B 和 TVC 曲线的拐点 C 相对应。

第二，关于 AC 曲线、AVC 曲线和 MC 曲线之间的相互关系。我们已经知道，对于任何一对边际量和平均量而言，只要边际量小于平均量，边际量就把平均量拉下；只要边际量大于平均量，边际量就

把平均量拉上；当边际量等于平均量时，平均量必达本身的极值点。将这种关系具体到 AC 曲线、AVC 曲线和 MC 曲线的相互关系上，可以推知，由于在边际报酬递减规律作用下的 MC 曲线有先降后升的 U 形特征，因此 AC 曲线和 AVC 曲线也必定有先降后升的“U”形特征。而且如图 6-2 所示：“U”形的 MC 曲线分别与“U”形的 AC 曲线相交于 AC 曲线的最低点 D，与“U”形的 AVC 曲线相交于 AVC 曲线的最低点 F。在 AC 曲线的下降段，MC 曲线低于 AC 曲线；在 AC 曲线的上升段，MC 曲线高于 AC 曲线。相类似地，在 AVC 曲线的下降段，MC 曲线低于 AVC 曲线；在 AVC 曲线的上升段，MC 曲线高于 AVC 曲线。

对于产量变化的反应，边际成本 MC 要比平均成本 AC 和平均可变成本 AVC 敏感得多。反映在图 6-2 中，不管是下降还是上升，MC 曲线的变动都快于 AC 曲线和 AVC 曲线。

比较图 6-2 中 AC 曲线和 MC 曲线的交点 D 与 AVC 曲线和 MC 曲线的交点 F，可以发现，前者的出现慢于后者，并且前者的位置高于后者。也就是说，AVC 曲线降到最低点 F 时，AC 曲线还没有降到最低点 D，而且 AC 曲线的最小值大于 AVC 曲线的最小值。这是因为，在平均总成本中不仅包括平均可变成本，而且包括平均不变成本。正是由于平均不变成本的作用，才使 AC 曲线的最低点 D 既慢于 AVC 曲线的最低点 F 出现，又高于 AVC 曲线的最低点 F。

第三，关于 AVC 曲线的最低点和 AC 曲线的最低点的一种几何理解。因为 $AVC(Q)=\dfrac{TVC(Q)}{Q}$，所以任何产量水平上的 AVC 值都可以由连接原点到 TVC 曲线上的相应点的线段的斜率给出。观察图 6-2（a）可以发现，在原点与 TVC 曲线上的每一个点的所有连线中，当产量 $Q=4$ 时有一条由原点出发的直线与 TVC 曲线相切于 G 点，这条切线是所有连线中最平坦的一条（该连线的斜率最小），它意味着此时 AVC 达最小值。这也就是在图 6-2 中 TVC 曲线上的切点 G 与 AVC 曲线的最低点 F 相对应的原因。当然，MC 曲线与 AVC 曲线也相交于 F 点。

相类似地，因为 $AC(Q)=\dfrac{TC(Q)}{Q}$，所以任何产量水平上的 AC 值都可以由连接原点到 TC 曲线上的相应点的线段的斜率给出。从图 6-2（a）中可以发现，在原点与 TC 曲线上的每一个点的所有连线中，当产量 $Q=5$ 时，有一条由原点出发的直线与 TC 曲线相切于 E 点，该切线是所有连线中最平坦的一条（该连线的斜率最小），它意味着此时 AC 达最小值。于是，在图 6-2 中有 TC 曲线上的切点正与 AC 曲线的最低点 D 相对应。当然，MC 曲线与 AC 曲线也相交于 D 点。

四、短期产量曲线与短期成本曲线之间的关系

前面分析了短期生产的边际报酬递减规律如何决定了短期成本曲线的特征，在此将利用图 6-3 进一步具体地说明并总结短期产量曲线与短期成本曲线之间的关系。

第一，短期边际产量 MP_L 和边际成本 MC 两者的变动方向是相反的。此特征的原因已在前面阐明，在此不再赘述。这种对应关系在图 6-3（b）、图 6-3（c）中得到体现。

第二，由以上的短期边际产量和边际成本的对应关系可以推知，短期总产量和总成本之间也存在着对应关系。如图 6-3（a）、图 6-3（d）所示：当总产量 TP_L 曲线下凹时，总成本 TC 曲线和总可变成本 TVC 曲线是上凸的；当总产量 TP_L 曲线上凸时，总成本 TC 曲线和总可变成本 TVC 曲线是

下凹的；当总产量 TP_L 曲线存在一个拐点时，总成本 TC 曲线和总可变成本 TVC 曲线也各存在一个拐点。

第三，关于短期平均产量和平均可变成本之间的关系。

根据 AVC 的定义有

$$AVC=\frac{TVC}{Q}=\frac{\omega L}{Q}=\omega \cdot \frac{1}{AP_L} \tag{6-10}$$

由此可得以下结论。

首先，式（6-10）表明平均可变成本 AVC 和平均产量 AP_L 两者的变动方向是相反的。这种对应关系如图 6-3（b）、图 6-3（c）所示：AP_L 曲线呈递增时，AVC 曲线呈递减；AP_L 曲线呈递减时，AVC 曲线呈递增；AP_L 曲线的最高点对应 AVC 曲线的最低点。

其次，由于 MC 曲线与 AVC 曲线交于 AVC 曲线的最低点，MP_L 曲线与 AP_L 曲线交于 AP_L 曲线的最高点，因此 MC 曲线和 AVC 曲线的交点与 MP_L 曲线和 AP_L 曲线的交点是对应的，如图 6-3（b）、图 6-3（c）所示。

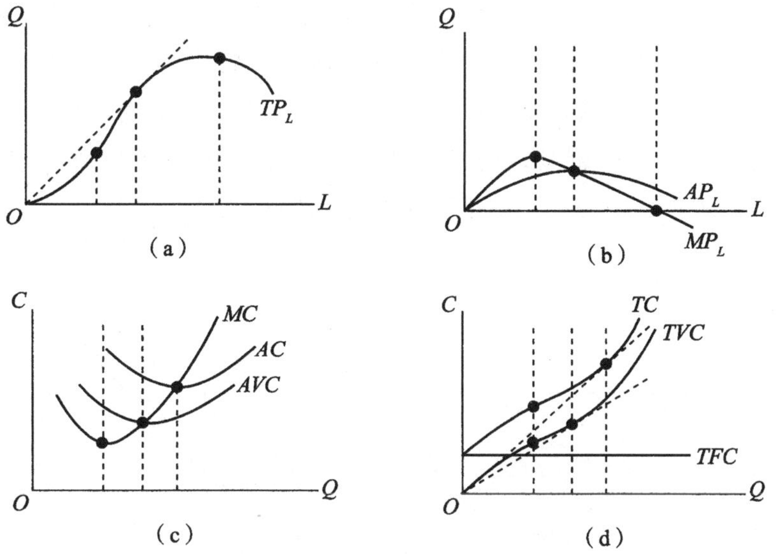

图 6-3　短期生产函数和短期成本函数之间的对应关系

第三节　长期成本理论

在长期内，厂商所有的成本都是可变的。厂商的长期成本可以分为长期总成本、长期平均成本和长期边际成本，它们的英文缩写顺次为 LTC、LAC 和 LMC。本节将顺次对长期平均成本曲线、长期边际成本曲线和长期总成本曲线进行分析，并进一步考察这三条长期成本曲线之间的相互关系。

从本节开始，为了区分短期成本和长期成本，在短期总成本、平均成本和边际成本的英文缩写前都冠之于“S”，如短期总成本写为 STC 等；在长期成本的英文缩写前都冠之于“L”，如长期总成

本写为 LTC 等。

一、长期平均成本曲线

长期平均成本 LAC 表示厂商在长期内按产量平均计算的最低成本。长期平均成本函数可以写为

$$LAC(Q)=\frac{LTC(Q)}{Q} \tag{6-11}$$

（一）“U”形的长期平均成本曲线

我们已经知道，短期平均成本曲线是“U”形的，事实上长期平均成本曲线也是“U”形的。在此，先考察“U”形的短期平均成本曲线和“U”形的长期平均成本曲线之间的关系。

在图 6-4 中，有五条短期平均成本曲线 SAC_1、SAC_2、SAC_3、SAC_4 和 SAC_5，它们顺次代表了不断扩大的生产规模。在长期，厂商可以根据生产的产量来选择最优的生产规模进行生产，以降低平均成本。例如，在 Q_2 产量水平，如果厂商处于短期生产阶段的 SAC_1 曲线所表示的生产规模，则平均成本只能是 OC_1；但如果厂商处于长期生产阶段，则可以调整全部生产要素的数量，它只要扩大生产规模，选择以 SAC_2 曲线表示的较大生产规模，就可以将平均成本降到 OC_2。类似地，在 Q_4 产量水平，如果厂商处于短期生产阶段的 SAC_5 曲线所表示的生产规模，则只能以平均成本 OC_5 进行生产；但如果厂商处于长期生产阶段，则可以调整全部生产要素的数量，它只要缩小生产规模，选择以 SAC_4 曲线表示的较小生产规模，就能将平均成本降到 OC_4。

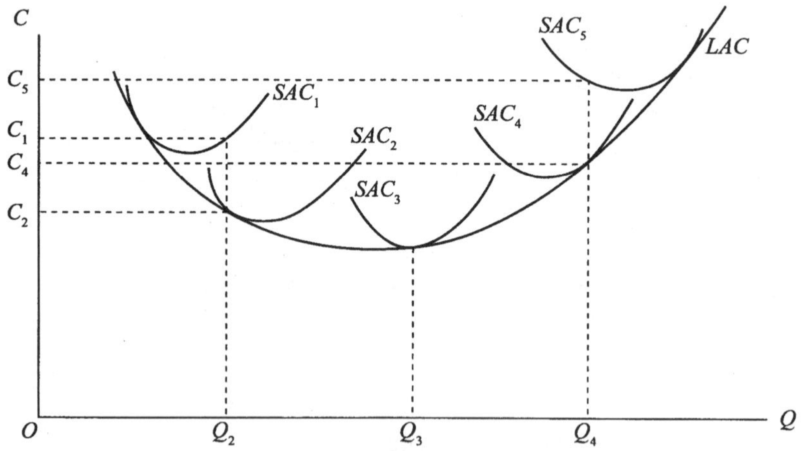

图 6-4　“U”形的长期平均成本曲线

在此，我们再进一步引入规模经济和规模不经济这一对概念。在长期，厂商由于扩大生产规模而使经济效益得到提高，这被称为规模经济。规模经济产生的原因一般是较高的产量水平能使生产的专业化得到更充分的发挥。在生产扩张到一定的规模以后，厂商继续扩大生产规模，就会使经济效益下降，这被称为规模不经济。规模不经济产生的原因一般是产量过大会使一个企业内部的生产协调愈加困难。显然，规模经济和规模不经济都是由厂商自身生产规模的变动引起的，所以也被称

作内在经济和内在不经济。通常认为，在企业的生产规模由小到大的扩张过程中，会先后呈现规模经济和规模不经济。正是规模经济和规模不经济的作用，决定了长期平均成本 LAC 曲线表现出先下降后上升的“U”形特征。正如图 6-4 所示，在产量小于 Q_3 的生产阶段，由于规模经济的作用，随着产量的增加和生产规模的扩大，长期平均成本不断下降；在产量大于 Q_3 的生产阶段，由于规模不经济的作用，随着产量的增加和生产规模的扩大，长期平均成本不断上升。只有在产量等于 Q_3 时，规模经济的作用恰好全部释放，长期平均成本 LAC 曲线降到最低点，此时的生产规模用 SAC_3 曲线表示，该生产规模也被称为最小成本的效率规模。

显然，在长期生产的规模经济和规模不经济的规律的作用下，长期平均成本 LAC 曲线呈“U”形特征。

（二）长期平均成本曲线的移动

在此，需要引入外在经济和外在不经济这一对概念，以解释长期平均成本 LAC 曲线位置移动的原因。企业外在经济是由于厂商的生产活动所依赖的外界环境得到改善而产生的。例如，整个行业的发展，可以使行业内的单个厂商从中受益。相反，如果厂商的生产活动所依赖的外界环境恶化了，则被称为企业的外在不经济。例如，对某行业产品需求的增加，使得生产所需的生产要素的价格上升，交通运输紧张，从而给行业内的单个厂商的生产带来困难。外在经济和外在不经济是由企业以外的因素所引起的，它影响厂商的长期平均成本曲线的位置的移动。在图 6-5 中，企业的外在经济使 LAC_1 曲线向下移至 LAC_2 曲线的位置。相反，企业的外在不经济使 LAC_2 曲线向上移至 LAC_1 曲线的位置。

在知晓了以长期生产的规模经济和规模不经济规律所决定的 U 形长期平均成本曲线后，就可以方便地推导出相应的长期边际成本曲线和长期总成本曲线。

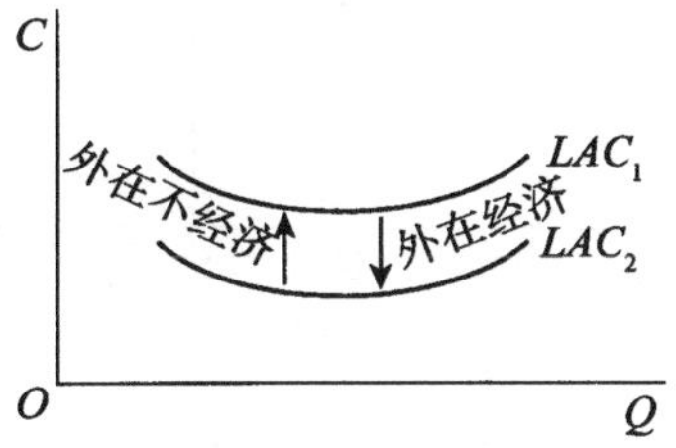

图 6-5　长期平均成本曲线的移动

二、长期边际成本曲线

长期边际成本 LMC 表示厂商在长期内增加一个单位产量所引起的最低总成本的增量。长期边际成本函数可以写为

$$LMC(Q)=\frac{\Delta LTC(Q)}{\Delta Q} \tag{6-12}$$

或

$$LMC(Q)=\lim_{\Delta Q\to 0}\frac{\Delta LTC(Q)}{\Delta Q}=\frac{\mathrm{d}LTC(Q)}{\mathrm{d}Q} \tag{6-13}$$

显然，每一产量水平上的长期边际成本 LMC 值都是相应的 LTC 曲线的斜率。

在图 6-6（a）中，长期边际成本曲线呈“U”形，它与长期平均成本曲线相交于长期平均成本曲线的最低点 f。其原因在于：根据边际量和平均量之间的关系，在产量小于 Q_2 时的 LAC 曲线的下降段，LMC 曲线一定处于 LAC 曲线的下方，也就是说，此时 $LMC<LAC$，LMC 曲线将 LAC 曲线拉下；相反，在产量大于 Q_2 时的 LAC 曲线的上升段，LMC 曲线一定位于 LAC 曲线的上方，也就是说，此时 $LMC>LAC$，LMC 曲线将 LAC 曲线拉上。由于 LAC 曲线在规模经济和规模不经济的作用下呈先降后升的“U”形，因此使 LMC 曲线也必然呈先降后升的“U”形，并且当产量等于 Q_2 时，两条曲线相交于 LAC 曲线的最低点 f。

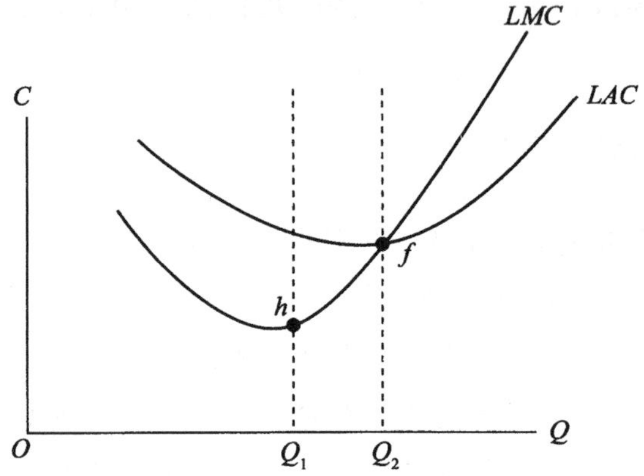

（a）

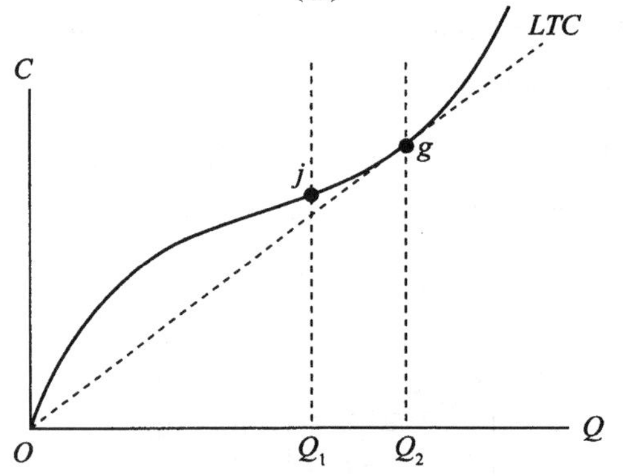

（b）

图 6-6　长期平均成本曲线、长期边际成本曲线和长期总成本曲线

三、长期总成本曲线

长期总成本 LTC 是指厂商在长期中在每一个产量水平上所能达到的最低总成本。相应地，长期总成本函数为

$$LTC=LTC(Q) \tag{6-14}$$

由于长期内所有的生产要素数量都是可变的，所以厂商的长期总成本 LTC 曲线是从原点出发向右上方倾斜的。它表示：当产量为零时，长期总成本为零；以后随着产量的增加，长期总成本是增加的。此外，长期总成本 LTC 曲线的斜率表现出先递减，经拐点之后又递增的特征。

根据上述的长期边际成本 LMC 曲线的“U”形特征，可以解释长期总成本 LTC 曲线的特征。

因为 LMC 曲线呈先降后升的"U"形，又因为根据式（6-13）可知 LMC 值是 LTC 曲线上相应的点的斜率，所以 LTC 曲线的斜率必定要随着产量的增加表现出先递减达到拐点以后再递增的特征。正如图 6-6 所示，在产量小于 Q_1 的范围，"U"形的 LMC 曲线的下降段对应 LTC 曲线斜率的递减段；在产量大于 Q_1 的范围，"U"形的 LMC 曲线的上升段对应 LTC 曲线斜率的递增段；在产量 Q_1 点，"U"形的 LMC 曲线的最低点 h 对应 LTC 曲线的拐点 j。

此外，在图 6-6 中，在产量 Q_2 点，LMC 曲线和 LAC 曲线相交于 LAC 曲线的最低点 f 时，相应地，LTC 曲线有一条从原点出发的最平坦的切线，切点为 g。

思考与练习

1. 短期生产函数 $Q=f(L, \bar{K})$ 的产量如表 6-2 所示。

表 6-2 短期生产函数的产量

L	1	2	3	4	5	6	7
TP_L	10	30	70	100	120	130	135
AP_L							
MP_L							

（1）在表中填空。

（2）根据（1），在坐标图上作出 TP_L 曲线，在另一张坐标图上作出 AP_L 曲线和 MP_L 曲线。（提示：为了便于作图与比较，TP_L 曲线图的纵坐标的刻度单位可以大于 AP_L 曲线图和 MP_L 曲线图）

（3）根据（1），并假定劳动的价格 $\omega=200$，完成如表 6-3 所示的相应的短期成本填写。

表 6-3 假定条件下的短期成本

L	Q	$TVC=\omega \cdot L$	$AVC=\frac{\omega}{AP_L}$	$MC=\frac{\omega}{MP_L}$
1	10			
2	30			
3	70			
4	100			
5	120			
6	130			
7	135			

（4）根据表 6-3，在坐标图上作出 TVC 曲线，在另一坐标图上作出 AVC 曲线和 MC 曲线。（提示：为了便于作图与比较，TVC 曲线图的纵坐标的单位刻度可以大于 AVC 曲线图和 MC 曲线图）

（5）根据（2）、（4），说明短期生产曲线和短期成本曲线之间的关系。

2. 假定某企业的短期成本函数是 $TC(Q)=Q^3-5Q^2+15Q+66$。

（1）指出该短期成本函数中的可变成本部分和不变成本部分。

（2）写出下列相应的函数：$TVC(Q)$、$AC(Q)$、$AVC(Q)$、$AFC(Q)$ 和 $MC(Q)$。

3. 已知某企业的短期总成本函数是 $STC(Q)=0.04Q^3-0.8Q^2+10Q+5$，求最小的平均可变成本值。

4. 假定某厂商的边际成本函数为 $MC=3Q^2-30Q+100$，且生产 10 单位产量时的总成本为 1000。

（1）求固定成本的值。

（2）求总成本函数、总可变成本函数、平均成本函数以及平均可变成本函数。

5. 假定生产某产品的边际成本函数为 $MC(Q)=110+0.04Q$。求当产量从 100 增加到 200 时总成本的变化量。

6. 某公司用两个工厂生产一种产品，其总成本函数为 $C(Q)=2Q_1^2+Q_2^2-Q_1Q_2$，其中 Q_1 表示第一个工厂生产的产量，Q_2 表示第二个工厂生产的产量。求当公司生产的产量为 40 时，能够使公司生产成本最小的两工厂的产量组合。

7. 已知某厂商的生产函数为 $Q(L, K)=0.5L^{1/3}K^{2/3}$；当资本投入量 $K=50$ 时资本的总价格为 500，劳动的价格 $P_L=5$。

（1）求劳动的投入函数 $L=L(Q)$。

（2）求总成本函数、平均成本函数和边际成本函数。

（3）当产品的价格 $P=100$ 时，厂商获得最大利润的产量和利润各是多少？

8. 假定某厂商短期生产的边际成本函数为 $SMC(Q)=3Q^2-8Q+100$，且已知产量 $Q=10$ 时的总成本 $STC=2400$，求相应的 STC 函数、SAC 函数和 AVC 函数。

9. 试画图说明短期成本曲线之间的相互关系。

10. 短期平均成本 SAC 曲线与长期平均成本 LAC 曲线都呈现出“U”形特征。请问：导致它们呈现这一特征的原因相同吗？为什么？

第七章

完全竞争与完全垄断

学习要求

1. 掌握完全竞争的含义和特征，理解在完全竞争市场下企业的价格和产量决策。
2. 掌握完全垄断的含义和特征，理解垄断企业的收益曲线及长期、短期均衡。
3. 熟悉垄断企业的三级差别价格。
4. 理解行业的重新组合、反垄断法和行业管制。

企业的经济效率只有在市场上才能变成利润，马克思把商品在市场上出卖称为“惊险的跳跃”。所以企业要在市场上获得成功，不仅在企业内部要实现资源的有效配置，而且要在不同的市场条件下制定正确的产量和价格决策，以完成“惊险的跳跃”。

经济学家根据单个经济主体控制市场能力的大小，把市场分为以下四种。

一是完全竞争：单个经济主体完全不能控制市场变量，如价格和产量。

二是完全垄断：单个经济主体控制某种产品全部的生产和销售，它是市场的相关变量的决定者。如垄断企业是市场价格的制定者。

三是寡头垄断：几个大企业联合起来控制某个产品生产和销售的绝大部分，这些企业都能有效地影响市场变量。如一个企业的价格变动，会显著地影响另一个企业同类产品的价格，进而影响市场价格。

四是垄断竞争：同时存在竞争和垄断的市场结构，与寡头垄断相比，这种市场结构是竞争的因素大于垄断的因素。

完全竞争和完全垄断是两个极端，寡头垄断和垄断竞争是介于完全竞争和完全垄断之间的两种市场结构，本章分析完全竞争和完全垄断的市场结构。

第一节　完全竞争

一、完全竞争的含义和特点

完全竞争是指一种竞争不受任何阻碍和干扰的市场结构。对竞争的干扰主要来自政府的干预和企业相互勾结形成垄断。也就是说，数量众多、规模又很小的企业根据自己对市场的判断组织生产和销售，每个企业都只占市场份额的很少的一部分，所有企业都不能决定市场价格，它们都是市场价格的被动接受者。

完全竞争具有如下特点。

一是市场上有许多经济主体，且每一个主体规模又很小，所以他们任何一个都无法通过自己的行为（如价格和产量的变动）来影响市场上的供求关系，也无法影响市场价格。

二是产品是同质的，即任何一个生产者的产品都是无差别的。由于个别售卖者的产品和他的竞争者完全一样，因此他不能以任何方法控制其价格。

三是各种资源都可以完全自由流动而不受任何限制，这包括：劳动可以毫无障碍地在不同地区、不同部门、不同行业、不同企业之间流动；任何一个生产要素的所有者都不能垄断要素的投入；新资本可以毫无障碍地进入，老资本可以毫无障碍地退出。

四是市场信息是完全的和对称的，企业与居民户都可以获得完备的市场信息，双方不存在相互的欺骗。

显然，在实际经济生活中，符合这些特点的市场是非常少见的，所以现实中的完全竞争市场是罕见的，比较接近的是农产品市场。但是，现实中是否存在着真正意义上的完全竞争市场并不重要，经济学分析完全竞争市场的重要性在于说明在假设的完全竞争条件下，市场机制如何调节经济资源，以达到资源配置的最佳状态。下面的分析将说明，完全竞争市场能够实现资源的最佳配置。有了完全竞争的市场，我们就有了一把尺子、一面镜子、一个目标，也为政府制定微观经济政策提供了基本的思路。

二、完全竞争市场条件下企业的价格和产量决策

（一）完全竞争市场中企业的收益

1. 完全竞争市场中企业的需求曲线

由于在完全竞争市场中，企业数量众多而且规模又很小，因此企业改变生产经营决策不能影响市场的供求关系，从而也不能影响市场价格，价格不是由某企业决定而是由该行业的供求关系决定的。该行业产品的价格决定后，任何企业只能被动接受这一价格而不能改变这一价格。所以，该企业产品的需求曲线是一条水平线，无论该企业的产量增加多少，其价格不变。

2. 完全竞争市场中企业的平均收益

完全竞争市场中企业的平均收益等于价格。由于企业不能改变市场上的价格水平，是市场价格的被动接受者，因此企业按既定的市场价格出售产品，每个单位产量的售价也就是每个单位产量的平均收益，价格等于平均收益。

$$TR=TP\times P \tag{7-1}$$

$$AR=\frac{TR}{TP}=\frac{TP\cdot P}{TP}=P \tag{7-2}$$

正因为如此，需求曲线也就等于平均收益曲线。

3. 完全竞争市场中企业的边际收益

完全竞争市场中企业的平均收益等于边际收益。因为边际收益是增加一个单位产量所增加的总收益，在完全竞争市场上，无论一个企业产量增加多少，价格总是不变的，所以边际收益等于价格。

$$MR=\frac{\Delta TR}{\Delta TP}=\frac{\Delta TP\cdot P}{\Delta TP}=P \tag{7-3}$$

所以，$AR=MR=P$，三条曲线合而为一，如图 7-1 所示。

图 7-1(a)表示：在完全竞争市场中，整个行业产品的供求关系决定了该产品的市场价格。市场价格一旦确定，企业只能被动地接受这一价格。图 7-1(b)表示：企业作为市场上产品价格的接受者，其平均收益 AR 等于边际收益 MR 等于市场价格 P，即 $AR=MR=P$。

4. 完全竞争市场中企业的总收益

在完全竞争市场中，企业的总收益随着产量的增加而增加。因为 $TR=TP\times P$，价格不变，总收益随着产量的增加而增加。

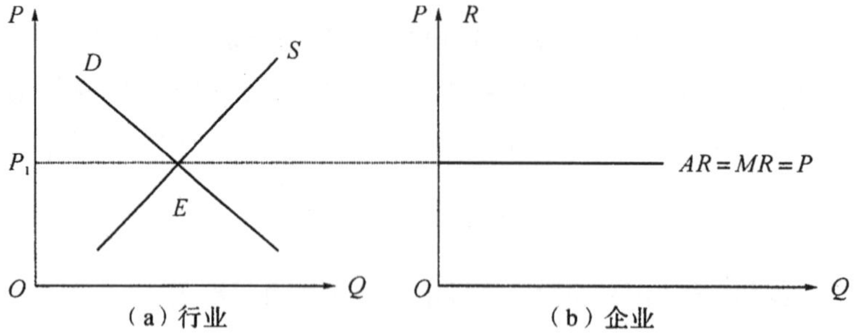

图 7-1 完全竞争市场中企业的价格和产量的决定

(二)完全竞争市场中企业短期的产量与价格的决定

经济学所讲的短期，是指有一部分生产要素即固定生产要素不能调整的时期。在完全竞争市场条件下，短期包含两个含义：第一，企业的固定生产要素不能调整；第二，行业的规模保持不变。

企业要获得最大利润，必须遵循边际收益等于边际成本($MR=MC$)的原则，在这一点上企业该获得的利润都获得了。把这一原则应用到完全竞争市场，就可能出现三种情况。

第一，企业存在超额利润的情况。

企业存在超额利润的条件是市场价格($AR=MR=P$)高于平均成本 AC 的最低点，如图 7-2 所示。根据 $MR=MC$ 的原则，企业的产量应定在 OA，此时利润最大。当产量为 OA 时，$AR=MR=P$，平均收益为 OB，总收益

$$TR=OA\times OB=OAEB\text{ 的面积}$$

当产量为 OA 时，平均成本为 AD，$AD=OF$，此时总成本

$$TC=OA\times OF=OADF\text{ 的面积}$$

$$\pi\text{(利润)}=TR-TC=OAEB\text{ 的面积}-OADF\text{ 的面积}=FDEB\text{ 的面积}$$

$FDEB$ 的面积称为超额利润。

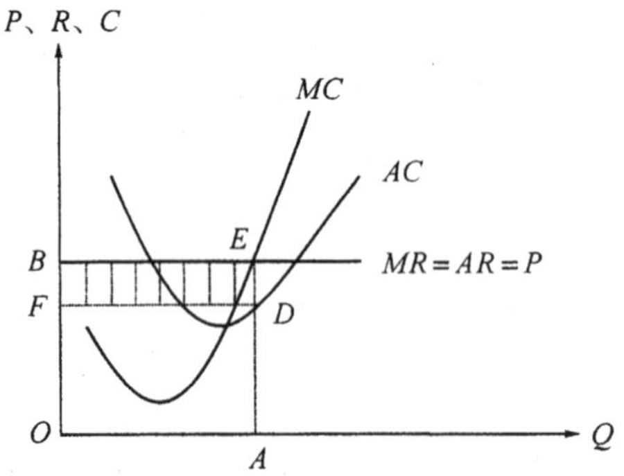

图 7-2 企业存在超额利润的均衡

在这种情况下，企业获得了最大利润，但此时平均成本不是在最低点。

第二，企业存在亏损的情况(市场价格低于 AC 的最低点)。

完全竞争市场中企业存在亏损的原因是因为企业短期平均成本曲线 AC 的位置高于平均收益曲线 AR，如图 7-3 所示。根据边际成本等于边际收益的原则，企业获得最大利润的产量为 OA_1，此时：

$$TR = OA_1 \times OB_1 = OA_1E_1B_1 \text{ 的面积} \tag{7-4}$$

$$TC = OA_1 \times OF_1 = OA_1D_1F_1 \text{ 的面积} \tag{7-5}$$

$$\pi = TR - TC = OA_1E_1B_1 \text{ 的面积} - OA_1D_1F_1 \text{ 的面积}$$
$$= -B_1E_1D_1F_1 \text{ 的面积（负的利润就是亏损）}$$

根据 $MR = MC$ 的原则，企业获得最大利润，与存在超额利润的情况相似，平均成本不是在最低点。

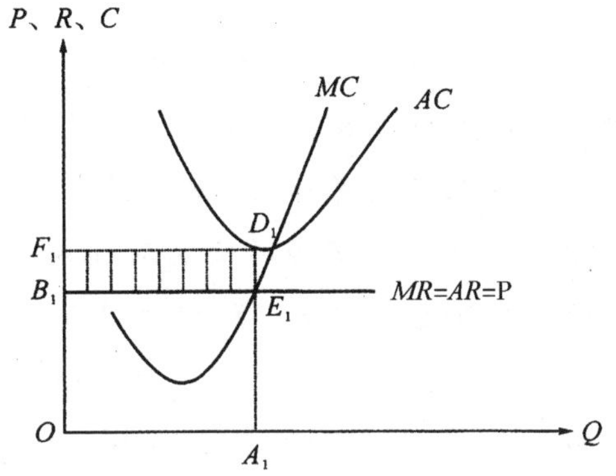

图 7-3　企业存在亏损的均衡

第三，既不存在超额的利润，也不存在亏损的情况。

既不存在超额的利润，也不存在亏损的情况成立的条件是平均收益曲线和平均成本曲线相切于平均成本曲线的最低点，亦即市场价格等于平均成本的最低点，如图 7-4 所示。此时 $TR = TC = OA_2E_2B_2$ 的面积，此时最大利润在平均成本的最低点实现。

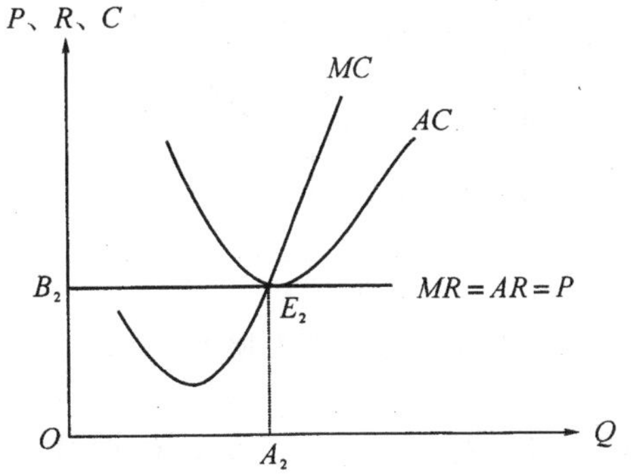

图 7-4　企业超额利润等于零的均衡

根据 $MR = MC$ 的原则，企业获得最大利润，此时，既不存在亏损也不存在超额利润。与前两种情况不同，此时企业最大利润时的产量为平均成本最低时的产量。在短期，由于企业不能随时调整生产要素，所以上述三种情况都是存在的。

【案例 7-1】

在完全竞争市场的条件下，企业短期停止生产的决策

在短期，由于企业不能退出该行业，因而存在固定成本，当生产的产量等于零时，企业仍然要

支付成本。这就是说，企业由于某种特定的市场条件而不生产任何产品时，必须仍然支付固定成本。如从事农业生产的家庭的生产决策中，固定成本包括与土地有关的成本，如果农民在某个季节不生产任何农产品，则土地被闲置并荒芜，农民就无法弥补这种成本。

在短期，如果企业停止生产，则失去了出售产品所得到的全部收入，但它节省了生产这些产品的变动成本。因此，如果企业生产这些产品所得到的收入小于生产的变动成本，企业就会停止生产。用公式表示如下。

如果 $TR<VC$，企业停止生产。

如果平均收益小于平均变动成本，即 $AR<AVC$，企业停止生产。

由于平均收益是总收益和产量的比例，在完全竞争市场的条件下，平均收益等于边际收益等于价格，即 $AR=MR=P$。因此，企业生产或者不生产的标准是 $P\leqslant AVC$。

当 $P=AVC$ 时，企业生产或者不生产都只能收回变动成本。当 $P<AVC$ 时，企业生产出一定数量的产品，出售后连全部的变动成本都无法收回，所以生产就变得毫无意义。这就是说，如果市场上物品的价格低于平均变动成本，企业选择停止生产。对这个标准的一般理解是：在选择生产与不生产时，企业比较每个单位产品所得到的价格与生产这一产品所支付的平均变动成本，如果价格不能弥补平均变动成本，则选择不生产；如果条件改变，使价格大于平均变动成本，则选择重新生产。

在完全竞争市场条件下，企业的短期供给曲线是边际成本高于平均变动成本曲线以上的部分，如图 7-5 所示。

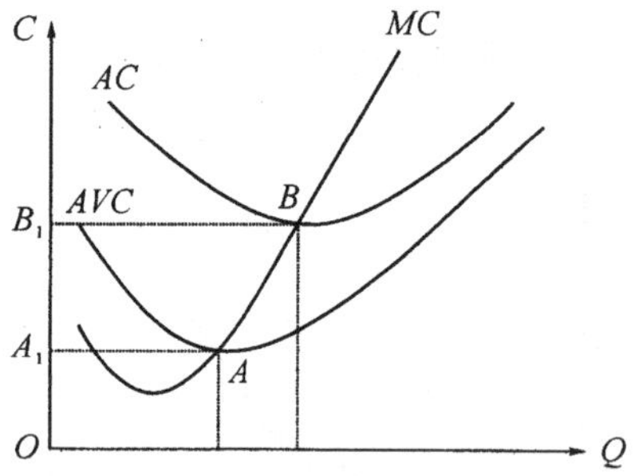

图 7-5　企业的短期供给曲线

完全竞争市场中企业的短期供给曲线是 A 点以上的 MC 曲线。当价格低于 A_1 时，企业选择不生产。当价格大于 B_1 时，不仅能收回全部的变动成本，而且能收回全部的固定成本或当价格介于 A_1B_1 之间时，能全部收回变动成本，但不能收回全部的固定成本或只能收回一部分。在短期，由于固定生产要素不能调整，因此收回一部分比一点都不收回要好，此时虽然亏损，但短期继续生产仍然是理性的行为。

(三)完全竞争市场中企业长期的产量与价格的决定

在完全竞争的市场结构中，长期的含义包括：第一，企业的固定生产要素可以调整，这表示企业的规模可以变动；第二，由于资本可以自由转移，因此行业的规模也可以自由调整。

在完全竞争的市场结构中，企业的规模可以随时调整，这也意味着行业的规模可以扩大，因此作为长期只有一种情况，即超额的利润等于零的情况。

1. 有超额利润的情况在长期不会存在

根据完全竞争的特点，当企业出现超额利润时，新资本会大量地进入，结果超额利润消失。其整个过程的作用机理为：新资本进入→行业规模扩大→供给增加→供给曲线外移（外移至 S_1）→市场价格下降→$AR=MR=P$ 线随之下降→超额利润逐渐消失，如图 7-6 所示。

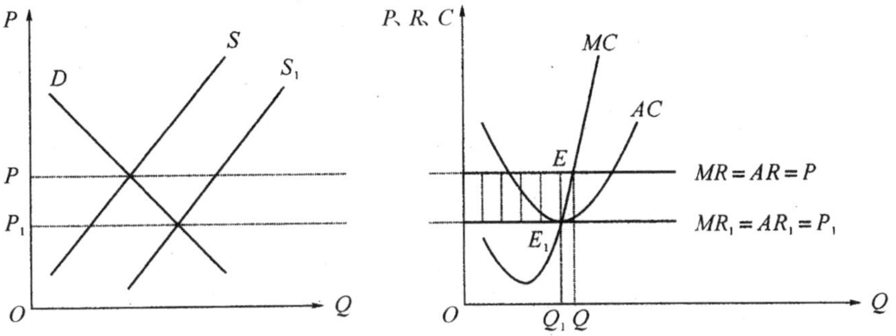

（a）行业的供求关系决定市场价格　　（b）企业获得超额利润的情况

图 7-6　完全竞争市场中企业超额利润消失的情况

假如所有企业出现超额利润，企业扩大生产，同时新资本进入，导致行业规模扩大；行业规模扩大使供给曲线外移，由 S 移至 S_1，商品价格由 P 下降至 P_1。企业只能被动地接受价格 P_1，从而企业的收益曲线由 $MR=AR=P$ 下移至 $MR_1=AR_1=P_1$。收益曲线下移，导致利润减少，最后消除超额利润。新的均衡点由 E 调整至 E_1，产量由 Q 减少至 Q_1。

2. 企业亏损的情况也不会长期存在

这是因为，当出现亏损时，原来在这一行业中的资本会因为亏损而大量退出。因为资本退出，亏损也将消除。其整个过程的作用机理为：亏损→原资本退出→行业规模缩小→供给减少→供给曲线内移（内移至 S_1）→市场价格上升→$AR=MR=P$ 线上升→亏损逐渐消除，如图 7-7 所示。

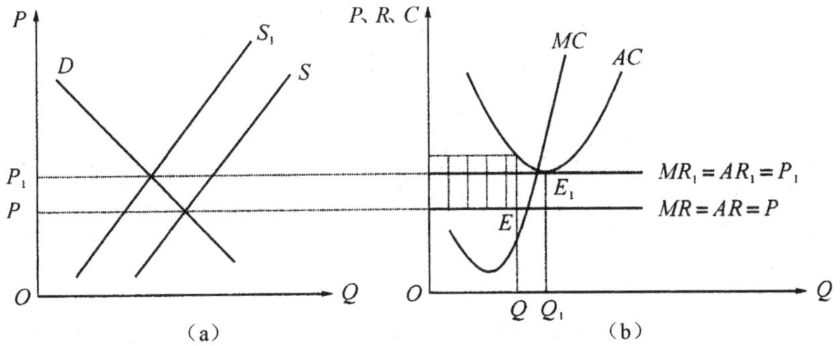

（a）　　（b）

图 7-7　完全竞争市场中企业亏损的情况

假如所有企业出现亏损，图 7-7（b）中密集框线部分的面积即为亏损的面积，企业减少生产，同时资本退出，导致行业规模缩小；行业规模缩小使供给曲线向左移动，由 S 移至 S_1，商品价格由 P 上升至 P_1。企业只能被动地接受价格 P_1，从而企业的收益曲线由 $MR=AR=P$ 向上移至 $MR_1=AR_1=P_1$。由于收益曲线上移，结果亏损减少，只要原资本还在退出，价格会继续上升，最后消除亏损。新的均衡点由 E 调整至 E_1，产量由 Q 增加至 Q_1。

所以，完全竞争市场中企业的长期均衡点为超额利润等于零，即图 7-8 所表示的情况。因为在完全竞争的市场结构中，不存在长期亏损，也不存在超额利润，所以企业长期均衡的条件是 $LMC=LAC=MR=AR=P$。由于一条 U 形曲线与一条水平线相切于 U 形曲线的最低点，所以企业均衡时，LAC 一定最低。

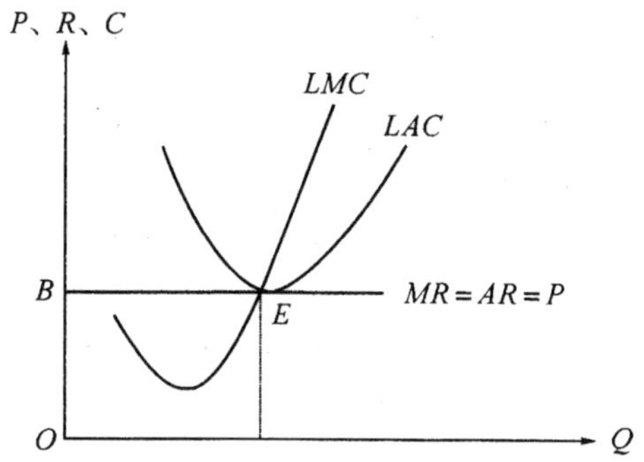

图 7-8　完全竞争市场中企业长期均衡的条件

【案例 7-2】

企业长期的进入和退出决策

企业退出或者进入一个行业的长期决策与企业的停止生产相似。如果企业退出，将失去它从出售产品中得到的全部收益，但同时也节省了生产这些产品的全部成本，包括固定成本和变动成本。因此，从理论上说，如果企业从事生产所获得的收益小于企业生产的全部成本，企业将退出这一行业。

用 TR 来表示总收益，TC 表示总成本，则企业退出某一行业的条件是

$$TR<TC$$

这就是说，如果企业的总收益小于总成本，企业会选择退出。如果产量用 Q 表示，这一条件也可以写成

$$\frac{TR}{Q}<\frac{TC}{Q}$$

即平均收益小于平均成本。由于在完全竞争的市场条件下，企业的平均收益＝边际收益＝价格($AR=MR=P$)，因此企业退出的条件可以表述为 $P<AC$。这就是说，如果商品的价格小于生产商品的平均成本，企业就选择退出。

如果某企业准备进入某个行业从事生产经营活动，其条件是生产商品的价格大于生产商品的平均成本，用公式表示为 $P>AC$。进入与退出的标准刚好相反。

在完全竞争市场条件下，企业的长期供给曲线是边际成本高于平均成本曲线以上的部分，如图 7-9 所示。

完全竞争市场中企业的长期供给曲线是 B 点以上的 MC 曲线。当价格低于 B_1 时，企业选择退出；当价格大于 B_1 时，企业选择进入。

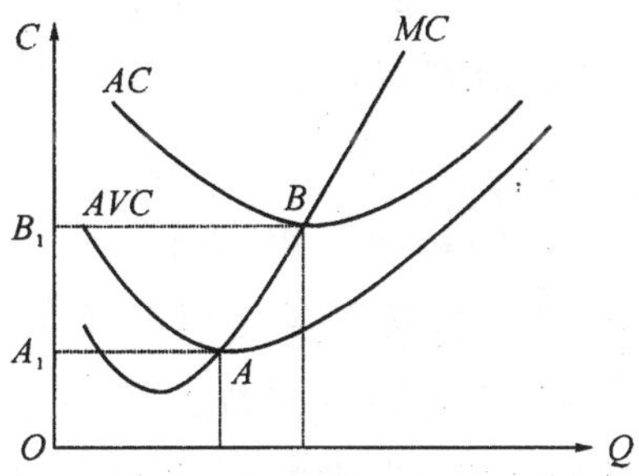

图 7-9　完全竞争市场中企业的长期供给曲线

三、完全竞争市场的经济效率

路德维希·艾哈德指出：竞争是导致繁荣和保证繁荣最有效的手段。

市场运行的经济效率是指参与市场活动的企业利用社会资源的程度。资源利用得越充分，经济效率就越高。一般认为，在完全竞争市场上，企业处于长期均衡状态时，市场是最有效率的。其原因如下。

第一，在完全竞争市场的长期中，边际成本等于市场价格，即 $MC=P$。MC 度量了社会多生产一个单位产量耗费的资源成本，而市场价格则衡量了消费者愿意支付的价格，它反映了增加一个单位产品给消费者增加的福利，$MC=P$ 说明最后一个单位产量所耗费的资源价值等于该单位产量的社会价值。同时，在完全竞争的市场结构中，消费者用等于 MC 的价格就可买到产品，消费者支付的市场价格最低。所以说，竞争的好处归消费者。

第二，从平均成本等于市场价格来看，在完全竞争市场上，市场价格是一条水平线，而在企业处于长期均衡状态即获得最大利润时，企业的 $MR=AR=P=AC=MC$，此时平均成本最低，这说明企业使用现有技术使在生产过程中所耗费的平均成本为最低。因而在完全竞争市场中，企业在生产技术使用方面是有效率的。如果全社会所有企业都能在 AC 的最低点组织生产，则社会稀缺资源的消耗最小。

第三，由于在完全竞争市场中长期不存在超额利润，因而市场上不存在产品短缺的现象，也不存在亏损，因而不存在产品过剩积压的现象。市场的供求是平衡的，此时供给与需求相等，也就不存在资源的浪费。

第四，完全竞争市场长期均衡是通过市场供求关系的变动来实现的。当消费者的偏好、收入等因素发生变化时，市场便可以迅速作出反应，使企业及时调整生产经营决策。

综合考虑这些因素，经济学家认为完全竞争市场是一种有效率的市场。但是我们认为，完全竞争市场也存在着一些缺陷，这些缺陷表现在如下几点。

第一，在完全竞争的市场结构中，市场上企业的数量很多，规模又很小，而生产规模小的企业既没有必要也没有可能去使用大规模的先进技术。

第二，完全竞争市场产品同质的特点对消费者产生不利的影响。虽然消费者只要用等于 MC 的价格就可买到消费品，但无差别的产品并不能满足消费者多样化的需求，消费者只能被迫消费几乎完全一样的产品，从而从另一方面减少了消费者的福利。这可以看成消费者以最低的价格买到商品的代价。

第三，完全竞争市场上不存在对技术创新的保护，所以不利于技术创新。一般来说，企业创新有两个条件：动力和压力。创新的压力来自市场竞争，市场竞争对企业造成的压力是存在的，而且是非常大的。创新的动力来源于创新所带来的经济利益。完全竞争市场信息完全和对称的条件，使市场上不存在商业秘密，也缺乏对技术创新所带来的利益的保护。一个企业花大力气、大投入进行创新的结果是整个行业的企业都能迅速地使用这一成果。所以对所有企业来说，创新的行为是不理性的，绝大多数企业在技术创新方面的理性选择是"搭便车"，即利用其他企业的创新成果，这会影响技术进步和劳动生产率的提高进程。

在完全竞争的市场结构中，企业创新的好处归行业而不归企业。这一结果会对企业的技术创新产生不利的影响。

第二节　完全垄断

一、完全垄断的含义和特点

垄断是指某一个行业只有一个企业，这个企业提供产品全部供给的市场结构。在这种市场结构中，一个企业控制某一种产品供给的全部。张伯伦指出，垄断的本质是对供给的完全控制。完全垄断的类型大致有两种。第一，政府特许的私人垄断。如对某些市场狭小行业的垄断、由于拥有某种技术和专利或特殊的自然资源而形成的对某种产品的垄断等。第二，政府垄断。不管是私人垄断还是政府垄断，都是一家企业控制了该行业的全部供给。形成垄断的原因非常复杂，具体有以下几个方面的原因。

第一，物质技术条件是行业中企业数量有限甚至只有一个企业的主要原因。

第二，人为的和法律的因素是行业中形成进入障碍从而导致垄断的不可忽视的原因。

第三，企业所处的地理位置、拥有的稀缺资源数量等自然因素是形成垄断的原因。

第四，掌握市场信息所需要的成本是限制企业进入从而导致垄断的原因。

一般认为，完全垄断的市场结构有如下特征。

第一，行业中只有一家企业，而消费者却是众多的。

第二，企业提供的产量不存在任何替代品。

第三，行业中存在进入障碍，其他企业难以进入。

第四，企业自己制定价格，并可以采用差别定价的方式。

二、垄断企业的收益曲线(需求曲线)

(一)垄断与竞争

垄断与竞争的关键差别在于企业控制市场供求的能力和控制市场价格的能力。处于完全竞争市场的企业由于其规模较小，市场份额只占整个市场很小的一部分，因而只能接受市场上给定的产品价格。因此，企业的收益曲线(需求曲线)是一条水平线。

与此不同的是，在垄断的市场结构中，由于垄断企业是市场上唯一的供给者，它可以通过调整向市场提供的产品的数量来改变和控制价格，因此垄断企业的需求曲线就是市场的需求曲线。垄断企业成了价格的制定者，消费者成为价格的接受者，其只能通过购买产品的数量的变化来适应垄断者制定的价格，即如果价格高了，消费者就减少购买的量；价格低了，消费者就增加购买的量。换个角度，如果垄断企业减少其产量，价格就上升；反之，价格则下降。这样垄断企业的需求曲线向右下方倾斜，如图 7-10 所示。

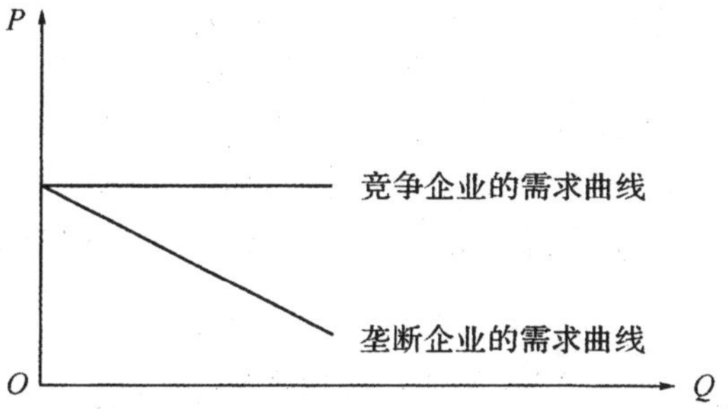

图 7-10 垄断企业的需求曲线

垄断企业的需求曲线会限制企业由于其垄断地位所产生的利润。从理论上说，一个垄断者可以提高产品价格，并出售大量的产品，进而获得高额利润。但是市场的需求曲线的形状会限制垄断企业的这种努力。市场需求曲线是垄断企业所能获得的价格与产量的组合，调整价格，就会影响产量(销售量)。所以，虽然垄断企业可以把价格定在最有利的位置上，但其所获得的利润，最终或多或少地要受到消费者的影响。

(二)垄断企业的收益曲线

一方面，垄断市场只有一家企业，因而垄断企业的需求曲线便为市场的需求曲线。企业不是价格的接受者而是价格的制定者。

另一方面，在垄断市场的需求一方，众多的消费者互相竞争，他们是价格的接受者，不能改变价格，但可以通过变动购买量对垄断企业产生压力。

因此，垄断者对销售的所有产品都用同一的市场价格，每单位产品的收益(平均收益)等于其价格，市场需求曲线就形成了垄断企业的平均收益曲线，或者说需求曲线与平均收益曲线重叠为一条曲线。

但是，在垄断的条件下，企业每增加一个单位产品，价格就会下降(因为市场供给增加，消费者尽管不是价格的制定者，而是价格的被动接受者，但价格提高，其会减少购买甚至拒绝购买）。因此，此时企业的平均收益是下降的，边际收益也是下降的。当边际收益减少时，边际收益一定小于平均收益。因此，边际收益曲线和平均收益曲线都是向右下方倾斜的斜线，而且边际收益曲线一定在平均收益曲线的下面。$AR=P$，$MR<AR$，如图 7-11 所示。

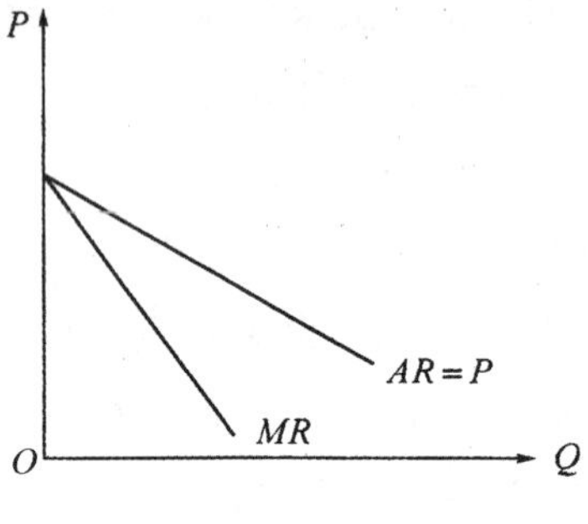

图 7-11　垄断企业的收益曲线

三、垄断企业的短期均衡

与完全竞争企业一样，垄断企业生产的目的也是利润最大化。根据利润最大化原则，垄断企业会按照边际成本等于边际收益的原则确定产出数量，并同时决定价格。在短期，与竞争企业一样，垄断企业也不能及时调整生产设备。垄断企业的均衡存在以下三种情况。

(一)垄断企业获得超额利润的情形

如图 7-12 所示，$MR=MC$ 的产量是企业均衡的条件，E 为均衡点，因此 OQ 为利润最大时的产量。此时，平均收益为 OA，平均成本为 OB。

$$\pi = TR-TC = AR\times \text{产量} - AC\times \text{产量} = OA\times OQ - OB\times OQ$$
$$= OQDA \text{ 的面积} - OQCB \text{ 的面积} = ABCD \text{ 的面积}$$

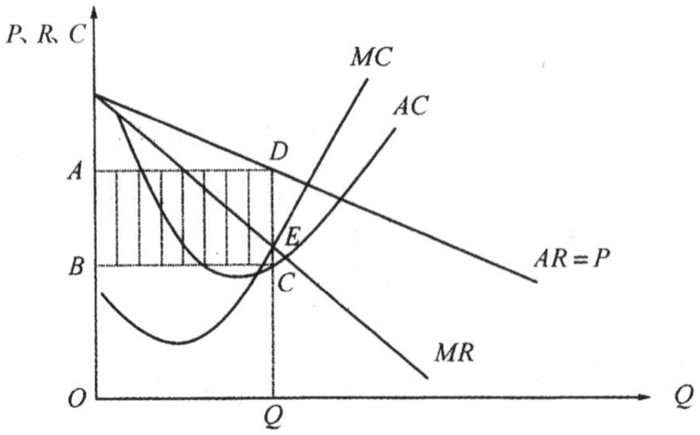

图 7-12　垄断企业在短期存在超额利润的情形

(二)垄断企业获得正常利润的情形

如图 7-13 所示，AC 与 $AR=P$ 相切，此时，TR 为 $OBCA$ 的面积，TC 为 $OACB$ 的面积，即

$TR-TC=0$，此时超额利润为零，企业只能获得正常利润。

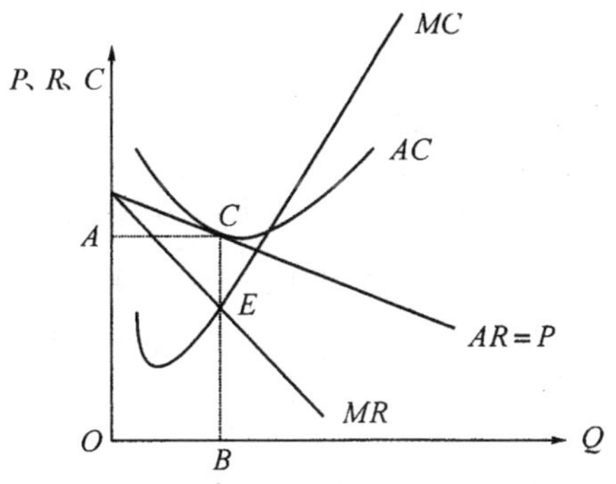

图 7-13　垄断企业获得正常利润的情形

(三)垄断企业存在亏损的情形

如图 7-14 所示，$TR=OA\times OD=OAFD$ 的面积；$TC=OA\times OC=OABC$ 的面积。此时，利润 $\pi=TR-TC=-DFBC$ 面积，即为垄断企业亏损额。

这种情况在短期由于固定生产要素不能调整，有其存在的可能。但在长期，垄断企业一般存在超额利润。

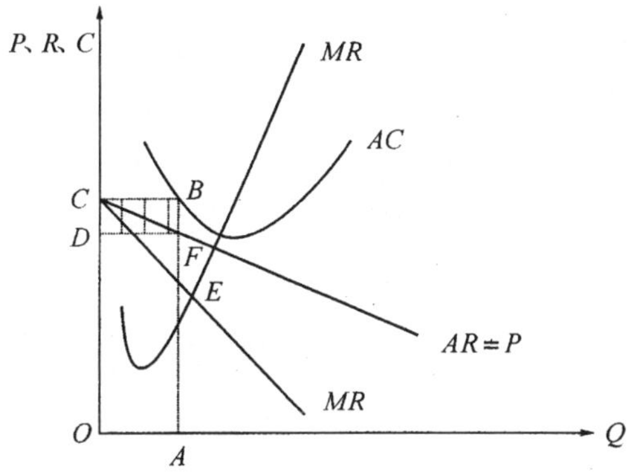

图 7-14　垄断企业在短期存在亏损的情形

四、垄断企业的长期均衡

对于长期来说，垄断企业可以调整全部生产要素。由于垄断市场上只有一家企业，没有竞争对手，因此垄断企业完全可以把价格定到最有利于自己的位置上，因而垄断企业在长期一般存在超额利润，如图 7-15 所示。

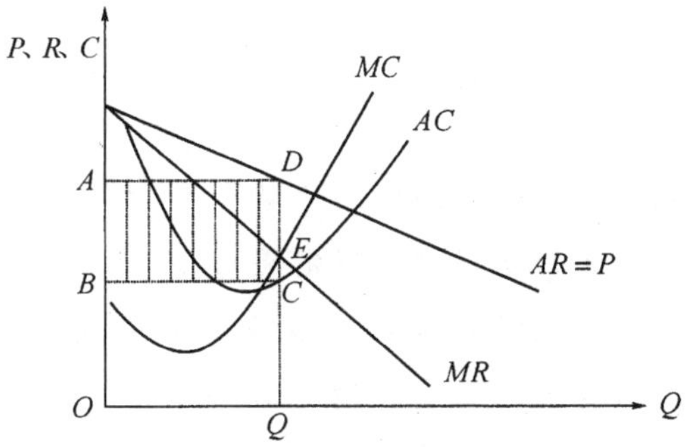

图 7-15　垄断企业的长期均衡

在垄断条件下，企业获得最大利润的条件仍然是 $MR=MC$，E 点为均衡点。此时，平均收益等于

价格为 QD，$QD=OA$；平均成本为 QC，$QC=OB$；垄断企业的总收益为 $OQDA$ 的面积，总成本为 $OQCB$ 的面积。矩形 $ABCD$（密集框线部分）为企业获得的超额利润。

五、垄断企业的价格策略

由于垄断，企业是价格的制定者。一般而言，垄断企业可以把价格定在最有利于自己的位置上，并据此获得高额垄断利润。方法之一是采用有差别的价格策略。有差别的价格策略是指垄断企业对同一种商品在不同的条件下采取不同的价格，如对不同消费者收取不同的价格。

垄断企业成功地实行有差别的价格策略，必须具备三个条件。第一，企业对价格要有一定的控制能力。在垄断企业中，这一条件是完全满足的；而在竞争激烈的市场结构中，企业不能采取有差别的价格策略。第二，企业可以根据需求弹性，有效地把市场进行分割。这就是说，人们不可能在不同的市场之间进行倒卖。假定有两个市场，在一个市场中定高价，而在另一个市场中定低价。如果两个市场不能有效分割，差别定价就不会成功，或者是消费者都去价格低的市场上购买物品，或者有人在低价市场上购买物品，再到高价的市场上去倒卖，倒卖的价格可能低于企业的定价。无论出现何种情况，最后都是价格差别的消失。这就是说，如果分割市场不彻底，则理性的消费者就会产生机会主义行为，用较低的价格在某一市场上购买物品，用到另一个价格较高的市场上去。如复印店的小老板不把复印机放在营业场所而是放在楼上的家里，就是因为营业用电与生活用电实行不同的价格。第三，不同市场中不同的消费者对同一种商品的需求弹性不一样。对缺乏弹性的市场或者消费者，垄断的企业可以通过提高价格的办法去获得更大的收入。而对富有弹性的市场和消费者，垄断的企业可以通过降低价格的办法去获得更大的利润。也就是说，垄断企业可以把该获得的利润都获得。如同样的时装，对高收入者采用高价格策略，对低收入者采用低价格策略。但条件是，两个不同的市场必须能有效地分开。电信局对企业或者其他营业电话的安装采用一种较高的价格，但对居民家庭的住宅电话采用较低的价格，就是典型的有差别的价格策略的例子。

经济学家把差别价格分为一级差别价格、二级差别价格和三级差别价格。

（一）一级差别价格

一级差别价格是垄断企业对每多出售一个单位的产品都收取不同的价格。实行这种价格时，由于生产成本不变，总收益增加。

【案例 7-3】

一级差别定价

假设一位长途跋涉的旅游者由于某种原因已经很长时间没有吃东西了。有一天，饥肠辘辘的他来到一家大饼店门口。假定周围 30 千米内没有第二家大饼店（大饼店是垄断的），在这种情况下，大饼店的老板就可以采用一级差别定价获得最大利润。我们已经知道，消费者购买商品有两个价格，一个是消费者愿意支付的价格，另一个是市场价格。消费者愿意支付的价格取决于产品给消费者带来的效用，而市场价格取决于市场供求关系。在完全垄断的条件下，价格取决于供给者的供给成本。根据边际效用递减规律，第一个大饼对这位旅游者来说，效用最大，因而其愿意支付的价格也最高。第二个大饼给他带来的效用减少，因而其愿意支付的价格低于第一个大饼，以此类推。因此，大饼店现在可以这样定价：第一个大饼的价格 10 元，第二个大饼的价格 5 元，第三个大饼的价格 2 元。如果生产大饼的平均成本是 1 元，该大饼店老板出售 3 个大饼就可以获得 17 元的总收益，净利润为 14 元。

一般地，一级差别定价是垄断的企业为每单位产量获取最高可能的价格。因此，愿意支付最高价格(对产品效用评价最高)的消费者被认出并被索取最高的价格 P_1，同样愿意为第二个单位的产品支付 P_2 价格和为第三个单位的产品支付 P_3 价格的消费者被认出，并被要求支付 P_2、P_3 的价格取得产品。如果垄断企业的边际成本为 P_M，如图 7-16 所示，利润最大化的产量是 Q_E，在这一点上，该产品所能够获得的最高价格刚好等于边际成本，任何想使出售商品的数量超过 Q_E 的努力则会使利润减少。因为如果产量大于 Q_E，将使价格低于边际成本。相反，如果产量少于 Q_E，也不会使利润最大，因为此时价格高于边际成本。

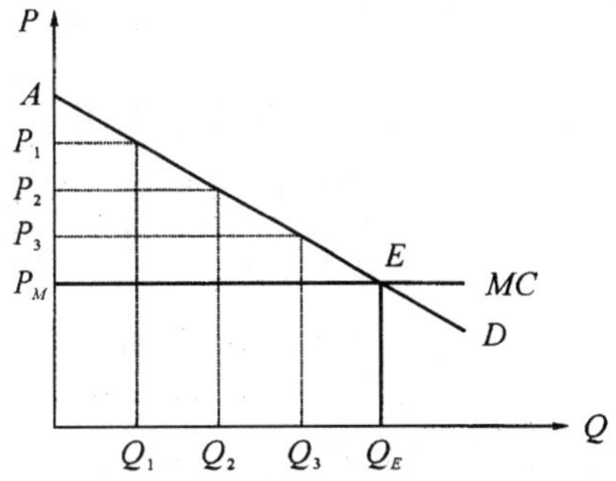

图 7-16　垄断企业实行一级差别定价

一级差别定价是差别价格的极端形式，也是企业最能盈利的一种定价方法。由于购买者的每个价格都被索要最高价格，因此不可能留下任何消费者剩余。在图 7-16 中，如果在完全竞争市场的条件下，市场价格等于 MC，此时消费者剩余为三角形 AP_ME 的面积。但在垄断的条件下，一级差别定价就没有一点消费者剩余，因为原来作为消费者剩余的三角形 AP_ME 的面积已经成为垄断企业的经济利润被垄断企业占有。

一级差别定价并不常见，因为它要求企业十分了解市场需求曲线和各个消费者的购买欲望。同时，企业还必须能有效地分割市场并使消费者之间的倒买倒卖等机会主义行为无法进行。在实际的市场中，这些条件很难满足。但是在国债市场上，出售国债的政府要求每一个可能的买者进行投标。拍卖的主持人决定最低价格，凡超过最低标价的投标者都被接受，投标者就有义务按投标的报价购买国债。通过这一过程，政府就能向每个购买国债的人索要高价。

(二)二级差别价格

二级差别定价是一级差别定价的不完全形式。它不是为每一个单位的产品提供不同的定价，而是根据消费者购买的数量大小来定价。所以，二级差别价格是指垄断者对出售一定数量的物品收取一种价格，对另外一种数量的同种物品收取另一种价格，所以又称批量定价，即不同的批量采取不同的价格。这种方式的差别价格同样可以增加销售量，从而增加总收益。只要是最低的价格不低于平均成本，利润就会增加。

二级差别定价要求用于产品、劳务和消费数量可进行准确测算的情况。

【案例 7-4】

二级差别定价

美国的电力公司大多数都按用电量的多少分段定价。如典型的价目表可按不同的月用电量段规定如下价格：

第一个 100 千瓦时	0.12 美元/千瓦时
以后的 300 千瓦时	0.10 美元/千瓦时
再以后的全部千瓦时	0.08 美元/千瓦时

除电力外，二级差别定价还常用于自来水、煤气和计算机使用时间等的定价。在西方市场经济国家里，快餐店也经常采用这种定价方法。如出售一杯饮料的价格为 1 美元，如果再倒满一杯的价格则为 0.5 美元。这种定价的基本逻辑事实就是边际效用递减规律，第二杯饮料对顾客而言，其效用已经减少，所以只能按较低的价格出售。

(三)三级差别价格

三级差别价格是垄断者对同一种商品在不同的市场上采用不同的价格或者对不同的人收取不同的价格。它要求按不同的需求价格弹性系数来划分消费者市场。这种划分可以根据几个因素来进行。首先，三级差别定价可以根据地理位置来划分消费者和市场。如在一个地区定一个价格，而对另一个地区定另一个价格。其次，可以根据不同的用途对市场进行划分。如以前的中国电信把固定电话分为甲种电话（企业用电话）和乙种电话（居民家用电话），并制定不同的价格标准，对企业用的电话收取较高的费用，而对居民住宅用的电话收取较低的费用。其原因是，对企业来说，企业用电话的需求弹性小于居民家用电话。对企业而言，电话是必不可少的，因而其弹性系数非常小。最后，可以根据消费者的个人特征来分割市场。年龄、性别是分割市场的常见因素。如电影票的价格制定，一般而言，儿童票价低于成人票价。但为两种人提供的服务是一样的，即不管是谁，儿童或者成人都占一个位置。对儿童采用较低价格的理由是，对电影而言儿童的需求弹性系数小于成人。在不同的交通工具中，儿童票的价格低于成人票的价格也是同样的原因。

【案例 7-5】

三级差别定价和利润

假设有一家企业在两个市场推销产品，其生产的边际成本为常数：$MC=2$ 元。两个市场的需求函数和边际收入函数分别如下。

市场 1：$P_1=14-2Q_1$，$MR_1=14-4Q_1$。

市场 2：$P_2=10-Q_2$，$MR_2=10-2Q_2$。

问：用三级差别定价法，每个市场的利润最大时的价格和销售量分别是多少？

解：

1. 根据经济学原理，最大利润的条件是 $MR=MC$，$MC=2$ 不变。

则在市场 1：$MR_1=MC$，即 $14-4Q_1=2$，$Q_1=3$。

把 $Q_1=3$ 代入需求函数，得 $P_1=14-2\times3=8$。

同样，在市场 2：$MR_2=10-2Q_2=2$，$Q_2=4$。

代入需求函数，解得 $P_2=6$。

这就是说，用三级差别定价的方法，在市场 1，产品的价格为 8 元，销售量为 3 单位时；在市场

2，产品价格为 6 元，销售量为 4 单位时，该企业获得利润最大。

2. 企业获得的总利润等于两个市场所获得的利润之和。

在差别定价的条件下：

市场 1 的利润＝总收入($P\times Q$)－总成本($MC\times Q$)＝24－6＝18(元)。

市场 2 的利润＝总收入($P\times Q$)－总成本($MC\times Q$)＝24－8＝16(元)。

企业在两个市场的总利润为两者之和，为 18＋16＝34(元)。

综上，可以有以下结论。

一是在不同的市场里，当一种产品的价格变化不能反映其成本变化时，就产生差别价格。

二是成功实行差别定价的三个条件是：垄断(市场控制力)、可分割的市场和不同的市场具有不同的需求弹性。

三是一级差别定价是对每个产品制定最高价格。二级差别定价则要根据消费者购买产品的数量来定价。三级差别定价通常要求在需求缺乏弹性的市场里制定高价，在富有弹性的市场里制定低价。对市场的分割可采用地理位置、产品用途或者消费者的个人特征等标准。

六、垄断市场的效率

垄断被认为是经济效率最低的一种市场结构，从资源配置的效率来看，垄断使产量不足，市场价格偏高，因而缺乏效率。

首先，垄断市场上价格大于边际成本，消费者被迫支付更高的价格。垄断企业为了维持市场上的高价格不可能扩大生产，因而供给短缺。垄断企业为了获得自己最大的利益，根据边际成本等于边际收益的原则提供产品的供给，这就决定了在垄断市场上，价格高于边际成本。价格是消费者对产品的估价，也就是消费者对最后一个单位产品所带来的福利的认定。边际成本是企业生产最后一个单位产品的代价。因此，价格高于边际成本意味着增加生产，社会由此得到的福利大于生产的成本。如果扩大生产，社会福利可以进一步增加，但企业为了高额垄断利润，不会这么做，所以垄断市场缺乏效率。

其次，与完全竞争市场相比，垄断市场上市场价格高于企业最低的平均成本，这意味着企业没有利用现有的生产技术进一步降低生产成本。因此，垄断企业在技术使用上缺乏效率。同时由于价格高于生产成本，因而消费者支付的价格大于生产成本，消费者利益受损，生产者却因此获得超额利润，从而加剧了收入的不平等。

最后，垄断不利于技术的进步。这是因为技术的进步既需要动力，即要求技术进步和技术创新的好处、利益归创新者所有，同时又要有创新的压力，这一压力主要来自竞争，而垄断企业不存在竞争的压力，所以没有技术创新的积极性。技术创新的压力不足限制了技术创新，无形中增加了社会成本。

所以经济学家一般认为垄断是效率最低的一种市场结构，应对其进行某种形式的限制。

【案例 7-6】

垄断对产量和福利的影响

1. 垄断对产量的影响

与完全竞争的企业一样，垄断企业的目标也是最大利润，其通过生产和提供消费者所需要的产品和劳务获取利润。区别在于垄断企业可以通过竞争企业办不到的手段，如限制产量进而提高价格的方法，来获取垄断利润。购买垄断企业产品的消费者可能认为，购买垄断企业提供的产品比不购买这一产品获得更大的满足，但他们被迫支付更高的价格。

按照边际成本等于边际收益的原则进行决策，垄断企业的产量低于竞争行业的产量，如图 7-17 所示。

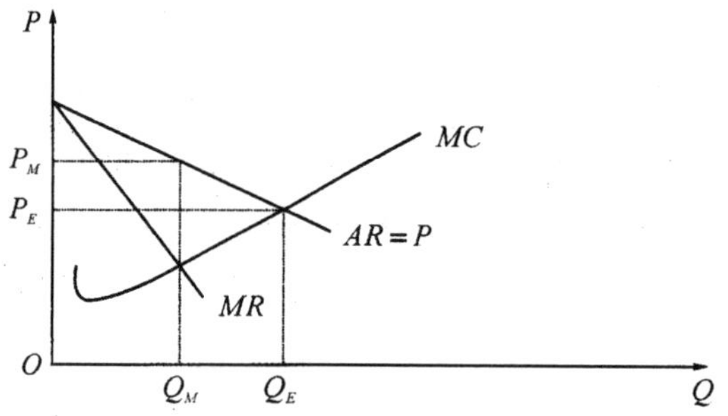

图 7-17　垄断对产量的影响

完全竞争企业按照边际收益等于边际成本来决策，在完全竞争的条件下，边际成本等于边际收益等于价格，此时产量为 Q_E，价格为 P_E。垄断企业按边际成本等于边际收益来决策，但在垄断的条件下，价格不等于边际收益。此时产量为 Q_M，价格为 P_M。

价格是衡量一个人为增加一个单位的产品而愿意支付的代价，在完全竞争的条件下，价格等于边际成本，在市场达到均衡时，额外一个单位产品给个人带来的边际收益（价格）正好等于企业生产这种商品所支付的边际成本。但在垄断的市场中，由于价格高于产品给消费者带来的边际收益，当企业选择用边际收益等于边际成本的原则确定产量时，增加一个单位产品所带来的边际收益，也就是消费者为购买这一个单位产品所愿意支付的价格，一定超过边际成本。因此，产量太低（指生产一个单位产品所带来的边际效益大于边际成本），价格太高，是经济学家强烈反对垄断的重要原因。

2. 垄断对福利的影响

与竞争企业相比，垄断企业制定的价格高于边际成本。从消费者的角度来看，这种高价格使垄断成为不受消费者欢迎的行为。但是高价格使垄断企业获得了高额利润，因而垄断又是企业千方百计要实现和达到的目标。从整个社会的角度来看，判断垄断是否受欢迎，要看垄断企业所获得的利益是否大于因为垄断使消费者损失的福利，从而分析垄断对整个社会福利的影响。

我们还是用总剩余的工具来分析垄断对经济福利所产生的影响。前面已经分析过，总福利等于消费者剩余减去生产者剩余。在完全竞争的市场结构中，市场出清的过程是一个自然而然的过程，其结果是各方面都满意的，因为“看不见的手”引起了使总剩余尽可能大的资源配置效率。在垄断的市场中，生产者就是垄断者。由于垄断与竞争的区别，其结果一定是以某种方式减少社会总剩余。

我们知道，市场需求曲线表示价格与产量之间的关系。所以，无效率的高价格等于无效率的低产量。当垄断者收取高于边际成本的价格时，一些潜在的消费者对商品的评价高于垄断企业的边际成本，但低于垄断者的价格。因此，这些消费者是潜在的，最后并不购买产品。由于消费者对产品的评价高于边际成本，这个结果是没有效率的。因此，垄断使一些对双方有益的交易无法进行。如图 7-18 所示，因为垄断而造成产量下降，价格提高，其效率损失为三角形 E_1EF 的面积。这就是由于垄断定价所造成的总剩余损失。

$AR=P$ 为需求曲线，MC 曲线是垄断企业的供给曲线，E 点为供求相等时的均衡点，其决定的价格为均衡价格，产量 Q_E 是有效率的价格和产量。在垄断的条件下，垄断企业的产量 Q_M 是由企业的边际成本和边际收益的交点 E_1 决定的，Q_M 小于 Q_E。当产量为 Q_M 时，垄断企业制定的价格等于 P_M。因为垄断造成产量下降，整个市场损失的效率（消费者剩余－生产者剩余＝总剩余）为三角形 E_1EF 的面积。

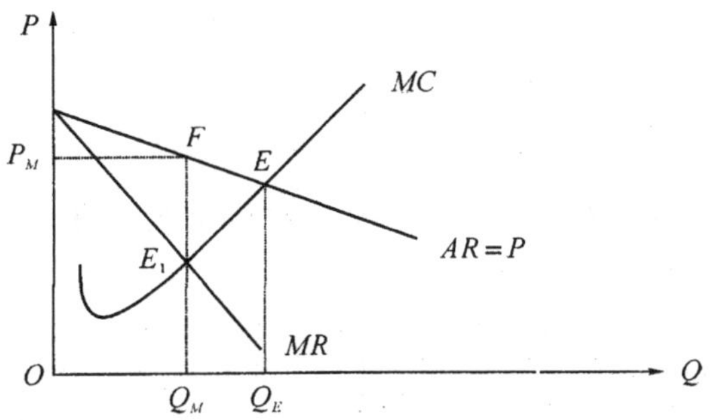

图 7-18　垄断对福利的影响

通过对垄断的分析，我们得出两个结论。

第一，由于规模因素，在满足自然垄断条件的行业如公用事业，垄断经营比几家企业同时经营可能更节省成本，但需要有一定的公共政策和措施保证垄断者的行为被控制在社会经济效率能承受的范围内。

第二，由于缺乏竞争，造成高价格、低产出、高利润、低水平服务等效率的损失，需要制定一些反垄断或者限制垄断的公共政策和措施。

七、对垄断的限制

从前面的分析中看到，与完全竞争市场相比，在垄断市场上垄断企业生产较少的产量，索要较高的价格，消费者因此会受到损害。从社会的角度来看，如果垄断企业生产的产量更大并索要更低的价格，则消费者的境况会得到改善，社会福利会因此增加。问题是垄断企业一般不会这样做。因此，垄断使社会福利受到损害。

除此之外，垄断还有可能存在其他方面的损害，如垄断缺乏降低成本和进行技术革新的动力，从而使社会生产既定的产量花费较多的成本。

由于垄断可以使企业获得更多的利润，因而为了保持这种超额利润，垄断企业往往会采取各种维持垄断的措施，其中包括游说政府制定更有利于自身的政策。这种为了寻求额外的利润而进行的活动被称为寻租行为。寻租不仅要花费成本，而且会滋生政府腐败。

由此经济学家断言，垄断是缺乏效率的，建议政府采取反垄断政策。

针对不同形式的垄断，政府可以分别或同时采取行业的重新组合、处罚等手段，而这些手段往往是根据反垄断法制定的。

(一)行业的重新组合

如果一个垄断的行业被重新组合成包含许多企业的行业，那么企业之间的竞争就可以把市场价格降下来。被重新组合的行业竞争程度越高，市场价格就越接近于竞争性价格。政府采取的手段是分解原有的垄断企业或扫除进入垄断行业的障碍，并为进入企业提供优惠条件。

1. 分解规模很大的垄断企业是促使竞争的有效手段

如果一个行业垄断是通过行业中的企业兼并或者一家企业依靠较大的规模设置进入障碍而形成的，那么可以依靠政府力量把行业中的垄断企业分解为几个或多个较小的企业。例如，1983 年前，美国的电话电报公司是一家具有垄断力量的企业，它在全国范围内提供 95%以上的长话服务和 85%的地方电话服务，并出售大部分电信设备。为加强这一部门的竞争，美国政府迫使美国电话电报公司将地方电话电报公司卖掉，使其规模减少了 80%，从而降低了电信市场的垄断程度，增强了竞争。

2. 减少进入障碍

一般而言，对垄断行业的重新组合并不马上形成完全竞争的市场结构。即使是大企业被分解后形成的小企业也具有一定程度的市场支配力。为配合把竞争因素引入垄断行业，让新加入一个垄断行业经营的企业有能力与原有的企业竞争，政府要对新企业给予一定的优惠，减少进入障碍。

如果一个行业不存在进入障碍，那么一般企业不会在长期内获取超额利润。因此，已经取得垄断地位的企业总是试图设置进入障碍或者采取不正当竞争手段排挤竞争者，以维护自身市场的支配力，为此政府可以利用各种处罚手段加以制止。对不执行反垄断规定的企业或个人，政府可以对其实行经济制裁，包括对垄断行为受害者支付赔偿金和罚金。

对垄断行为的制止重点在于清除进入障碍，鼓励更多的企业进行竞争。

(二)反垄断法

反垄断法又称反托拉斯法，是政府反对垄断及垄断行为的重要法律手段，许多发达国家都有反垄断法，由刑事诉讼和民事诉讼来保证其贯彻执行。政府不仅采取肢解现有垄断的行动，还为了防止垄断企业获得更强的市场力量而采取一些必要的措施。

【案例 7-7】

关于反垄断法的争议

反垄断法究竟应在什么时候、如何被贯彻执行，一直是经济学界和经济政策中最有争议的问题之一。

一种观点认为，在当今的国际市场上，竞争总是非常激烈的，这就能保证以低价格出售产品，并实现较高的经济效率。任何一个想依靠垄断力量来索要过高价格并实现垄断利润或者对降低成本漠不关心的企业最终都将被淘汰，因此这种企业最多只能在短期内享有垄断地位。佳能公司以及随后的许多公司把施乐公司从垄断的地位上拉下马就是个例子。这种观点还认为，限制企业的规模是在惩罚成功的企业，抑制了这些企业利用规模经济和范围经济的能力。

反对这一观点的学者认为，尽管存在国际市场竞争，但其竞争并不那么激烈，因而不能依赖这种竞争来使垄断消除。进而，许多学者对规模经济和范围经济的重要性提出质疑，如美国有许多有影响的出口公司都是比较小的公司。同时，这种观点认为，鼓励企业之间的竞争不仅使消费者因支付较低的价格而获益，而且能提高企业的竞争力，使成功的企业不仅能在国内有竞争力，而且在国外也有足够的竞争力。

(三)行业管制

对垄断企业采取的管制措施主要包括价格管制、对自然垄断行业的管制以及其他管制措施。

1. 价格管制

假定政府对垄断行业只实行价格管制，即规定一个低于垄断市场价格的管制价格或最高限价，垄断企业会获得一定量的超额利润，但这一利润额低于垄断企业自主定价时决定的超额利润。政府规定低于垄断企业自主定价的最高限价，其基本原则是按市场需求($AR=P$)等于企业边际成本的原则决定管制价格。

2. 对自然垄断行业的管制

所谓自然垄断，是指在行业中规模经济在很大的产量范围内存在，以至于相对于市场需求所决定的范围而言，随着产量增加，企业的平均成本逐渐减少。这类行业通常需要大型的资本设备和大量的固定要素，如城市自来水公司、公用电话局等。在这样的行业，任何低于市场需求量所需要的生产成本都较高，这就意味着试图通过竞争来消除垄断是不现实的。当生产规模小于现有企业时，进入该行业的企业不可能与原有企业进行竞争；反之，如果进行竞争，就会花费更大的固定投入量，从而使生产能力过剩。

政府对自然垄断行业的管制不能只是价格管制，可供选择的管制政策措施是既管制价格，又管制企业的产量。从理论上说，在市场需求曲线上的任何一个价格与产量组合都可以作为政府对垄断企业的管制。但在实践中政府往往按平均成本定价，企业只获得正常利润。之所以要对产量进行限制，是因为在这一价格下，如果允许企业自主决策，它会按照价格等于边际成本的原则决定产量，从而使产量并不等于市场需求量。

以上分析同样适用于一般垄断行业。

3. 对垄断行业的其他管制措施

在实践中，政府管制所遵循的原则是“对公道的价值给予一个公道的报酬”。为实现这一原则，配合价格管制、价格和产量双重管制，政府往往采取补贴或税收手段。如果垄断企业因为政府的价格管制或者价格和产量双重管制而蒙受损失，政府应给予适当的补贴，以便使垄断企业获得正常利润。如果在政府管制后，企业仍可以获得超额利润，那么政府应征收一定的特殊税收，以有利于公平分配。

对垄断行业，政府也可以采取直接经营的方式来解决由于垄断造成的市场失灵。由于政府经营的目的不在于利润最大化，因此可以按照边际成本或者平均边际成本决定价格，以便部分地解决由于垄断所产生的产量低和价格高等低效率问题。

思考与练习

1. 简述完全竞争市场的特点。

2. 完全竞争市场为什么是有效率的市场？

3. 为什么进入障碍是垄断产生的主要原因？

4. 垄断对经济效率的影响有哪些？

5. 垄断企业可以随意定价，这种说法是否正确？为什么？

6. 市场经济能让稀缺的经济资源实现最有利的配置吗？为什么？

7. 在需求长期下降的夕阳产业里，如果商品的价格低于 AC 但高于 AVC，此时应该采取什么样的生产经营决策？

8. 你如何考虑企业长期的进入和退出决策？

9. 根据边际成本等于边际收益的原则，企业获得最大利润，此时平均成本是否一定最低？为什么？

第八章

不完全竞争市场

学习要求

1. 掌握寡头垄断的含义和特征。
2. 熟悉古诺模型。
3. 了解寡头垄断企业的利润和价格策略。
4. 理解垄断竞争市场的特征及企业长期、短期均衡的条件。

第一节 寡头垄断

一、寡头垄断市场的基本特征

寡头垄断市场是指少数几家大企业联合起来控制市场上某一产品生产和销售的绝大部分。这些企业之间存在着程度不同的激烈竞争。完全垄断的存在主要是由于进入的限制，而寡头市场的产生主要是由于规模经济。从理论上说，任何企业都可以进入寡头市场。但实际情况是，由于寡头市场的企业规模非常大，进入企业的初始投入都非常大。同时，由于原有的企业已经基本上控制了市场，因此要进入寡头垄断市场非常困难。另外，寡头市场的进入障碍还来自竞争，即已经在行业里的寡头企业会采用各种方法阻止新的竞争者进入。寡头垄断市场的特征包括如下几个方面。

一是行业中只有少数几家大企业，它们的供给量均占有市场的较大份额。如在 20 世纪 80 年代，美国的汽车工业被称为世界上寡头结合最紧密的行业，通用汽车公司、福特汽车公司和克莱斯勒汽车公司等三家汽车公司联合起来，控制了美国汽车市场生产和销售的 90%左右。

二是寡头企业之间在价格与产量的决策中存在着关联性。由于企业规模大、数量少，每家企业的产量和价格决策都会对其他企业产生不可忽视的影响。企业的决策互相影响，因而任何一家企业在作出价格和产量的决策时，都必须考虑竞争对手对其作出的反应。例如，在一个寡头垄断的市场中存在三个企业，如果某个企业降价，在其他企业价格策略不变的条件下，降价企业的销售量及市场份额会大大增加，与此对应的是另两家企业的销售量大幅度下降。在这样的竞争态势下，另两家企业将被迫跟随降价。如果是这样，则这三家企业的收益(价格和利润)都将减少。所以，任何一家企业在作出价格与产量调整的策略时，都要考虑和预测其他企业的反应，并估算这种反应对自己利润的长期影响。寡头垄断企业的这种相关性，使寡头垄断市场的价格与产量的决定相当复杂。寡头企业在决策时的最大困难是不知道竞争对手会作出什么样的反应。

三是企业的竞争手段是多种多样的，但市场价格相对稳定。这就是说，由于很难捉摸竞争对手的行为，一般不会轻易改变已存在的产量和价格的均衡。

四是在寡头垄断市场中，这些规模很大的企业提供的产品可以是完全一样的，也可以有差别，但都是可以互相替代的产品，所以不同的企业也存在激烈的竞争。

五是寡头垄断企业之间的互相依存性，使企业之间容易结成联盟，形成某种勾结。

寡头垄断的现象在现实的经济生活中普遍存在。一般来说，重工业、能源工业、航空运输、汽车制造、有色金属冶炼等属于典型的寡头垄断行业。

寡头垄断企业的这些特征是经济学分析寡头市场的基本前提。

二、古诺模型

为了简单起见，我们考虑只有两家垄断企业的情况，即双头垄断的情况。双头垄断是寡头垄断最简单的一种情况。

设想某小镇上存在两家开水供应者张三和李四。他们在同一市场上（如同一条街上）出售开水。假定两家企业销售产品的边际成本等于零。表 8-1 表示了两家企业的需求量和两家企业出售一定开水的总收入（总收入＝销售量×价格）。

表 8-1 两家企业出售开水的总收入

数量（壶）	价格（元）	总收入（元）
0	12	0
100	11	1100
200	10	2000
300	9	2700
400	8	3200
500	7	3500
600	6	3600
700	5	3500
800	4	3200
900	3	2700
1000	2	2000
1100	1	1100
1200	0	0

如果开水市场是完全竞争的，在竞争的市场中，企业生产的产量决策遵守 $AR=MR=MC=P$，即价格等于边际成本。如果这样，在该市场上边际成本等于零。因此，价格等于零，而均衡数量等于 1200，这一数量是有效率的生产和消费量。

如果是垄断的，当产量是 600 壶、价格为 6 元时，总收入最高。因此垄断者的正常做法是价格大于边际成本，结果造成市场无效率，因为生产和消费水的数量低于社会有效率的水的数量 1200 壶。

我们再来分析作为寡头的张三和李四的市场策略。

第一种情况：张三和李四合作，就开水供应的数量和价格达成一致。企业之间就价格和产量达成一致，经济学称为“勾结”。以一致的方式进行市场活动的企业集团我们称之为“卡特尔”。如价格卡特尔，就是以相同的价格策略从事市场活动的企业联盟。一旦形成卡特尔，实际上就形成了由一个垄断者提供产品和服务的垄断状况。这就是说，张三和李四会联合起来，使生产者在市场上得到的利润最大。这两个生产者将总共提供 600 壶开水，价格为 6 元，市场价格大于边际成本，从全社会来看是无效率的。不仅如此，卡特尔不仅会在总产量上达成一致，而且要就每个成员的产量达成一致。在这一例子中，张三和李四还会分配利润最大时的供水量 600 壶水。卡特尔的每个成员都想占有较大的市场份额，因为市场份额越大，利润越大。如果两人同意平均地分配市场，则每个人的市场份额都是 300 壶水，每壶的价格为 6 元。这样，每个人的利润就是 1800 元。

第二种情况：考虑双方不合作的情况。寡头们希望形成卡特尔获得垄断利润，但这种可能受到了限制，如许多公共政策把禁止寡头之间的公开协议作为重点；同时寡头之间对如何瓜分利润的争斗也使他们之间的合作增加了不少变数。因此，我们考虑张三和李四分别决定以什么样的价格提供多少数量的水。

张三在决定其产量和价格时，假定李四只生产 300 壶水(利润最大时产量的一半)。此时，张三也可以提供 300 壶水，以每壶 6 元的价格出售，获得利润 1800 元。但如果张三提供 400 壶水，市场上总的供水量为 700 壶，价格为 5 元，张三的利润为 2000 元，虽然市场上总的利润减少了，但张三的利润却增加了，因为他有较大的市场份额。

同样，李四如果也以同样的思路决定其产量，张三和李四各自带 400 壶水来到市场，市场上总的供水量增加为 800 壶，价格下降为 4 元。因此，如果两家企业为追求自己的私利，各自决定产量和价格，其生产的总量大于垄断的产量，价格低于垄断的价格，其获得的总利润将少于垄断利润。

但这并不一定是最后的均衡，因为一旦张三或者李四又用同样的利己动机思考问题，并决定产量，则产量和价格又会发生变化。“现在我的利润为 1600 元，假定对方的产量不变，我把产量定为 500 壶，总计销售 900 壶水，此时市场价格为 3 元，我的利润是 1500 元，增加水的供给反而使利润减少，我还不如把产量减少到 400 壶水。”

张三和李四现在在 400 壶水的产量和 4 元的价格上达成了均衡。这种均衡被称为纳什均衡（纳什是著名的经济学家，他以博弈论而名扬天下）。纳什均衡是相互作用的经济主体中每一方都在另一方所选择的策略为既定时选择自己的最佳策略。在上述例子中，张三在假定李四生产 400 壶水时，作出提供 400 壶水的决策。同样，李四在张三提供 400 壶水时，也作出决定提供 400 壶水的决策。一旦达到了纳什均衡，双方再也没有积极性去改变策略。

1838 年，法国的经济学家古诺在《财富理论的数学原理研究》中分析了两个寡头企业的产量和价格决定，即双寡头模型，也称古诺模型。假定两个企业生产相同产品，并且都知道市场需求函数，它们必须同时决定各自生产多少产品供给市场。进行决策时，两个企业必须考虑其竞争者的行为，因为对手也在考虑产量和价格决策，两个企业能够生产的产量取决于市场的总产量(两个企业的总产量)。古诺的双寡头模型的实质是各企业将竞争对手的产量看成既定的，然后来决定自己生产多少。

古诺模型的结论是：双寡头竞争的最终结果是每个企业生产的产量为市场容量的 1/3，这一均衡被称为古诺双寡头模型的均衡。对这一模型的推广是：在行业中寡头企业数量为 m 的情况下，每个企业的均衡产量＝市场总容量$\times\frac{1}{m+1}$。

一般对寡头企业而言，合作的状况会比追求自己的私利而各自作出产量决策更好。

但由于“经济人”追求自己的私利，寡头企业最后不能达到利润最大时的产量。每一个寡头企业都有增加生产并占有更大的市场份额的诱惑，当它们都努力地想做到这一点时，总产量增加了，而价格下降了。

同时，自利行为也不能使为数有限的几家企业实现完全竞争。因为寡头企业认识到，虽然其生产的产量增加，但价格将下降，所以它们不会遵循竞争的规律。

因此，寡头企业要使合谋取得成功，需要满足两个条件：第一，该产品的需求缺乏弹性；第二，成员必须遵守规则。

随着寡头企业数量越来越多，合谋越来越困难，寡头垄断市场就会越来越接近竞争市场，价格接近于边际成本，产量接近于社会有效率的水平。

【案例 8-1】

纳什均衡的应用：古诺的双寡头竞争模型的推导

我们假定：

(1)参与人是厂商 1 和厂商 2，他们生产同质的产品；

(2)每一家厂商可以选择的策略是产量 q_i，策略空间 $S_i=\{q_i: q_i\geqslant 0\}$；

(3)市场上该种产品的总供给量 $Q=q_1+q_2$；

(4)P 为该产品的市场出清价格，且 $P=P(Q)=a-c$；

(5)两家厂商的生产都不存在固定成本，且生产每个单位产品的边际成本为常数 $c(c<a)$；

(6)两家厂商的支付就是它们的利润，即针对每一种可能的产量组合，它们相应得到的利润为 μ_i，且 $\mu_i=\mu_i(q_i, q_j)=P_{q_i}-cq_i=q_i[a-c-(q_i+q_j)]$。

根据纳什均衡的定义，在这个标准式的两人博弈中，一组策略组合(s_i^*, s_j^*)如果是纳什均衡，则对每个参与人 i，s_i^* 应满足$\mu_i(s_i^*, s_j^*)\geqslant\mu_i(s_i, s_j^*)$对每个 $s_i\in S_i$ 都成立，即对于每个参与人 i，s_i^* 是最优化问题 $\max\limits_{s_i\in S_i}\{s_i, s_j^*\}$的解。

回到古诺模型中，一组产量组合若为纳什均衡，则对厂商 i 而言，q_i^* 广必须满足

$$\max_{q_i}\mu_i(q_i, q_i^*2)=\max_{q_i}q_i[a-c-(q_i, q_i^*2)]$$

对其利润函数求一阶导数并令其为 0，则可得到

$$\frac{\partial\mu_i}{\partial q_i}=a-c-q_j^*-2q_j^*=0$$

其解为 $q_j^*=\dfrac{a-c-q_j^*}{2}$。

因此，对于产量组合(q_1^*, q_2^*)必须满足

$$\begin{cases}q_1^*=\dfrac{a-c-q_2^*}{2}\\[2ex] q_2^*=\dfrac{a-c-q_1^*}{2}\end{cases}$$

解方程组可得

$$q_1^*=q_2^*=\frac{a-c}{3}$$

这是这一方程组的唯一解，也是本博弈的唯一的纳什均衡。在两家厂商都选择此产量作为各自的决策时，它们各自获得的支付就是 $\mu_1^*=\mu_2^*=\dfrac{(a-c)^2}{9}$。

下面我们考虑另外一种可能的生产情况，那就是两家厂商均从总体利益出发来确定各自的产量，它们的利润情况将变成

$$\mu=\mu(Q)=QP(Q)-cQ=Q(a-cQ)$$

此公式下总利润最大化的总产量 $Q=\dfrac{a-c}{2}$，总利润 $\mu=\dfrac{(a-c)^2}{4}$。

两家厂商各自的产量和利润分别为 $q'_1=q'_2=\frac{a-c}{4}$，$\mu'_1=\mu'_2=\frac{(a-c)^2}{8}$。

如果把两种方案合并比较，不难发现后一种方案的效率更高($q'_1<q_i^* 2$，$\mu'_i>\mu_i^* 2$)，但是后一种方案实施的最大前提在于两家厂商间必须达成合作，而这种合作在缺乏足够的强制力的条件下很难得以维持。也就是说，在(q'_1，q'_2)并不是纳什均衡的时候，博弈双方都有突破 $q'_i=\frac{a-c}{4}$ 的冲动，直至双方进入一个稳定状态，即达到纳什均衡，尽管纳什均衡下的厂商利润并不是最大的。

通过古诺模型中的厂商均衡的实现过程我们还能发现，每个参与人在博弈过程中都会针对对方的每一种策略找出一个最优策略与之对应。在双方各自的无数最优反应策略中，同时为最优反应的策略就构成纳什均衡。在具体的分析过程中，我们可以求得每个参与人针对其他参与人所有策略组合的最优反应策略构成的函数，即反应函数，并寻找各个参与人的反应函数的交点，此交点就是纳什均衡。

古诺模型中的反应函数就是

$$q_1^*=R_1^*(q_2)=\frac{a-c-q_2^*}{2} \tag{8-1}$$

$$q_2^*=R_2^*(q_1)=\frac{a-c-q_1^*}{2} \tag{8-2}$$

上述式子表明每个厂商的最优策略(产量)是另外一个企业产量的函数，两个反应函数的交点就是纳什均衡，如图 8-1 所示。

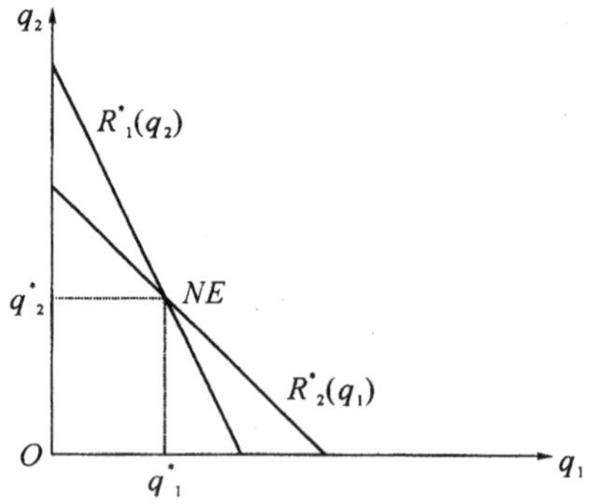

图 8-1　古诺模型纳什均衡

【案例 8-2】

寡头企业产量的分配

假定：P 为市场价格，Q 为市场需求量，Q_A 和 Q_B 分别是两家寡头企业的产量，则双寡头企业面临的市场需求曲线为

$$P=60-Q$$

$$Q=Q_A+Q_B$$

为使分析简便，我们假定

$$MC_A=MC_B=AC_A=AC_B=6$$

式中，MC_A、AC_A 为企业 A 的边际成本和平均成本；MC_B 和 AC_B 为企业 B 的边际成本和平均成本。两家企业的边际成本和平均成本相等，且等于 6。

我们先看企业 A 的反应函数

$$TR_A - P \times Q_A = (60-Q)Q_A = (60-Q_A-Q_B)Q_A = 60Q_A - Q_A^2 - Q_BQ_A$$

式中，TR_A 为企业 A 的总收益。

企业 A 的边际收益 MR_A 是总收益对自己产量的导数，即

$$MR_A = \frac{dTR_A}{dQ_A} = 60 - 2Q_A - Q_B$$

上面我们已经分析过，企业最大利润是由边际收益等于边际成本决定的，由于 $MC_A=6$，则企业 A 的反应函数为 $60-2Q_A-Q_B=6$，即

$$Q_A = 27 - \frac{Q_B}{2}$$

用同样的方法，可以求出企业 B 的反应函数也为

$$Q_B = 27 - \frac{Q_A}{2}$$

用数学的方法，解得

$$Q_A = Q_B = 18$$

即每一企业的产量为 18 单位，市场上总的供给量为 36 单位。根据需求函数，市场价格

$$P = 60 - 18 - 18 = 24$$

这就是古诺均衡产量和古诺均衡价格。

我们把这一结果与完全竞争和企业之间组成卡特尔来控制价格和产量进行比较。

企业之间组成卡特尔来控制价格和产量时，企业 A 与 B 像一个垄断企业一样通过减产提价来瓜分利润，产量由 $MR=MC$ 决定。

根据以上条件，$TR=PQ=(60-Q)\times Q=60Q-Q^2$，$MR=60-2Q$。

由于 $MC=6$，则由 $MC=MR$ 得 $Q=27$，价格 $P=33$。

当企业 A 与 B 处于完全竞争时，$P=MC=6$，由需求函数 $P=60-Q$ 得 $Q=54$。

由此可见，三种均衡的产出和价格组合如表 8-2 和图 8-2 所示。

表 8-2 三种均衡的产出与价格组合

市场类型	市场均衡产量	市场价格
完全竞争	54	6
寡头各自决策	38	24
卡特尔	27	33

图 8-2 表明在三种市场结构下均衡产量、均衡价格和剩余分配的组合情况。垄断均衡时，产量最小、价格最高、利润最大、消费者剩余最小。竞争均衡时，企业产量最大、价格最低、超额利润为零、消费者剩余最大。古诺均衡的利润、产量、价格、消费者剩余数量都居于中间。

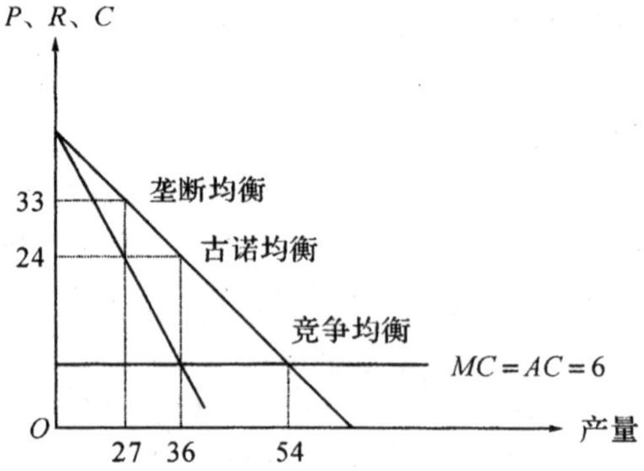

图 8-2　三种均衡的产出与价格组合

三、拗折的需求曲线

在分析寡头垄断企业均衡时，假定一：某寡头企业提高价格，其竞争者置之不理，此时提价企业的需求量因为提价而大幅度下降，这就是说，市场需求富有弹性，其需求曲线比较平坦，如图 8-3 所示中的 AE 阶段。假定二：某寡头企业降低价格，其竞争者为了自己的利润而被迫跟随降价，降价企业的需求量扩大非常有限，需求缺乏弹性。此时，需求曲线比较陡峭，如图 8-3 所示中的 EB 部分。

图 8-3 中，原先的价格为 P，当价格高于 P 时，价格提高引起需求量大幅下降，所以需求曲线比较平坦；当价格低于 P 时，价格的下降引起需求量较小幅度的变动，需求缺乏弹性，所以需求曲线比较陡峭。E 点为折点。与此相对应，边际收益曲线在 C 点和 D 点断开。有些经济学家用这来解释寡头垄断市场企业价格比较稳定的现实。

我们把拗折的曲线 AEB 称为寡头垄断企业的需求曲线或平均收益曲线（$AR=P$），其他的分析与竞争或垄断分析一样，只要把成本曲线画上，根据 $MR=MC$ 原则进行分析，就可以得出企业均衡的产量和价格。

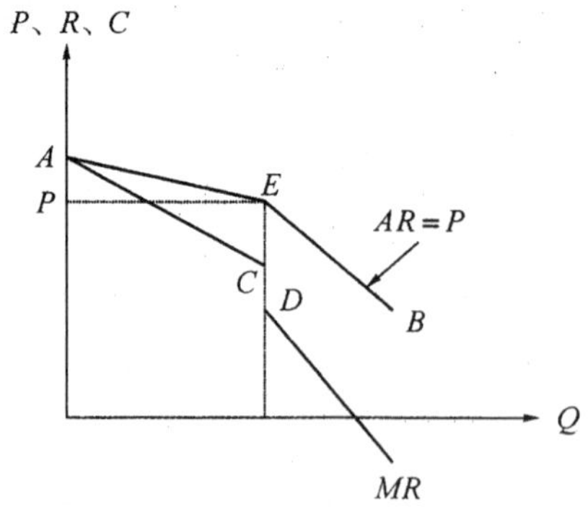

图 8-3　拗折的需求曲线

四、寡头垄断企业的利润和价格策略

(一)寡头垄断企业的利润

在经济学分析中，一般假定企业生产经营活动的目标是最大利润或者利润最大化。在寡头垄断的条件下，企业也要追求最大利润。但寡头垄断企业是在追求长期最大利润。这就是说，寡头垄断企业并不是每时每刻地在任何条件下追求最大利润，而是追求一种长期、稳定的市场利润。同时，寡头垄断企业长期追求的利润并不像短期那样精确。其原因如下。

第一，每个寡头垄断企业的决策经常是在不确定的条件下进行价格和产量的决策。为了长期生存，避免可能出现的恶性价格竞争，其可以放弃一部分利润来换取企业长期的安全。

第二，从企业经营经理人员的角度来看，经理人员往往只拥有企业极小一部分股权，企业是否获取最大的利润，对他们来说关系不一定很大。他们追求的主要目标是职位的安全、个人的声誉和权力、高薪和一个美好的生活，而不是企业的最大利润。因此，他们的风险意识下降，有可能影响企业最大利润的目标。但应该看到，经理人员的这些目标与企业实现长期的最大利润可能相一致，并存在着因果关系。所以，我们仍可以假定寡头垄断企业是在长期追求最大的利润。

(二)寡头垄断企业的价格策略

在价格策略方面，寡头垄断企业常常采用黏性的价格策略。除了在市场特别繁荣时期寡头企业可以提高价格来增加利润以外，在一般情况下寡头垄断企业没有一个愿意提高价格，因为采用提高价格的策略将失去部分市场；而寡头垄断企业的降价，经常会引起竞争对手的强烈反应，并引发价格战，最后两败俱伤。因此，寡头企业对降价比提高价格更敏感，有时宁愿放弃一部分利润，也不愿意冒价格战的风险。当然，给顾客一定的回扣并不是“降低”价格，所以寡头垄断企业常采用隐蔽的竞争策略，即所谓的非价格竞争，如延长顾客支付的期限、改变产品内部配置等变相的价格策略。

由于寡头垄断企业采用黏性的价格策略，就容易产生价格领导。在某一部门中，如果所有的企业都追随某一企业所定的标准定价，即表示该部门存在价格领导的情况。被选定为价格领导的企业，既可以是生产效率低、成本较高、成本结构不尽合理的企业，也可以是在该部门的发展过程中历史悠久、声誉较高的企业，还可能是生产效率较高、成本较低、成本结构比较合理的企业。

当一家企业的产量占整个市场大部分，其他企业只占行业产量的一小部分时，价格领导就很容易发生。为了获得尽可能多的利润，占支配地位的企业将根据自己的成本状况以及自己产品的需求状况，根据 $MC=MR$ 的原则确定产量和价格。当然，其也可以把价格定得尽可能低，以防止潜在的竞争者进入。

(三)成本加成定价法

寡头垄断企业最常见的定价方法之一就是成本加成定价法。这一方法是指企业所定的价格应能涵盖生产产品的成本再加上足以使企业按目标回报率获得的利润。

成本加成定价法包括三个步骤。

第一步：确定正常产量。产量确定后才能确定成本，但产量与价格又有密切联系，为了避免这一问题，该方法在操作上可以采用一种假定的产量。一般而言，这一产量是用企业生产能力(潜在产量)乘一定的百分比来确定的。如通用汽车公司使用成本加成定价法，根据销售额是生产能力的 80% 的市场经验来确定产量，即把计算成本的产量确定在生产能力的 80%。一般而言，正常产量可以假定为正常生产能力的 60%～70%。当然，具体比例要看市场状况，在市场繁荣时期该比例可以高些，在市场萧条时期该比例可以低些。

第二步：根据正常产量，确定平均固定成本和平均变动成本。

$$AC=AFC+AVC \tag{8-3}$$

$$AFC=FC\div Q \tag{8-4}$$

$$AVC=TVC\div Q \tag{8-5}$$

式(8-3)至式(8-5)中，AC 为平均成本，FC 为固定成本，AFC 为平均固定成本，AVC 为平均变动成本，Q 为产量。

第三步：根据平均成本确定加成的利润数量。加成的利润数量由企业的目标回报率决定，即取决于企业最高决策者对可能得到的利润率和最适宜利润率的看法以及行业的特点。因此，如果总利润为 X，则成本加成为 $X\div Q$(Q 为产量)。因此，商品的价格为

$$P=AFC+AVC+X\div Q \tag{8-6}$$

由于企业最高决策者对利润的看法相对稳定，因此除了生产成本发生重大变化，寡头垄断的价格相对稳定。

【案例 8-3】

成本加成定价法

一家汽车制造商估计下一年度的变动成本总量为 5 亿元，固定成本的总量为 10 亿元。企业的最大生产能力为 125000 辆汽车，根据以往的资料，销售能力为生产能力的 80%，即 100000 辆。投资 20 亿元，预期回报率为 10%。如果按成本加成定价法，每辆车的价格应为多少？

解：根据题意，20 亿元、10%的回报率要求企业每年要获利 2 亿元。因此，平均固定成本、平均变动成本和单位利润分别为

$$AFC=1000000000\div 100000=10000(\text{元})$$

$$AVC=500000000\div 100000=5000(\text{元})$$

$$X\div Q=200000000\div 100000=2000(\text{元})$$

每辆车的价格为

$$P=10000+5000+2000=17000(\text{元})$$

根据成本加成定价法，每辆汽车的价格为 17000 元。

五、寡头垄断企业的效率

一般而言，在寡头垄断市场上，市场价格高于边际成本，同时价格高于最低平均成本。因此，

寡头垄断企业在生产量和技术使用方面应该是缺乏效率的，但从程度上来看，由于寡头市场存在竞争，有时竞争还比较激烈，因而其效率比垄断市场要高。同时，寡头市场上往往存在产品差异，从而满足消费者的不同偏好。此外，由于寡头企业规模较大，便于大量使用先进的生产技术，而激烈的竞争又使企业加速产品和技术革新。因此，又有其效率较高的一面。在许多国家，人们试图通过限制寡头企业低效率的方面，进一步鼓励寡头市场的竞争，从而提高寡头市场的效率。

第二节　垄断竞争市场

一、垄断竞争市场的特征

在现实的经济生活中，不会存在能生产无人与之竞争的产品和劳务的唯一供给者，绝大多数的产品和劳务的供给是在许多供给者相互竞争的过程中提供的，因此他们非常关注自己的产品和劳务的供给及其竞争者的行动对自己利润的影响。所以经济学家认为还存在垄断竞争的市场结构。

垄断竞争市场是既存在竞争又存在垄断的市场。它有以下特征。

一是同一产业的企业生产的产品存在差别，但又存在着很大的替代性。

第一，产品本身存在差别，如电视机有黑白的和彩色的，牙膏有药物牙膏和非药物牙膏等。产品的差别还包括销售条件的差别，如商标、特定的生产技术、销售地点、产地、售后服务等。正是这种差别使企业对自己的产品的垄断成为可能。

第二，产品替代性是指不同的产品具有相同的或者相似的用途，它们可以互相替代。产品的替代性促使市场上同类产品之间激烈地竞争。

二是市场上有众多的企业，其数量比寡头垄断要多。

三是从长期来看，企业进入或退出一个行业是自由的，虽有些障碍，但这些障碍不是不可逾越的。

这就是说，在垄断竞争的市场上，竞争与垄断并存。一方面，每个企业生产的产品与其他企业生产的产品有差别，每个企业都垄断了一个品牌、一个商标、一种生产技术等。因此，每个企业可以看作一个垄断者。另一方面，由于市场上存在众多的同类产品，产品之间存在着替代性，市场竞争也是非常激烈的。就这点而言，垄断竞争又接近完全竞争。

二、垄断竞争企业面临的市场需求曲线

一方面，由于垄断竞争市场中每个企业提供的产品有一定的差异，企业可以对其产品实施垄断，企业具有影响产品价格的能力，因而垄断竞争企业的需求曲线(收益曲线)向右下方倾斜。另一方面，垄断竞争市场又不同于垄断市场，在市场上同类产品的竞争中，新老企业的进入和退出比较容易。因此，当企业试图提高产品价格时，其损失掉的需求量（收益）比垄断时要大；相反，当垄断竞争企

业降低价格时，其争取到的需求量(收益)可能更大。

综合两方面的因素，垄断竞争企业面临的是一条向右下方倾斜的需求曲线，但曲线比较平坦。如图8-4所示，*AR*线的高度取决于市场上同类产品的平均价格。垄断竞争企业的需求曲线(平均收益曲线$AR=P$)自左上方向右下方倾斜，与完全垄断企业相似。但完全垄断企业的需求曲线比较陡，而垄断竞争企业的需求曲线比较平坦，接近一条水平线，故又接近完全竞争企业的平均收益曲线。

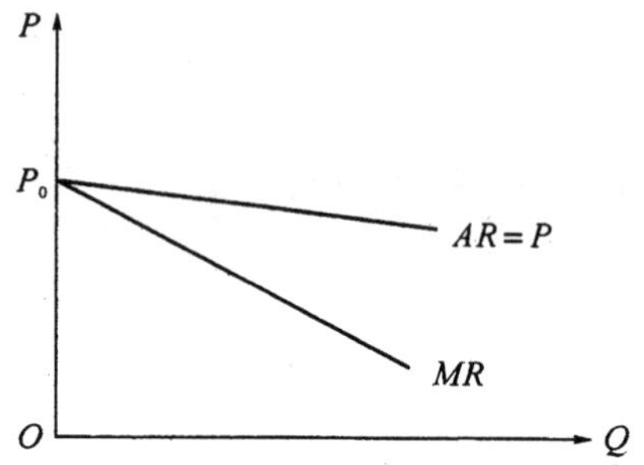

图 8-4　垄断竞争企业的需求曲线

垄断竞争者的平均收益曲线($AR=P$)高度P_0(这是指出售一定数量的产品的价格)取决于同该企业竞争的市场上其他企业的产品的平均价格，依存于市场上同类产品的平均价格水平。因为任何一个企业产品的价格如果超出其他企业产品的价格一定程度后，购买者便会转向其他企业的产品。

三、垄断竞争企业的短期均衡

在短期，垄断竞争的企业对生产要素的调整只能限于可变投入，因而企业面对的成本是短期成本。从行业来看，行业规模不变，行业中没有企业的进入和退出。

与其他企业一样，垄断竞争企业的目标也是获取最大利润，所以必须把产量定在边际成本等于边际收益之上，此时，存在三种情况。

第一种情况：垄断竞争企业获得超额利润的情形。

如图8-5所示，当企业的平均收益曲线$AR=P$与平均成本曲线*AC*相交时，垄断竞争的企业获得超额利润。根据边际成本等于边际收益的原则决定的产量为企业获得最大利润时的产量，所以企业获得最大利润时的产量为*OF*。在图8-5中，总收益*TR*等于平均收益乘产量，为矩形*OFCA*的面积，总成本等于平均成本乘产量，为矩形*OFDB*的面积。

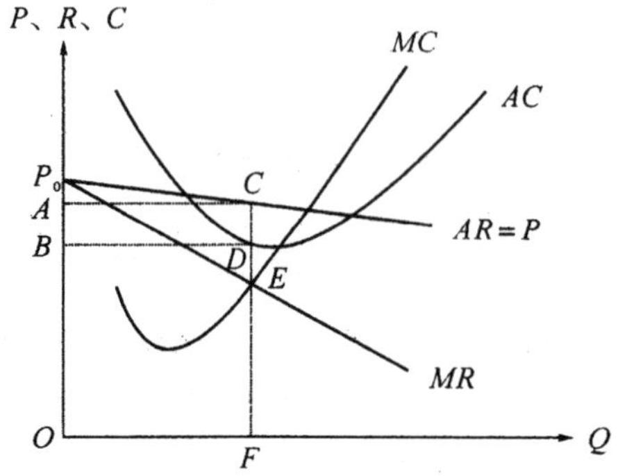

图 8-5　垄断竞争企业获得超额利润的情形

第二种情况：垄断竞争企业存在亏损的情形。

如图 8-6 所示，当垄断竞争企业的平均收益曲线高于平均成本曲线时，该企业会产生亏损。与第一种情况相同，边际成本等于边际收益时的产量是企业利润最大时的产量，所以最大利润的产量为 OF_1。当产量为 OF_1 时，企业获得的平均收益为 OB_1。总收益等于平均收益乘产量，为矩形 $OF_1C_1B_1$ 的面积。此时平均成本为 OA_1，总成本等于平均成本乘产量，为矩形 $OF_1D_1A_1$ 的面积。总的利润等于总收益减去总成本，在图中为负的矩形 $B_1C_1D_1A_1$ 的面积，该面积即为企业亏损的数量。

第三种情况：垄断竞争企业既不存在超额利润，也不存在亏损的情形。

如图 8-7 所示，当企业的平均收益曲线与平均成本曲线相切于 B_2 时，企业既不存在亏损也不存在超额利润。根据边际成本等于边际收益，企业确定的产量为 OF_2，此时企业获得最大利润。当产量为 OF_2 时，企业的平均成本为 F_2B_2，总成本等于平均成本乘产量，为矩形 $OF_2B_2A_2$ 的面积。平均收益为 OA_2，总收益等于平均收益乘产量，为矩形 $OF_2B_2A_2$ 的面积。总利润等于总收益减去总成本，等于零。

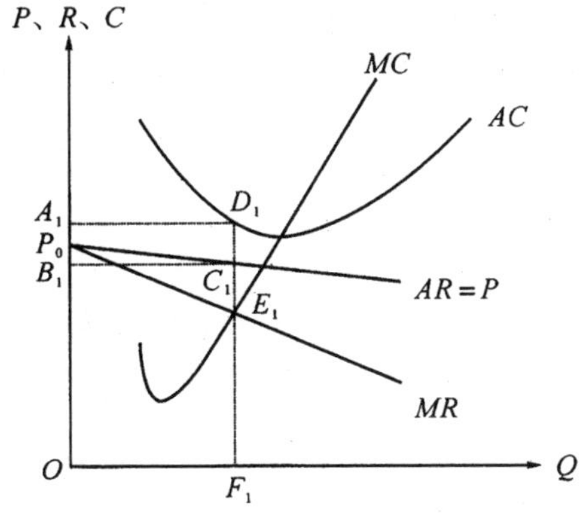

图 8-6　垄断竞争企业存在亏损的情形

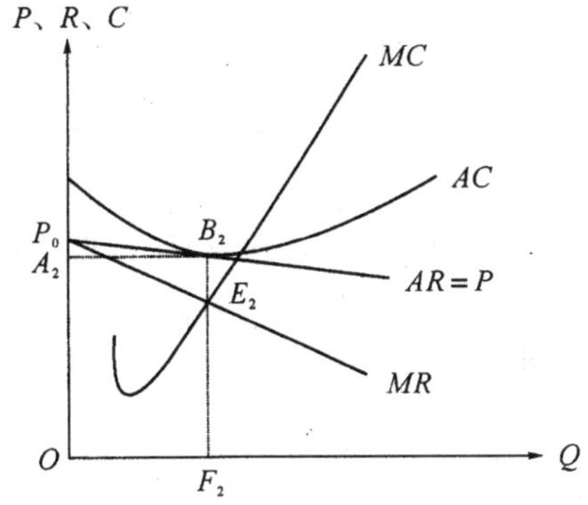

图 8-7　垄断竞争企业不亏不盈的均衡

四、垄断竞争企业的长期均衡

从长期看，一方面企业内部可以调整任何生产要素，变动短期内不能变动的固定成本，因而企业是根据长期成本进行决策的。假定企业面临的需求曲线不变，企业将根据边际收益等于边际成本的条件决定产出的数量，并且只有当企业存在利润时(包括超额利润或正常利润)才供给产品。另一方面，新的资本可以进入，而行业中原有资本也可以退出。与完全竞争的长期均衡一样，如果某垄断竞争的行业存在超额利润，新资本便会越过进入的障碍，进入该行业以分享该行业的超额利润。外来资本的进入将会造成产品供求关系的变化，从而使价格下跌，利润减少，超额利润逐渐消失。同样，当垄断竞争的行业出现亏损时，销售价格低于平均成本，此时就会有一部分企业退出。随着企业的逐渐退出，产品供给减少，价格提高，亏损减少并逐渐消失。正是由于资本的这种进退，使企业面临的需求曲线($AR=P$)的位置发生变动，从而影响企业所获得的收益数量。这是垄断与垄断竞争的重要区别，也是垄断竞争企业长期决策和短期决策的重要区别。

因此，综合考虑这种情况，垄断竞争在长期只有一种情况，即超额利润为零的情况，如图 8-8 所示。

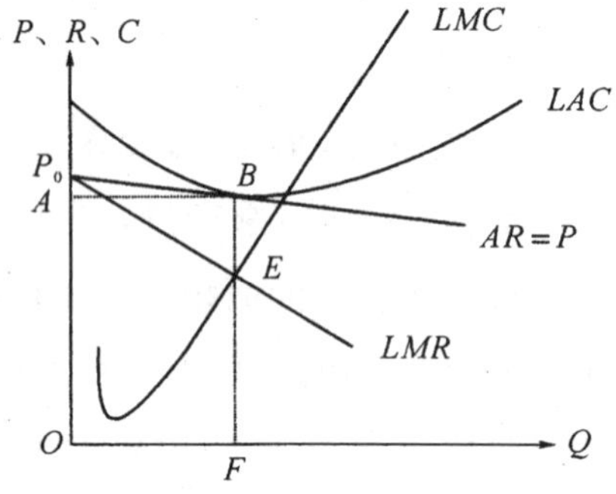

图 8-8　垄断竞争企业的长期均衡

五、垄断竞争市场的效率评价

垄断竞争市场的经济效率介于完全竞争市场和完全垄断市场之间，在垄断竞争企业处于长期均衡时，市场价格高于企业的边际成本，市场价格等于企业的平均成本但高于平均成本的最低点。这就决定了垄断竞争市场的经济效率低于完全竞争市场。但从程度上来看，垄断竞争又比完全垄断市场有效率。

垄断竞争市场对消费者而言，利弊同时并存。

一是有利的方面。在完全竞争的市场中，虽然价格等于边际成本，消费者可以用最低的价格买到产品，但由于完全竞争市场的产品是同质的，即完全一样，因此消费者被迫消费同样的产品，消费者多样化的需求不能得到满足。但在垄断竞争的市场中，由于垄断竞争市场的产品有差别，有差别的同类产品可以满足不同消费者多样化的市场需求，充分体现消费者的消费个性。此外，由于产品的差别包含销售条件如品牌、售后服务等，因此企业会不断地提高某品牌的质量，改善售后服务，从而有利于消费者。

二是有弊的方面。在垄断竞争市场中，价格高于边际成本，与完全竞争市场相比，消费者被迫多支付市场价格。

垄断竞争对生产者来说，利弊也同时并存。

一是有利的方面。垄断竞争市场被认为最有利于技术进步。在完全竞争市场上，由于缺乏对技术创新的保护，因而不存在企业技术创新的动力。在完全垄断的市场结构中，由于没有竞争，因此缺乏技术创新的压力。而在垄断竞争的市场结构中，既存在对技术创新的保护，如专利等，又存在同类产品的激烈竞争，因而具有较大的外在压力。所以，垄断竞争企业被认为最有利于技术进步。因而垄断竞争所表现出来的低效率部分被企业的技术创新和市场竞争所抵消。因此，尽管垄断竞争的市场经济效率不及完全竞争的市场结构，但仍是一种较理想的市场结构，因而在现实经济生活中大量存在。

二是有弊的方面。由于长期不可能在平均成本的最低点实现最大利润，因而其资源利用效率比完全竞争市场要低，存在一定的资源浪费。同时，由于价格高于边际成本，企业生产的产量并没有使社会福利最大。与垄断的市场结构一样，由于垄断竞争的企业选择的产量对产品的价格有些影响，因而其边际收益低于价格。当企业按边际成本等于边际收益的原则确定产量时，价格高于边际成本。正像之前分析过的那样，在企业价格高于边际收益时，如果企业增加产量所带来的福利增加量大于社会为此付出的成本，从而社会净福利会因产量扩大而增加，但垄断竞争的企业为了自身的经济利益不会采取扩大产量的行为。这表明，从社会的角度来分析垄断竞争的市场结构的供给方面对社会经济效率会产生不利的影响。但应该看到，与完全垄断相比，由于垄断竞争存在激烈的市场竞争，因而每个企业的需求曲线（平均收益曲线 $AR=P$）比较平坦，从而价格高于边际成本的差额要比完全垄断的市场小。因此，垄断竞争的市场结构要比完全垄断的市场结构更有效率。

图 8-9(a)是垄断竞争市场的长期均衡，而图 8-9(b)为完全竞争市场的长期均衡，两者的差别反映了两种市场的经济效率的差别。一是完全竞争市场里的企业生产的有效规模(利润最大时的产量)总是在平均成本的最低点；与此相对，垄断竞争企业的产量(利润最大时的产量)要小于成本最低时的规模。二是在完全竞争条件下，价格等于边际成本，而在垄断竞争的条件下，价格高于边际成本。

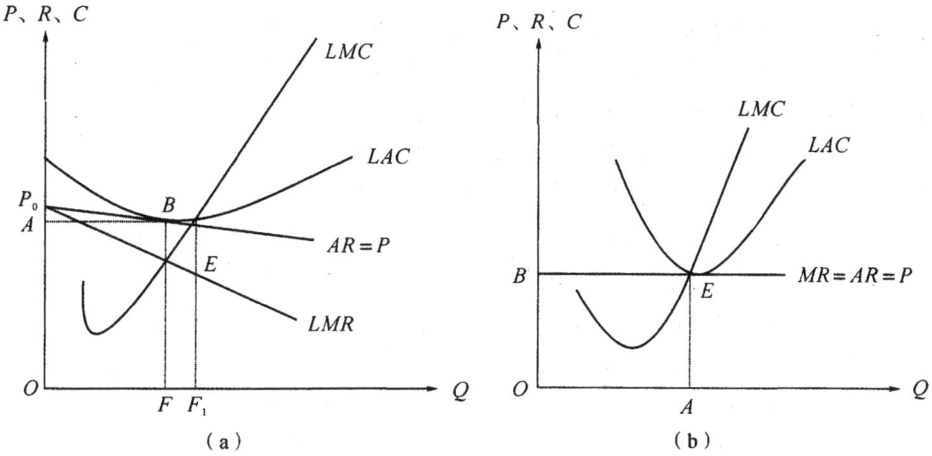

图 8-9 垄断竞争市场与完全竞争市场的长期均衡

到现在为止，我们分析了常见的四种市场结构及其对经济效率的影响。表 8-3 是几种市场结构的简单比较。

表 8-3 不同市场结构的比较和总结

市场类型	企业数量	产品性质	典型部门	新企业的进入难度	超额利润
完全竞争	很多	产品同质	农产品市场较接近	容易	短期有 长期无
垄断竞争	较多	产品有差别 但可以替代	一般日用工业品	较易	短期有 长期无
寡头垄断	少数几个	同质或有差别 但可以替代	汽车、钢铁、石油化工、 有色金属冶炼等重工业	不易	通常有
完全垄断	一个	产品有特点且无替代性	公用事业	无法进入	一般有

思考与练习

1. 简述拗折的需求曲线的假定条件。
2. 试述寡头垄断企业的特征。
3. 成本加成定价法的主要操作步骤是什么？
4. 为什么说垄断竞争市场有利于技术进步？
5. 试比较完全竞争市场、完全垄断市场、寡头垄断市场和垄断竞争市场的不同特点。

第九章

生产要素与分配理论

学习要求

1. 理解生产要素需求的性质与不同类型厂商使用生产要素的原则。
2. 掌握各种生产要素供给的特殊性和价格决定。
3. 理解土地与资本的相关理论。
4. 理解正常利润和超额利润的含义。

第一节　劳动需求

劳动是一种可变投入，企业无论在短期或长期中都可以改变劳动量，这里主要分析企业短期的劳动需求。

一、生产函数与劳动的边际产量

某企业劳动需求量与相关变量的关系如表 9-1 所示(每单位产品价格为 4 元)。

企业短期技术限制由其总产量表所表示。表 9-1 也可以称为总产量表。该表的前两栏说明随着劳动量变动，最大产量的变动情况，第三栏是劳动的边际产量，即劳动投入量增加一个单位所引起的产量变动量。

表 9-1　总产量表

	劳动量 (L)	产量 (Q)	边际产量 ($MP=\Delta Q/\Delta L$)	总收益 ($TR=P\times Q$)	边际收益产量 ($MRP=\Delta TR/\Delta L$)	平均收益产量 ($ARP=TR/L$)
a	0	0				
b	1	5	5	20	20	20
c	2	9	4	36	16	18
d	3	12	3	48	12	16
e	4	14	2	56	8	14
f	5	15	1	60	4	12

企业的市场限制就是对其产品的需求曲线。在产品市场上，如果一个企业是垄断者或者处于垄断竞争或寡头市场，它所面临的就是一条向右下方倾斜的需求曲线。如果一个企业是处于完全竞争的市场上，无论它的产量是多少，它所面临的都是固定价格，从而也就面临着一条水平的需求曲线。假定企业处于完全竞争的市场，当产品价格为 4 元时，它可以选择任何产量水平。在这个条件之下，就可以计算总收益(第四栏)。

第五栏表明了劳动的边际收益产量，即劳动投入量增加一个单位时总收益的变动量。例如，劳动量从 1 个单位增加到 2 个单位时，总收益从 20 元增加到 36 元，边际收益产量为 16 元。也可以用另一种方法来计算边际收益产量：边际产量乘边际收益。其结果完全相同。在上例中，劳动量从 1 个单位增加到 2 个单位时，边际产量为 4，边际收益(在完全竞争时即价格)为 4 元，结果仍是 16 元。

所使用的要素量除以总收益就是要素的平均收益产量。因此，平均收益产量就是每个单位投入对企业总收益的平均贡献。表 9-1 的最后一栏就是劳动的平均收益产量。例如，当用 3 个单位劳动时，总收益为 48 元，所以每个单位劳动的平均收益产量就是 16 元。应该注意的是，随着劳动量的增加，劳动的边际收益产量在减少。从表 9-1 中可以看出，当用 1 个单位劳动时，平均收益产量为 20

元；当用 2 个单位劳动时，平均收益产量为 18 元；等等。同时，劳动的边际收益产量也是递减的，从表 9-1 中可以看出这一点。

边际收益产量递减是由于在前面章节中所说的边际收益递减规律。随着所用劳动量的增加，劳动的边际产量递减，这就引起劳动的边际收益产量递减。这是因为在完全竞争的市场上，每增加一个单位产品的价格仍然不变，边际产量减少，价格不变，边际收益产量就递减了。如果该企业是垄断者，那么产量增加，价格就要下降，边际收益产量的递减比完全竞争市场条件下还要严重。这时边际收益产量递减既因为边际产量递减，又因为边际收益递减。

表 9-2 总结了以上所用的各个概念。

表 9-2 相关概念

生产要素	劳动、土地、资本、企业家才能
要素价格	工资：劳动的价格；地租：土地的价格；利息：资本的价格；企业家报酬：企业家才能的价格
边际产量	最后一个单位投入的产量。例如，劳动的边际产量是增加一个单位劳动所增加的产量
平均产量	每单位投入的产量。例如，劳动的平均产量就是劳动投入量除以产量
边际收益	销售量增加一个单位所增加的收益
边际收益产量	增加某种要素一个单位所增加的收益。例如，劳动的边际收益产量是增加一个单位劳动所增加的产量带来的收益
平均收益产量	每个单位投入的总收益，计算时用劳动投入量除以总收益

可以用曲线来表示平均收益产量与边际收益产量。平均收益产量曲线表示某种要素在每种数量时该要素的平均收益产量，边际收益产量曲线表示某种要素在每种数量时该要素的边际收益产量。

图 9-1(a)表明了劳动的平均收益产量与边际收益产量。横轴代表劳动量，纵轴代表劳动的平均收益产量(ARP)和边际收益产量(MRP)。图中 ARP 为平均收益产量曲线，MRP 为边际收益产量曲线。这两条曲线是根据表 9-1 的数据作出的。例如，ARP 曲线上的 d 点也就是表 9-1 中的第 d 行的 ARP 数值，即劳动量为 3，ARP 为 16 元。

企业对劳动的需求正是以其边际收益产量曲线为基础的。图 9-1(b)中，D 为对劳动的需求曲线。横轴代表劳动量，纵轴代表工资率。劳动需求曲线和边际收益产量曲线完全一样。例如，如图 9-1(a)所示，当劳动量为 3 个单位时，其边际收益产量为每小时 12 元，在图 9-1 (b)中则是使用 3 个单位劳动时，其工资率为每小时 12 元。

劳动需求曲线与边际收益产量曲线之所以完全相同，是因为企业要使用使利润最大化的劳动量。如果增加一个单位劳动的成本(工资率)低于增加一个单位劳动的收益(劳动的边际收益产量)，企业就要增加劳动；相反，如果增加一个单位劳动的成本高于增加一个单位劳动的收益，即工资率大于边际收益产量，企业就会减少劳动。只有当使用的最后一个单位劳动的成本等于收益时，企业才能实现利润最大化。这就是说，只有工资率等于边际收益产量时，才能实现利润最大化。因此，企业的劳动需求量就是工资率等于劳动的边际收益产量。

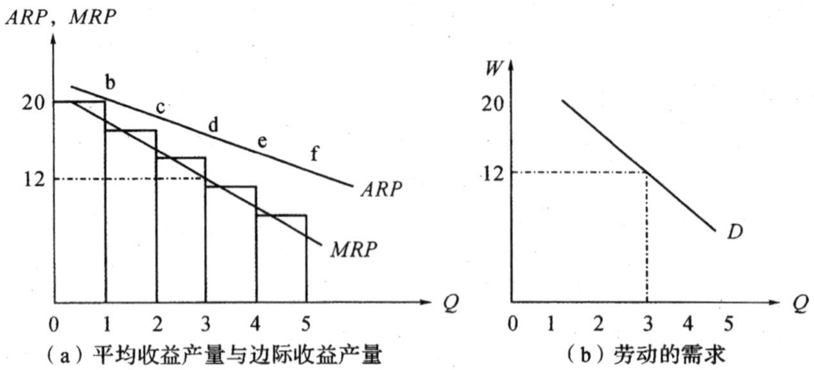

图 9-1 平均收益产量曲线、边际收益产量曲线及劳动的需求曲线

如前文所述，利润最大化的条件是边际收益等于边际成本；这里又说明了，利润最大化的条件是要素的边际收益产量等于要素的价格。这两种说法实际是完全相同的。当边际收益等于边际成本时，要素的边际收益产量一定等于要素的价格。

表 9-3 说明了这两个条件的相等性。

表 9-3 两个条件的相等性

符 号	
边际产量	*MP*
边际收益	*MR*
边际成本	*MC*
边际收益产量	*MRP*
要素价格	*PF*
利润最大化的两个条件	
1. $MR = MC$	2. $MRP = PF$
两个条件的相等	
1. $MRP/MP = MR = MC = PF/MP$	
2. $MR \times MP = MRP = PF = MC \times MP$	

以上得出了适用于劳动市场的需求规律。而且我们发现，适用于物品的规律同样适用于劳动。劳动的需求曲线向右下方倾斜，在其他条件不变的情况下，工资率（劳动的价格）越低，劳动的需求量就越多。

二、影响劳动需求的因素

（一）劳动需求曲线的移动

劳动需求曲线的位置取决于三个要素：企业产品的价格、其他投入品的价格和技术。

在其他条件不变的情况下，企业产品的价格越高，对劳动的需求量越大。产品价格通过对边际收益产量的影响，从而影响劳动的需求。产品价格高就会增加边际收益，这就增加了劳动的边际收益产量。企业产品价格的变动导致企业劳动需求曲线的移动。如果产品价格上升，则对劳动的需求增加，劳动的需求曲线向右上方移动；反之，劳动的需求曲线向左下方移动。

其他两个影响劳动需求的因素主要不在短期中，而是在长期中。短期劳动需求是在企业的资本量不变而只有劳动为可变投入时，工资率与劳动需求量之间的关系。长期劳动需求是当所有投入都可以变动时，工资率与劳动需求量之间的关系。投入品相对价格的变动，如劳动与资本相对价格的变动，引起投入品之间的替代，即相对价格低的投入品代替了相对价格高的投入品。因此，如果使用资本的价格相对于使用劳动的价格下降，企业就要用资本替代劳动，资本需求量增加而劳动需求量减少。

影响劳动的边际产量的技术变化也会影响劳动需求。例如，计算机排版技术的发展就降低了排字工人的边际产量和需求量。同时，这种技术进步提高了计算机工程师的边际产量和需求量。但只有在长期中企业得以调整所有投入并把新技术运用到其生产过程中时，这种影响才会发生作用。

表 9-4 总结了对企业劳动需求的影响。

表 9-4 企业对劳动的需求

需求规律	
企业对劳动的需求量	
工资率上升，劳动需求量减少	工资率下降，劳动需求量增加
需求的变动	
企业的劳动需求	
减少：	增加：
产品价格下降	产品价格上升
其他投入品价格下降	其他投入品价格上升
技术进步使劳动的边际产量减少	技术进步使劳动的边际产量增加

以上所分析的是一个企业对劳动的需求。现在简单分析一下市场的劳动需求：对一种生产要素的市场需求是所有企业对这种要素需求的总和，可以通过在每种要素价格既定时每家企业对某种要素的需求量相加而得出这种要素的市场需求曲线。劳动市场需求的概念和物品市场需求的概念一样。

(二)劳动的需求弹性

劳动的需求弹性是衡量劳动需求量对工资率的反应程度。其计算方法与需求价格弹性的计算方法相同。劳动的需求弹性等于工资率变动百分比除以劳动需求量变动百分比。劳动的需求弹性取决于企业生产的物品的需求弹性以及企业总产量曲线的性质，即劳动的边际产量递减的快慢。但是，影响劳动需求的短期与长期弹性的因素有某些差别。

劳动的短期需求弹性是在只有劳动投入量变动时工资率变动百分比除以劳动需求量变动百分比的值。劳动的短期需求弹性取决于三个因素。

第一，劳动的密集性。生产某种物品中劳动的比例，即生产过程中劳动的密集性影响劳动的需求弹性。假定劳动成本占生产某种物品总成本的 90%，在这种情况下劳动成本变动 10%就会引起总成本变动 9%。相反，如果劳动成本只占总成本的 10%，那么，劳动成本变动 10%只会引起总成本变动

1%。在产品的需求弹性为既定时，产量变动的百分比越大，总成本变动的百分比越大，价格变动的百分比也越大。产量变动越大，劳动投入的变动也越大。因此，总成本中劳动的比例(劳动的密集性)越大，劳动的需求也越富有弹性。

第二，劳动边际产量曲线的斜率。劳动边际产量曲线的斜率取决于生产技术。在某些生产中，边际收益递减很快。例如，一个公共汽车司机的边际产量很高，但同一辆公共汽车上第二个司机的边际产量几乎为零。在另一些生产中，边际产量几乎是稳定的。例如，雇用第二个清洁工在一小时内能擦的窗户几乎比雇用第一个增加了一倍，第二个清洁工的边际产量几乎与第一个相同。边际产量曲线越陡峭，边际收益产量对劳动投入变动的反应越大，劳动需求量对工资率变动的反应越小，从而企业对劳动的需求也就越缺乏弹性。

第三，产品的短期需求弹性。如果工资率变动了，用这种工资率变了的劳动生产的物品的供给也会改变。供给的变动引起物品价格与需求量的变动。对物品的需求弹性越大，对物品与生产该物品用的劳动的需求量变动也越大，从而劳动的需求也就越富有弹性。

劳动的长期需求弹性是在所有投入都可以变动时，工资变动百分比除以劳动需求量变动百分比的值。劳动的长期需求弹性取决于劳动密集型和长期的产品需求弹性，还要取决于资本对劳动的替代程度。在生产中，资本越易于替代劳动，对劳动的长期需求越富有弹性。例如，在汽车装配线上用机器人代替工人的情况就是这样的。而若用机器人来代替新闻记者就很困难。在长期中，资本越易于替代劳动，企业对劳动的需求越富有弹性。

第二节　劳动供给

一、工作与闲暇

居民户把选择供给多少劳动作为其时间配置决策的一部分。居民户的时间配置于两个范围的活动之内：工作与闲暇。

工作和供给劳动是同一件事。这里所指的闲暇包括空闲时间安排活动和诸如家务、教育、培训这类非市场生产活动。居民户从工作中得到以收入为形式的直接收益。闲暇能为居民户带来多种收益，包括通过家庭生产获得某种物品与劳务、提升未来收入的潜力和以闲暇为形式的收益。这些收益可以根据自己的目的来评价，也可以归入某种物品一类。在决定如何在工作和闲暇之间配置自己的时间时，居民户要权衡从不同活动中可以得到的收益。我们关注的是工资率对居民户配置其时间和劳动供给的影响。

为了使居民户供给劳动，就要提供足够高的工资率。居民户重视闲暇既是因为有时间可用于某些生产活动，也是因为他们重视生活质量。为了使居民户愿意供给劳动，所提供的工资率至少要等于他们对用于闲暇的每一个小时的评价。这种工资率即居民户愿意向市场提供劳动的最低工资率，被称为保留工资。工资率低于保留工资，居民户不会供给劳动。一旦工资率达到了保留工资，居民户就开始供给劳动。当工资率高于保留工资时，居民户也会改变它供给的劳动量。但是，更高的工资率对劳动供给量有两种相互抵消的效应：替代效应与收入效应。

替代效应是指，在其他条件不变的情况下，工资率高，人们就愿意减少更多非市场活动，并增加用于工作的时间。随着工资率的提高，居民户将中断任何其收益低于工资率的非市场活动，会更多地转向市场活动。例如，居民户要用一些时间做饭和洗衣服，这些是我们定义的广义的闲暇，假定每小时这种活动相当于 10 元。如果居民户可以得到的每小时工资率高于 10 元，他们就会认为多工作 1 小时，并用 10 元去购买这些服务是值得的。高工资率使时间从闲暇转向工作。

收入效应是指，工资率越高，居民户的收入也就越多。在其他条件不变的情况下，收入高就会使居民户对大多数物品的需求增加。闲暇也是这些物品中的一种。由于收入增加引起对闲暇的需求增加，所以这也会引起用于市场活动的时间减少，从而劳动的供给量减少。

替代效应与收入效应按相反的方向发生作用。工资率越高，一方面由于替代效应，劳动供给量也越多；但另一方面又由于收入效应，劳动供给量在减少。在工资率低时，替代效应大于收入效应。这样，随着工资率提高，居民户供给的劳动增加。但当工资率继续提高时，收入一定会达到使替代效应与收入效应相互抵消的水平。这时，工资率的变动对劳动供给量就没有影响了。如果工资率继续提高，收入效应就会大于替代效应，从而劳动供给量减少了。居民户的劳动供给曲线并不是一直向右上方倾斜的，而是从某一点上向后弯曲的。这就被称为向后弯曲的供给曲线。

图 9-2(a)、(b)、(c)是三个居民户的劳动供给曲线。

图 9-2(a)、(b)、(c)中每个居民户都有不同的保留工资。A 居民户的保留工资是每小时 1 元，B 居民户的保留工资是每小时 4 元，C 居民户的保留工资是每小时 7 元。每个居民户的劳动供给曲线都是向后弯曲的。

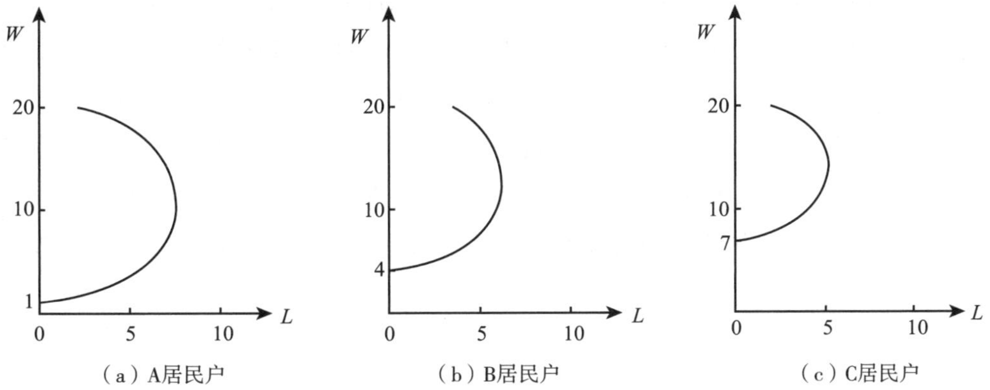

图 9-2　三个居民户的劳动供给曲线

整个市场的劳动供给量是所有居民户劳动供给量的总和。市场劳动供给曲线是所有单个居民户供给曲线的总和。

图 9-3 表明市场供给曲线(*SM*)是由三个居民户的供给曲线(*SA*、*SB*、*SC*)而得出来的。

在图 9-3 中，当工资率低于每小时 1 元时，三个居民户都不会供给劳动。当工资率达到 1 元时，A 居民户开始有劳动供给。在工资率为 1～4 元时，只有 A 居民户供给劳动，这一段劳动供给曲线是 A 居民户的。当工资率达到 4 元时，B 居民户开始供给劳动。在工资率为 4～7 元时，A、B 居民户都供给劳动，这一段劳动供给曲线是 A、B 居民户供给的总和。当工资率达到 7 元时，C 居民户也开始供给劳动，此后的市场劳动供给曲线为 A、B、C 三居民户供给的总和。

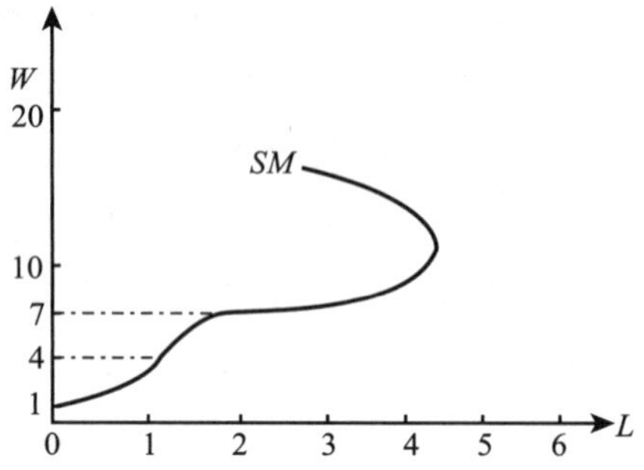

图 9-3　市场劳动供给曲线

这里还要注意的是，市场劳动供给曲线也与个别居民户的供给曲线一样最终要向后弯曲。但市场供给曲线向右上方倾斜的部分要比个别居民户长，其原因是每个居民户的保留工资并不相等。在工资率提高时，会有更多的居民户达到保留工资水平，从而开始供给劳动，劳动供给在相当时期内随工资率提高而增加，劳动供给曲线向右上方倾斜的时间就长。

虽然市场劳动供给曲线最终要向后弯曲，但现实中还没有工资率高到使供给曲线向后弯曲的程度。然而，工资率可以高到使许多个别居民户劳动供给处于向后弯曲的程度。这就是说，随着工资率上升，某些人工作的时间少了。工资率提高使那些供给曲线处于向右上方倾斜状态的居民户提供更多的劳动，即更多的工人进入市场。这些工人对高工资率的反应大于那些随工资率提高而减少工作时间的工人的反应。因此，对整个经济来说，劳动供给曲线是向右上方倾斜的。也正是由于这一原因，分析市场劳动供给时，应把注意力集中在劳动供给曲线向右上方倾斜的部分上。

以上分析了个别居民户劳动供给的决定，以及这些决定如何加总为市场供给。那么，对每个企业的劳动供给是如何决定的呢？这取决于劳动市场的竞争程度。在完全竞争的劳动市场上，每个企业都面临着有无限供给弹性的劳动供给曲线。这是因为每个企业的劳动需求只是整个劳动供给的很小一部分，并不影响工资率。某些劳动市场不是完全竞争的，即企业对工资率可以发生影响。在这种市场上，企业面临着向右上方倾斜的劳动供给曲线。企业想雇用的工人越多，所提供的工资率就越高。

二、影响劳动供给的因素

现在再来讨论一下什么因素引起劳动供给曲线移动。一般来说，只要人们改变他们在某一既定工资时想工作的量，劳动供给曲线就会移动。具体可以归纳为以下几种主要因素。

(一)嗜好变动

在 1950 年，34％的美国妇女从事有报酬职业或正在找工作。在 2000 年，这一数字上升到 60％。当然，对这种发展有许多解释，但其中之一就是嗜好或对工作态度的改变。在早期，妇女留在家里照料孩子是正常的。今天，家庭规模小了，更多的母亲选择了工作，结果就增加了劳动供给。

(二)替代性劳动市场变动

在任何一个劳动市场上，劳动的供给都取决于其他劳动市场上可以得到的机会。如果钟点工的工资上涨了，那么住家保姆就会改变职业，转而从事钟点工工作，由此住家保姆市场的劳动供给就减少了。

(三)移民

工人从一个地区向另一个地区或从一个国家向另一个国家的流动是劳动供给曲线移动明显且往往是重要的因素。例如，当大量的 A 国工人移民到 B 国后，B 国市场的劳动供给就增加了，而 A 国市场的劳动供给就减少了。非常明显的是，每个国家都用限制移民的政策来控制自己国家的劳动供给市场。同时，关于移民的讨论也从来没有停止过，而许多争论都集中在它对劳动供给的影响以及从而对劳动市场均衡的影响上。

第三节　劳动市场均衡

一、工资决定的基本理论

劳动作为生产要素的一种，其价格也应该由市场供需来决定。尤其是劳动很普遍地平均分散于每个人的身上，因此每个劳动供给者的相对规模都很小，市场的劳动供给应该是具有相当竞争性的。同时，市场上厂商的数量是很多的，而且无论何种行业的厂商，原则上都需要劳动要素，因此市场的劳动需求也是颇具竞争力的。所以，一般而言，大多数国家的劳动市场都相当接近于完全竞争市场。将向右下方倾斜的劳动需求曲线与部分向后弯曲的劳动供给曲线置于同一坐标系中，便可得到完全竞争的劳动市场的均衡点，如图 9-4 所示。

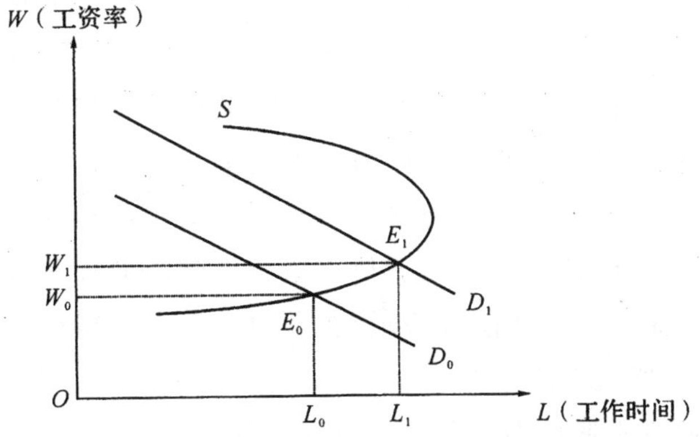

图 9-4　劳动市场的均衡

图 9-4 表明，需求增加，劳动供给量与工资水平都会增加，但工资上升的幅度要大于劳动量的增加。

由于职业以及劳动者所从事的行业的不同，工资会在不同职业和不同行业之间出现差异，但只要这种劳动的供求双方符合完全竞争的假设，就可以根据上述推导方法确定劳动供给曲线的形状，从而确定该种劳动的市场均衡工资率和均衡劳动数量。

当然，在现实生活中，造成劳动市场不完全竞争的因素也是比较多的，如教育与技能差别、工会作用、种族歧视和性别歧视、垄断、工资政策、就业信息不畅通等。下面我们将就教育与技能差别、工会及歧视性问题等展开讨论。

二、教育与技能差别

在现实世界中，存在着极为复杂的教育与培训水平，这在很大程度上造成了工资水平的差异。为了简单起见，在分析中我们把教育水平分为两种，相应地，把不同教育水平的工人分为熟练劳动工人和不熟练劳动工人。我们研究这两种工人的需求与供给，说明为什么这两种工人的工资有差别以及这种差别是由什么决定的。

先来分析对熟练劳动工人与不熟练劳动工人的需求。熟练劳动工人可以完成不熟练劳动工人难以完成甚至根本无法完成的各种工作。由于熟练劳动工人能完成复杂的工作，因此他们的边际收益产量就比不熟练劳动工人高。如前所述，劳动需求曲线得自劳动的边际收益产量曲线，劳动的边际收益越高，对劳动的需求也越多。

如图 9-5 所示是对熟练劳动工人与不熟练劳动工人的需求曲线。

图 9-5 中，D_s 为对熟练劳动工人的需求曲线，D_u 为对不熟练劳动工人的需求曲线。在任何一个既定的就业水平时，企业愿意向熟练劳动工人支付的工资高于不熟练劳动工人。这两种工资之间的差额是既定量熟练劳动工人与不熟练劳动工人边际收益产量之间的差额。这种差额是技术的边际收益产量的差额。从图 9-5 上看，在就业量为 2 时，企业愿意为熟练劳动工人支付的工资为 12.5 元，为不熟练劳动工人支付的工资仅为 5 元，两种工人的边际收益产量的差额为每小时 7.5 元。因此，技术的边际收益产量为每小时 7.5 元。

再来看熟练劳动工人与不熟练劳动工人的供给。获得技术是要有成本的。一个工人在以高工资的形式获得技术的收益之前先要为得到技术付出成本。例如，上大学可以得到更高的收入，但在大学毕业之前是得不到这种高收入的。这些事实说明可以把获得技术作为一种投资。为了强调获得技术的投资的性质，我们将这种获得技术的活动称为人力资本投资。人力资本是人本身积累的技能与知识。一个人的人力资本的价值是由所获得的技能与知识中得到的额外收入的现值。它相当于现在按平均利率投资的货币量将带来的相当于从知识与技能中得到的额外收入的流量之和。获得技能的成本包括所需的直接支出(诸如学费、食宿费等)和在学习时以收入减少为形式的机会成本。当一个人进入全日制学校时，成本是所放弃的总收入。但是，有一些人是边工作边培训，这种技能获得称为在职培训。一般而言，工人接受在职培训时所得到的收入要低于不接受在职培训的收入。在这种情况下，获得技能的成本就是不接受培训与接受培训时工资的差额。熟练劳动工人供给曲线的位置反映了获得技能的成本。熟练劳动工人与不熟练劳动工人的供给曲线如图 9-6 所示。

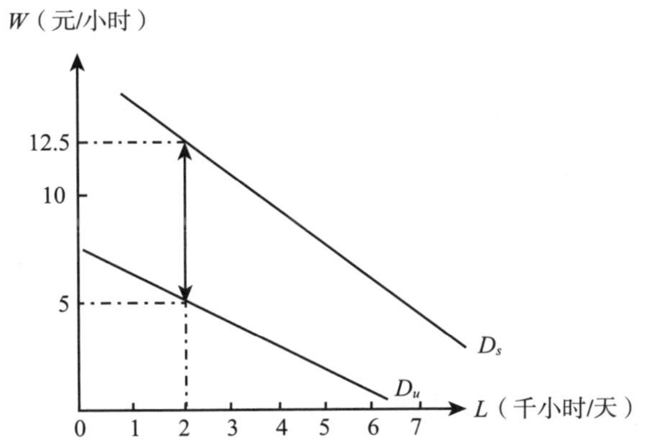

图 9-5　对熟练劳动工人与不熟练劳动工人的需求曲线

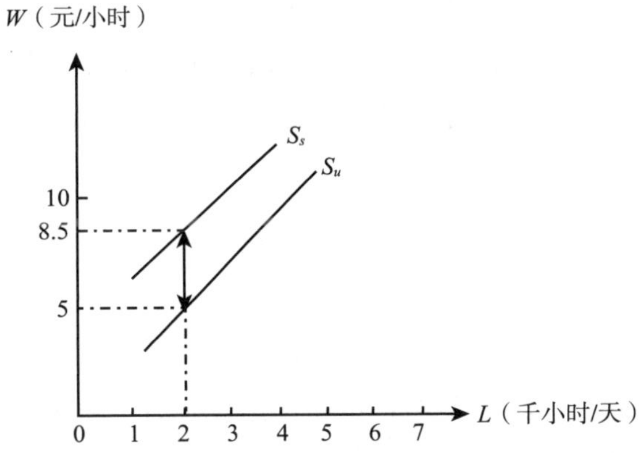

图 9-6　熟练劳动工人与不熟练劳动工人的供给曲线

在图 9-6 中，S_s 为熟练劳动工人的供给曲线，S_u 为不熟练劳动工人的供给曲线。熟练劳动工人的供给曲线在不熟练劳动工人的供给曲线之上。两条供给曲线之间的垂直距离（如图 9-6 中箭头所示），是对获得技能的成本的补偿。这种差额的量的现值等于获得技能的成本。例如，假定不熟练劳动工人的供给为每小时 5 元时，这种工资率完全是对不熟练工人工作时间的补偿。但是，要得到 2000 小时的熟练劳动，企业支付的工资率必须是每小时 8.5 元。这种熟练劳动工人的工资率高于不熟练劳动工人是因为熟练劳动不仅要补偿劳动时间，而且要补偿获得技能所用的时间与其他成本。

在完全竞争的劳动市场上，熟练劳动与不熟练劳动的工资率是由供给与需求决定的。图 9-7 把图 9-5 和图 9-6 中熟练劳动工人与不熟练劳动工人的需求曲线与供给曲线结合在一起，来说明这两种工资率的决定。

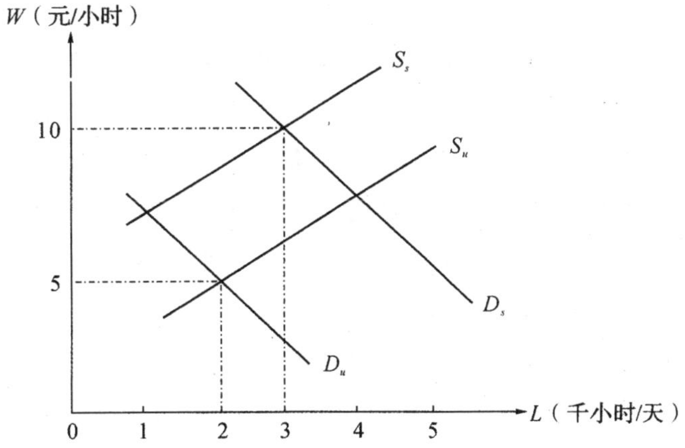

图 9-7　熟练劳动工人与不熟练劳动工人的工资率的决定

在图 9-7 中，熟练劳动工人的需求曲线 D_s、供给曲线 S_s，不熟练劳动工人的需求曲线 D_u、供给曲线 S_u 与图 9-5、图 9-6 中一样。当熟练劳动工人的需求曲线与供给曲线相交时，熟练劳动工人市场均衡，每小时工资率为 10 元，所用劳动量为 3000 小时。当不熟练劳动工人的需求曲线与供给曲线相交时，不熟练劳动工人市场均衡，每小时工资率为 5 元，所用劳动量为 2000 小时。从图 9-7 中可以看出，熟练劳动工人的均衡工资率高于不熟练劳动工人。其原因有两个。第一，熟练劳动工人的边际收益产量高于不熟练劳动工人，所以在既定的工资率时，对熟练劳动工人的需求大于不熟练劳动工人。第二，获得技能要付出成本，所以在既定的工资率时，熟练劳动工人的供给量要少于不熟练劳动工人。工资差别取决于技能的边际收益产量和获得技能的成本。技能的边际收益产量越高，熟练劳动工人需求曲线与不熟练劳动工人需求曲线之间的垂直差距就越大。获得技能的成本越高，熟练劳动工人供给曲线与不熟练劳动工人供给曲线之间的垂直差距就越大。因此，技能的边际收益产量越高，获得技能的成本越多，熟练

人供给曲线之间的垂直差距就越大。因此，技能的边际收益产量越高，获得技能的成本越多，熟练劳动工人与不熟练劳动工人之间的工资率差别就越大。

教育与技能差别是工资差别的一个重要来源，但并不是唯一的来源。以下我们分析工资差异的另一个来源：工会。

三、工会

工会是维护工人利益的一种有组织的集团，其目的在于提高工资，并影响其他工作条件。劳动市场上的工会像物品市场上的垄断者一样行事。工会力图限制劳动市场上的竞争，从而提高参加者的工资。

工会有两种主要类型：行业工会与产业工会。行业工会是有相似的技能但在许多不同行业与地区的不同企业中工作的工人的集团。例如，木工工会和电子工人工会。产业工会是具有不同技能与工作类型但在同一企业或行业工作的工人的集团。例如，汽车工人联合会和美国钢铁工人联合会。

【案例 9-1】

美国的工会

美国大多数工会都是劳联-产联的成员。劳联-产联是在 1955 年由两个工人组织联合而建立的。这两个组织是美国劳工联盟和产业组织大会。美国劳工联盟建立于 1886 年，是行业工会。产业组织大会建立于 1938 年，是产业工会。劳联-产联作为全国的劳工组织发挥作用。工会的规模差别很大。行业工会是最小的，产业工会是最大的。在 20 世纪 50 年代，美国工会的力量最强大，有 35%的工人加入了工会，但自 1955 年以来这一比例一直在下降。但也并不是各工会都如此，某些工会人数减少很多，但另一些工会力量一直在增强，如美国州、县与市雇员联盟。

工会组织按地区设立分部。地方工会是把个别工人组织起来的下一级工会。在行业工会中，地方工会是根据地域建立的；在产业工会中，地方工会是根据工厂或企业建立的。地方工会有三种可能的组织形式：无限制雇佣制工会、排外性雇佣制工会与联合工会。无限制雇佣制企业是实行一种没有参加工会的工人也有权受雇佣的制度的企业，即工会对谁可以在“工厂”干活并没有限制。排外性雇佣制企业是实行只有工会会员才能受雇的制度的企业。自从 1947 年美国国会通过塔夫脱-哈特利法以来，这种制度是非法的。联合工会是一种企业可以雇佣非会员，但这种工人要想继续受雇就要在工会规定的一个极短时期内加入工会的制度。在美国通过了“工作权法”的 20 多个州里，联合工会也是非法的。“工作权法”允许每一个没有加入工会的工人在任何企业就业。

工会与雇主或其代理人之间的谈判被称为集体议价。工会与雇主在集体议价中所用的主要武器是罢工与停业。罢工是一种在现有条件下拒绝工作的集团决策。停业是企业拒绝进行经营活动和雇用工人。每方都运用罢工或停业的威胁，以便达成有利于自己的协议。有时，当双方在集体议价过程中就工资和其他就业条件达不成一致协议时，他们都同意把他们的争执提交约束性仲裁。约束性仲裁是第三方(仲裁者)代表谈判双方决定工资与其他就业条件并作出最后决策的过程。

专业协会尽管在法律意义上并不是工会，但在许多方面也与工会的作用一样。专业协会是诸如律师、牙医、医生这样的专业人员的有组织的团体，如美国医师学会。专业协会控制职业进入和许可证发放，确保最低资格标准。它们也影响自己成员的报酬和其他劳动市场条件。

一般来说，工会有三个目标：增加报酬、改善工作条件和扩大就业机会。

这三个目标中每个目标都包括一系列子目标。例如，为了增加工会会员的报酬，工会就要在多方面进行活动：工资、各种补贴、退休金支付以及带薪假期等。为了改善工作条件，工会就要关心职工健康、安全以及工作地方的环境质量。为了扩大就业机会，工会要为现有工会会员争取更大的工作保证，并争取创造更多的工作机会。

工会实现其目标的能力要受到两种限制：劳动市场的供给与需求。从供给方面来看，工会的活动要受到它对非会员劳动供给能力的控制。工会在劳动力中控制的比例越大，工会的作用也就越大。例如，工会发现它要在南加州不熟练农业劳动力市场上发挥作用是很困难的，因为它无法控制从墨西哥来的非工会会员和非法的劳动力。但在建筑业中，工会可以更有效地实现自己的目标，因为它可以影响获得电工、泥瓦匠、木工这类技能的人数。可以最有效地限制劳动供给的是律师、牙医、医生这类集团的专业协会。这类协会通过控制新加入者必须通过的考试而控制合格的工作者数量。

就劳动市场的需求而言，工会所面临的限制是它不能强迫企业雇佣的劳动量大于其需求量。提高工资或改善其他就业条件的任何行动都会增加成本并减少劳动的需求量。除非工会的行动可以使劳动需求曲线移动，否则它就不得不接受这一事实：工资的提高是以减少劳动就业量为代价的。由于认识到了劳动需求曲线的重要性，工会就努力使劳动的需求缺乏弹性，并增加对工会会员的需求。工会所采用的主要方法包括：鼓励进口限制；支持最低工资法；支持限制移民；增加对产品的需求；增加工会会员的边际产量。

进口限制的最好例证就是汽车工人联合会支持限制外国汽车进口。为了增加不熟练劳动工人的工资，工会支持最低工资法。不熟练劳动工人工资率的提高引起对不熟练劳动工人需求减少，对熟练的会员工人需求增加，即以熟练劳动替代不熟练劳动。限制移民法减少了劳动供给，提高了不熟练劳动工人的工资率。结果对熟练的会员工人需求也增加了。对产品需求的增加间接增加了对劳动的需求。最典型的例子是工会在纺织业和汽车工业中的这种努力。服装工人工会要求人们购买工会工人生产的衣服，汽车工人联合会要求人们只购买由工会工人生产的美国汽车。工会会员边际产量的增加直接使对他们劳动的需求曲线移动。工会用学徒制、培训和职业证书来提高其成员的边际产量。

第四节　其他生产要素：土地与资本

一、土地和租金

(一)土地的基本概念

土地是一种自然资源，也是一种社会经济资源。从土地的物质构成考察，土地是一个由土壤、岩石、植被、水域、矿藏和空气所组成的，具有在地球表面以上一定高度和地球表面以下一定深度的、垂直的自然产物。从土地的功能考察，土地是人类赖以生存的场所、空间和基地，人类的生产和生活都是以土地为承载体的，“抽掉”了土地，就是抽去了人类的立足之本；同时，土地在人类的生产和生活中也起着生产资料和生产要素的作用。

(二)土地的特性

土地具有自然和经济两个方面的特性。

1. 土地的自然特性

(1)土地数量有限。就目前人类科学技术与生产力发展的现状来说，土地是一种不可再生资源，土地的绝对数量为地球表面面积所限制。

(2)土地位置不可移动。土地是自然生成物，它总是固定在地球表面某一个具体的位置上。人们可以在一定程度和一定空间范围内改变土地的形态特征，但土地的位置却不可能像其他自然资源或物品那样移动。

(3)土地肥沃程度和土地位置具有差异性。土地的肥沃程度主要是由土壤的构成、温度、日照时间、地温、地形等因素以及土地的适宜程度决定的。社会生产力与科学技术固然可以缩小土地的肥沃程度，但同时也可以扩大它们的差距。土地位置的优劣是由土地距离市场的远近及运输状况等条件所决定的。交通及通信业的不断发达虽然能够缩短土地距离，但土地位置之间的差别却是始终不会消失的。

(4)土地使用具有耐久性或土地使用价值具有永久性。土地无折旧，同时对土地在开发和使用过程中连续不断地合理投资与保护，能够使土地的投资效益具有积累性，不会因时间的推移而消失。

2. 土地的经济特性

(1)土地具有稀缺性以及由此所形成的土地经营的垄断性。从经济学的意义上讲，土地稀缺性不只是指土地的总量是有限的，而主要是指某一地区用于某种特定目的的土地的数量是有限的，是不能够满足所有的对它的需要的。尤其是在现代城市中，土地数量的制约性更加明显。同时，由于土地在上述自然特征方面的特性又决定了土地一旦被某一企业或业主所占用，很容易形成土地在经营上的垄断。

(2)在一定条件下，土地报酬具有递减的可能性。在技术不变或在一定技术水平下，对同一块土地连续投资，可能会引起土地报酬(收益)递减。由于土地具有肥力，因此在农业生产中连续对同一块土地进行投资而出现报酬递减的可能性很大。建筑业中这一现象也很明显，即当建筑物、构筑物超过一定高度或地表以下一定深度时，土地的边际生产力将会降低，甚至是负增长。

(3)变更土地使用方向困难。土地有多种用途的可能，但变更土地的使用方向往往是困难而缓慢的。城市土地一般用于建设建筑物和构筑物，这些建筑物与构筑物一旦建成，在一个相当长的时期内或者说在建筑物、构筑物的有效使用年限内，其使用方向是相对稳定、不易变动的。即便是在农业生产中，农用地可以根据农产品市场上各种农产品价格的变动而改变它的使用方向，但调整不同农作物的栽种，也会因为农作物的生长季节、对土壤和气候的要求等而遇到很多困难。因此，改变土地使用方向的代价很大。

(三)土地供求与地租的决定

如上所述，由于土地具有稀缺性、有限性和固定性等特点，因而在一定时期内，土地在生产要素市场上供给与需求的特点将主要表现在供给方面，即无论土地的价格(地租)如何变化，土地供给的总体水平相当固定，土地的供给缺乏弹性，这意味着土地的总供给曲线是一条接近垂直的线，如图 9-8 所示。

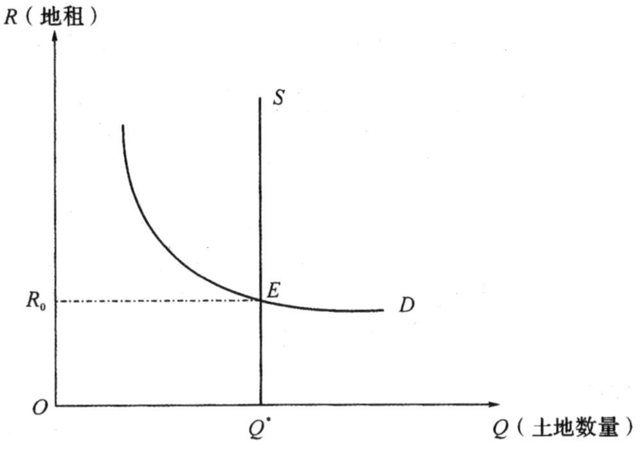

图 9-8　土地的总供给曲线

当然，总供给曲线的垂直并不意味着在某个具体行业中土地的供给也一定是接近于垂直的线，它可能会相当有弹性。例如，当房价上涨时，房地产行业会更加有利可图，则更多的土地将会从其他行业转到房地产行业上来，从而出现房地产行业的土地供给增加，使房地产行业土地供给富有弹性。

同对其他生产要素的需求一样，生产者对土地的需求取决于土地的边际生产力。因此，土地需求曲线像一般需求曲线一样，向右下方倾斜，并且由土地的边际收益产值曲线所决定。这表明，土地的边际收益产值受收益递减规律的制约，随产量增加而减少。

在一定时期内，使用土地(包括地面、矿藏、水域等)的价格称为土地的租金，也是土地所有者的收入，其由对土地的需求与供给所决定的，简称地租。地租由土地的需求曲线 D 与供给曲线 S 的交点 E 所决定，土地的租金必定趋近于这个值。

如果地租高于 E 这个均衡价格，所有厂商需要的土地数量就会少于所能供给的现存土地的数量。这时土地所有者就有可能租不出土地，于是他们不得不以较低的租金水平出租自己的土地，其结果是土地租金下降。同理，租金也不可能长期地停留在均衡水平上。如果租金低于均衡价格，不满足现有土地数量的厂商就会迫使土地要素价格回到均衡水平，只有在土地需求量等于固定供给的竞争性价格时，市场才会处于均衡。因此，图 9-9 中，点 E_0 所对应的地租水平 R_0 即为 OQ^* 土地的地租水平。

随着社会经济的发展和人口的增加，对土地的需求水平不断提高，决定了地租水平也会相应上升。在图 9-9 中，土地的需求曲线由 D_0 移到 D_1 而供给仍不变，地租则由原来的 R_0 提高到 R_1。所以，地租水平随着经济发展而上升是一种趋势。

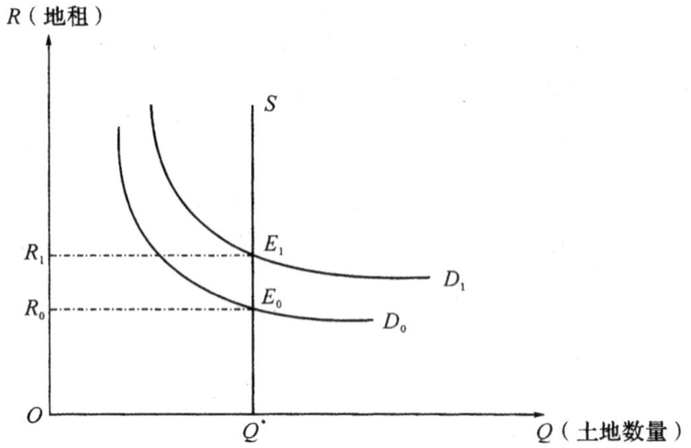

图 9-9　土地需求量的变动

地租有时也称为纯经济租金。支付租金这一概念不仅适用于土地，同样也适用于对任何一种固定要素供给的报酬。

(四)绝对地租、级差地租与准地租

根据地租发生原因的不同可以将地租大致分为两个层次。一是由于所有权制度的存在以及土地所有权与经营权、使用权的可分离，使租用土地成为一种有偿行为，即租用别人的任何土地，包括租用劣等土地都必须缴纳地租，这种地租叫作绝对地租，这是对土地所有者的补偿。二是土地本身因质量与位置的差异而有优等土地、中等土地、劣等土地之分，因此租用不同的土地所产生的收益便会有等级上的差别，这就是级差地租。级差地租是与土地的不同等级收益相联系的地租。

准地租也称作准租金，是指有些生产要素的租金在一定条件下类似的地租，它们主要取决于该生产要素的需求方面。土地之所以能获得地租，是因为无论从长期还是从短期考察，土地都是一种完全缺乏弹性的生产要素。而土地以外的一些生产要素，如设备、房屋、车、船等人工制造产品，在短期中数量来不及变动，因而形成短期供给缺乏弹性。但如果对它们的需求增加，相应所取得的报酬也要增加，这虽然不是地租，但有些类似。一般而言，准租金是某些素质较高的生产要素在短期内供给不变的情况下所产生的一种超额收入。此外，准地租原理还适用于人们的某些特殊才能，如一些明星、篮球运动员的高收入便是由于他们的特殊才能所获得的准租金。

二、资本和利息

(一)资本的基本概念

资本是经济制度本身生产出来并被用作投入要素以便进一步生产出更多商品和劳务的物品，是生产者生产出来的要素。因此，资本是生产资源的一种，对于资本使用者来说，使用资本必须支付代价，这个代价就是“利息”。利息是厂商在一定时期内使用资本生产力所支付的代价，或者说是资本所有者在一定时期内因让渡资本所有权而承担的风险所获得的报酬。

(二)时间偏好和跨期选择

假设某人每月收入为3000元，在支付正常开销后，每个月大约都会节余1000元。到了月底，他必须考虑如何处理这1000元，如出外旅游或大吃一顿把钱花光，或把钱存起来供以后消费、买车、买房。对大多数人来说，面对同样的商品或劳务，目前的消费应该会比未来的消费所带来的效用更大，我们称之为“时间偏好”。同时，消费者或厂商对即期消费和将来消费的不同选择就是一个跨期选择问题。由于人们把目前的消费忍耐下来，留到以后消费，因此目前选择了把钱存入银行，成为资金的供给方。但由于他延后了消费，降低了目前的效用，因此就会得到一种补偿，这种补偿就是利息。

另外，无论是把资金放在银行还是用于投资，都将会有风险。如通货膨胀、银行倒闭或投资企业倒闭等，都将使存款或投资的钱变为泡影。因此，为使这些风险得到补偿，这些资金供给就应该有报酬，所谓承担风险的报酬就是利息。

利息的多少是由利息率的高低来决定的，也就是一定时期内利息在借贷资本中所占比率的大小。这个比例的高低取决于对资本的供求关系。

资本的供给问题是一个确定最优资本拥有量的问题，而最优资本拥有量取决于最优储蓄量的大小。在实际生活中，最优储蓄量是由人们对当前消费与未来消费的选择决定的，即决定于长期消费决策。

对资金供给方而言，资本的供给意味着人们对现期消费的牺牲或等待，利息就是等待的报酬，投资者以对现期消费享乐的牺牲为代价来换取利息。如果利率较高，现期消费的代价就大，于是人们将会把更多的收入部分用于未来消费，较小的部分用于现期消费，因此资本的供给会随着利率的提高而增大，即资本的供给与利率是按同方向变化的，是正相关关系。对资金需求方而言，资金的获得意味着人们愿意提供资本，即人们的收入用于个人消费以后的余额，这称为储蓄。利息即是为诱使人们抑制或推迟现期消费而进行储蓄以提供资本的一种报酬。因此，对一个储蓄者而言，在低利率水平时，利率上升的替代效应大于收入效应，因此，随着利率的上升，当前消费减少，储蓄增加；而在高利率水平时，储蓄不但可以增加人们的利息收入，同时也可以使人们的所得增加，此时则有可能收入效应大于替代效应。于是，长期内将会增加消费，减少储蓄，形成所得效应。不过在短期内，储蓄量的大小不仅与所得和消费多少有关，而且与利率的关系更为密切，因而利率上升会使储蓄量增加。如图9-10所示，如果我们作一条联系利率与储蓄的曲线，可以得到一条与劳动供给曲线相似的向上、向内弯曲的储蓄曲线。由于资本的供给来自储蓄，因此图9-10所示就是个人资本供给曲线，即利率上升给储蓄带来的替代效应与收入效应作用相反，在利率水平较低时，储蓄或资本的供给随利率上升而上升，当利率水平上升到一定程度的时候，资本供给反而会因利率的上升而下降。

对整个资本市场而言，来自储蓄者的可贷资本(信用)的供给曲线应该是各个储蓄人供给曲线水平的加总，它仍然是一条先向上倾斜、后向内弯曲的曲线，如图9-11所示。在一般经济分析中，我们只考虑其中向上倾斜的一段。

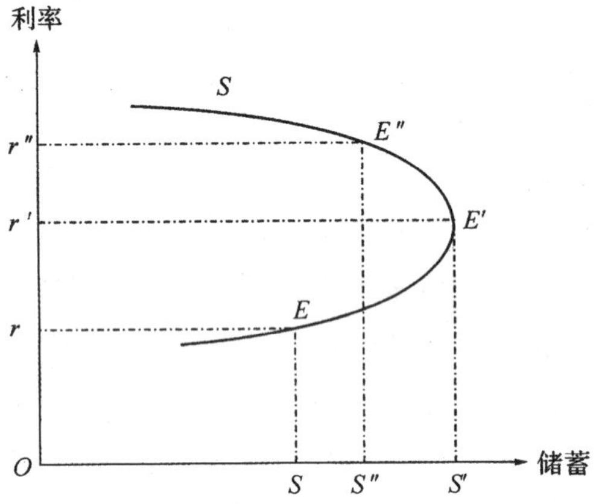

图 9-10　个人资本供给曲线

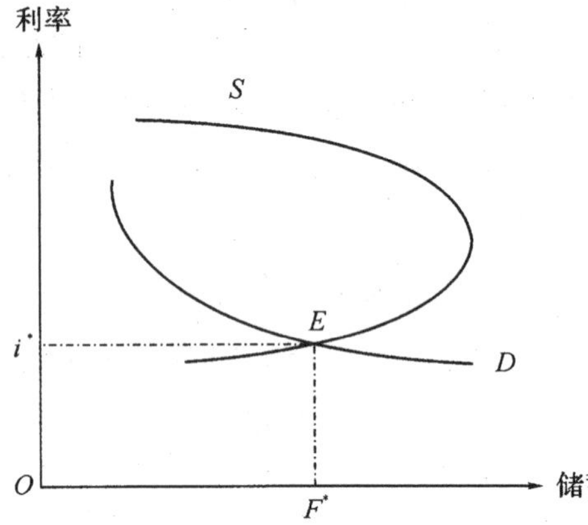

图 9-11　市场资本供给和需求曲线

在资本市场的另一面，对资本的需求总是随着利率的上升而下降的，因为对借钱者而言，利率上升所带来的替代效应与收入效应总是同方向的。

厂商为了制造商品出售，赚取利润，必须先购买机器和厂房设备，称为“固定投资”或“固定资本”。同时，厂商也需要一定量的资金和存货以供销售周转之用，称为“流动资本”。这两种资本共同组成了厂商所拥有的“资产”，所以厂商是资本的需求者。这些资金一般来源于两个方面：一方面，厂商自己拿出一部分钱，或者利用股票上市筹集资金，这部分为公司的股本，或称“股东权益”；另一方面，厂商通过向银行借款或发行债券筹集资金，两种形式都属于厂商的“负债”。

由于厂商对资本的需求是派生需求，因此它取决于资本的边际生产力。如果利率既定，厂商对资本的需求量被确定在这样一个水平上——资本的边际生产力即资本的预期利润率恰好等于利息率。但是，受边际生产力递减规律的作用，在完全竞争的资本市场中，资本投入的增加必然会导致其利润率下降，因此预期利润率与利息率相等时，厂商就不会再继续增加或减少资本的投入。此时，单个厂商对资本的需求曲线就是该厂商有关资本的边际收益产品曲线。将所有厂商对资本的需求水平加总，即形成资本的市场需求曲线 D，这是一条由左上方向右下方倾斜的曲线，如图 9-11 所示。所以市场均衡利率将取决于 S 与 D 的交点，均衡利率水平为 i^*，而市场的资本供给与需求均为 F^*。

(三)资本市场均衡与利率的决定

显然，以上我们所分析的利率都在理想的资本市场中，是由资本的供给与需求双方所决定的，可以说是没有任何风险的利率，这是将资本市场问题简单化了。因为现实生活中我们通常所使用的利率并不是指这种纯利率(名义利率)，而是指实际利率，它是以纯利率为基础的。也就是说，我们不仅要考虑资本的供求关系，还要考虑贷款期限、贷款风险程度等因素。而且，事实上资本市场上的借贷行为大多是生产性的，即借钱是为了将钱用于投资以增加未来的产出。那么，问题是厂商为什么愿意承担风险并支付利息借钱投资呢？这就是我们要从更接近实际的角度探讨资本市场均衡的出发点。

厂商投资是为了获得收益，那么他愿意支付风险和利息来借钱投资。其原因简单来说，就是因为他们预期投资或增加资本投入所带来的增加的产出足以抵偿本金和利息。例如，某厂商今年用 100 元购置了 1 台机器，投入生产后，明年可增加 110 元的产值。为了简单起见，假设一年内机器的折旧不计算在内，那么由 100 元投资在 1 年后所获得的净收益为 10 元，或者说 1 年的投资收益率为 10%，我们称这 10%为资本的净边际生产力。如果用 C 表示最初的投资成本，R 表示投资将带来的增加的总产出，r 代表资本的净边际生产力，则有下列关系存在：

$$R=C\times(1+r) \quad 或 \quad R=\frac{R-C}{C} \tag{9-1}$$

式 9-1 中，r 的大小取决于多种因素，如劳动投入的数量与质量、技术水平、社会经济的稳定性等。如果这些因素都不存在的话，那么资本的净边际生产力就取决于已有投资的数量。已有投资数量越大，进一步投资的净边际生产力就越低。假设有三项投资预期可得到的净收益率分别为 10%、8%和 5%，若提供资本的一方要求的利率为 6%，那么对于 10%和 8%的两项投资是可行的，即使用资本的人所需付出的借贷资本的利率为 6%，因而会有人借入货币资本买进所需的资本财货进行投资；若借贷利率降至 5%以下，则三项投资均可进行；若借贷利率高于 10%，则投资无法进行。因此，资本净生产力所表达的是投资者对资本的需求。

图 9-12 反映了资本市场均衡的状况。其中，曲线 D_1 表示了不同投资水平下资本的边际生产力，当投资总量为 I_1 时，资本的边际生产力为 r_1。如果市场利率为 r_1，那么 D_1 就是投资资金的需求曲线，此时厂商的投资就会一直伸展到 I_1，即投资的边际收益正好等于边际成本——利率。如果利率小于 r_1，那么投资扩张所带来的净增产只要大于利息支出，扩大投资就可以增加厂商的利润。一般来说，对资金的需求主要来自两个方面：一是消费者通过借钱提高即期消费，使自己能够提前享受到当前收入能力无法达到的消费，如分期付款、按揭抵押等，此时对消费资金的需求为 D_0；二是厂商对投资资金的需求，即 D_1。那么，社会对资金的总需求 D 就应该等于 D_0 和 D_1 水平的相加。在不考虑资金供给是贷款还是储蓄的情况下，就可得到一个完整的资本市场均衡：市场均衡利率为 i^*，资金总供给量为 T，其中 F 为满足消费者资金的需求，I 为满足投资资金的需求，根据需求曲线 D 的构造原理，得 $D=F+I$。

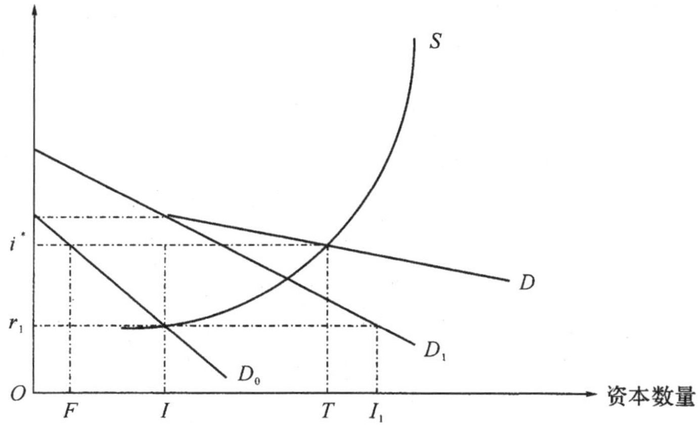

图 9-12　资本市场均衡

第五节　企业家才能与利润

从会计的角度定义，利润是总收入与总支出之间的差额。大多数经济学家将利润称为支付给企业家才能的报酬。企业家才能也称为企业家精神、企业家职能或管理，它是指企业家所拥有的在组织管理方面的能力、承担一定风险的勇气和不断创新的进取心。这些蕴含在企业家身上的才能和精神在企业财富即总收益中的贡献和职能就是将土地、资本、劳动等其他要素组织、结合在一起，并为企业创造更多的财富。应该说，这种才能与精神的大小很难像土地、资本、劳动那样可以得到仔细的衡量，也就是说，我们很难计算出每一个单位的企业家才能应该有多少报酬。因此，经济学中采用了比较笼统的办法，即将企业的总收益在支付完地租、利息、工资等成本后的余额作为企业家的报酬，这个余额就是利润。

前面提到的三种要素报酬都是由供求双方事先议定的，不能变动。而利润则不同，它事先未知，而且变化很大，甚至会出现利润为零和负数的状况。经济学家将利润分为正常利润和超额利润两种。

(一)正常利润与风险

在微观经济学中，正常利润是成本的一个组成部分。一般包括企业所有者自有资本的利息、使用自有土地的地租，承担风险的报酬以及直接经营管理企业所赢得的薪金等。

在会计账目上，正常利润的形成并没有反映支出，但在企业经营过程中因使用自有生产要素而减少的收益(自有生产要素的机会成本)是一种应该在销售收入中得到补偿的隐含成本。这部分收益通常以利润的形式在会计账目上反映，因而称为正常利润，也有人将其称为隐含利润。

正常利润也是承担风险的报酬。一项投资能否盈利，这在事先很难准确判断，因此要冒亏损甚至破产的风险。正常利润也将风险的报酬计算在内，作为企业家的一项必不可少的收入，否则那些需要冒风险的事业就没人去投资经营了。风险越大，风险报酬就越大。

正常利润也是企业家经营管理自己的企业所应获得的薪金。企业家才能作为一种生产要素，在生产过程中起着十分重要的作用。有了资本、劳动和土地等生产要素后，如果没有企业家才能这一要素的参与，生产也无法进行。从这个意义上讲，企业家才能是把劳动、资本、土地等生产要素有效组合和使用的决定性因素。企业家才能对生产和经营的成功与否有关键性作用，各个厂商都迫切需要精明能干的企业家，因而对它的需求是很大的。但是由于企业家才能的供给很有限，要培养造就企业家才能需要特殊的培养训练，必须付出高昂的代价。这一特点决定了企业家才能的供给成本高、数量小、需求大、供给少，这就决定了企业家才能的报酬要相对高于一般工资。

总之，上述三部分构成了正常利润。由于各个行业情况不同、风险不同，因此各行业的正常利润也不会相等。

(二)超额利润与创新

超额利润是一种超过正常利润的利润。超额利润一般来源于两种因素——垄断和创新。所谓创新是将发明用于实践，即建立一种新的生产函数，把一种从来没有过的生产要素和生产条件的新组合引入生产体系，包括引进一种新产品、采用一种新技术、开辟一个新市场、获得一种新材料或新能源以及实行一种新的生产形式。利用这些创新活动，在短期内可使厂商以较高的产品质量、较低的成本、更高的劳动生产率占有市场，获得超额利润。

创新的概念是由美国经济学家熊彼特提出的，他认为创新就是企业家对生产要素的重新组合，主要包括五个方面的内容，即引进新产品、开辟新市场、获取新的原料来源、采用新的生产方法、创立新的企业组织形式。前两项属于市场创新，可以增加消费者需求，使厂商能够增加产品的销售量或提高产品的销售价格，从而获取高于其他厂商的超额利润；后三项属于生产创新，可以使厂商降低生产成本，提高生产要素的边际生产力，从而获得超额利润。

当然，每一项成功的创新都会造成暂时性的垄断，我们可以将创新利润视为创新者或企业家暂时性的超额收入。因为，虽然在短时期内创新可以获得超额利润，但这种创新很快就会被市场竞争者赶上或因模仿者的出现而消失，所以创新对于企业家来说是不间断的。从长远看，竞争的存在和企业家不断追求超额利润的动机将使创新成果逐渐普及，这种创新所带来的超额利润也将会消失。但是因另一种创新而产生的超额利润又会出现。因此，超额利润虽然只能在短期中存在，但从长期看，由创新所获得的超额利润总会存在，并成为社会进步的动力。

思考与练习

1. 如何从资本的供求关系来理解利息率的决定？

2. 劳动供给曲线为何向后弯曲？

3. 如何理解土地供给曲线与土地市场均衡的特点？

4. 如果雇主主要以吸引工人自愿延长劳动时间或加班来增加其收益，那么加班工资是否需要高于原来的工资？正常工作日内的工资是否需要提高？

5. 某面包店雇用员工 7 人，雇员每小时工资 20 美元，每个面包卖 8 美元，如果店主追求利润最大化，请根据表 9-1、表 9-3 计算他雇用的最后一名员工的边际收益产量 MRP 是多少，这个员工的边际产量 MP 是多少。

6. 假设有一个厂商面对水平的要素曲线，其中工人(L)工资每月 2 万元，每台机器(K)租金每月 100 万元。厂商的生产函数为 $Q=6K+16L-L^2$。假设厂商希望生产 34 个单位的产出，请问其最小成本的生产要素组合是什么？此时每个月的支出为多少？

7. 总结说明厂商对生产要素的需求原则。

8. 解释准地租和级差地租的区别。

9. 有些人认为对收入最高的人们征税能减少收入不平等，你认为对顶尖的摇滚歌星和篮球运动员勤奋的工作征税，会产生什么后果？

第十章 市场失灵与政府选择

学习要求

1. 掌握市场失灵的含义。
2. 了解垄断与低效率的关系。
3. 理解市场失灵的外部性问题。
4. 理解信息不对称及解决办法。
5. 了解没有市场价格的物品所引起的问题。

第一节 市场失灵及其原因

一、“看不见的手”原理

在完全竞争市场中，“看不见的手”——市场机制可以有效地实现资源的合理配置，并最终导致社会不可能在不影响他人的情况下而使某些人的境况得到改善。

这一原理主要有以下五点含义。

一是在既定收入的约束下，消费者效用最大化取决于任意两种商品的边际替代率是否相等。

二是在完全竞争市场上，厂商利润最大化取决于产品的价格、边际成本、边际收益三者是否相等。

三是为实现利润最大化，厂商按生产要素的最优组合来决定生产要素投入量，使任意两种生产要素的边际技术替代率等于相应的要素价格之比。

四是在生产要素市场上，厂商按照要素的边际产品价值支付给要素所有者，要素所有者取得要素报酬收入，根据自身的效用最大化决定相应的要素供给量。

五是市场调节供求双方。市场机制的自发作用使整个社会经济处在帕累托最优标准，在这种情况下，消费者从消费产品中获得最大限度的满足，厂商获得最大利润，生产要素按各自在生产中的贡献取得报酬收入。

二、市场失灵的含义

市场失灵又称“市场失效”“市场障碍”，是指市场机制不能提供符合社会效率条件的商品或劳务。对此含义的理解有多种观点。

一是市场竞争使资源配置达不到帕累托最优状态，即市场竞争机制不能实现资源的合理配置和有效配置。在实际市场经济运行中，虽然价格能够调节商品或生产要素的供求，但有时会出现商品价格不等于边际成本的状况或是在市场产量低于安全竞争市场条件下的均衡产量，垄断市场就是典型的例子。

二是市场价格既不等于该商品的边际社会收益，也不等于该商品的社会边际成本，市场偏离帕累托最优状态。外部因素的影响导致的环境污染就是典型的例子。

三是由于市场机制的功能和作用的局限性，市场对某些经济活动无能为力，不能有效调节某种产品的供求或价格，如搭便车行为、公共物品等。

四是由于市场本身的不完善性，市场机制在运行中出现障碍。例如，市场本身功能和体系不健全、市场经济不发达导致市场不能有效发挥作用，许多发展中国家在这方面表现得尤为突出。

五是由于市场具有不完全性或市场的局限性，其作用范围有限，无法也无力调节现实市场经济的运行。典型的例子就是周期性经济危机。

第二节　垄断与低效率

完全竞争市场将产生最有效率的产出——实现所有的帕累托改进。同时，在竞争不完全的情况下，效率是次优的，存在帕累托改进的机会。

本节以垄断市场为例解释其经济效率，如图 10-1 所示，横轴表示产量，纵轴表示价格。曲线 D 和 MR 分别为该厂商的需求曲线和边际收益曲线。为了简单起见，假定平均成本和边际成本相等且固定不变，由图 10-1 中水平直线 $AC=MC$ 表示。垄断厂商根据利润最大化原则生产产量为 q_m，垄断价格为 P_m，高于边际成本。这表明，消费者愿意为增加额外一个单位产量所支付的数量超过了生产该单位产量所引起的成本。因此，存在帕累托改进的余地。如果让垄断厂商再多生产一个单位的产量，让消费者以低于垄断价格但大于边际成本的某种价格购买该单位产量，则垄断厂商和消费者都从中得到了好处，即垄断厂商的利润进一步提高，消费者的福利进一步提高。

可能的方法是垄断厂商同意生产 q^* 产量，并定价 P^*，这样垄断厂商的利润下降了 $(P_m-P^*)q_m$。而消费者剩余梯形 P_mbaP^* 的面积超过了垄断厂商的利润损失。超过的部分为三角形 abc 的面积。这个收益可以在垄断厂商和消费者之间进行适当的分配，从而双方都得到好处。但是市场很难自我实现。

垄断者往往为了获得和维持垄断地位，更有动机为获得垄断利润(垄断租金)而进行非生产性的寻利活动，这种活动称为寻租。从理论上来说，单个寻租者的寻租代价要小于或者等于图 10-1 中的垄断利润矩形 bcP^*P_m 的面积。在很多情况下，由于竞争激烈，寻租代价常常接近甚至等于全部的垄断利润。

而对垄断，政府该做什么呢?

一是将该企业分成几个互相竞争的企业。这样做一般是无效的，因为这样将使每个企业的单位成本都会很高，没有一家企业会达到目前这样的低成本状态。

二是管制。通过管制使垄断企业在有效率的 q^* 生产，但是这里存在两个问题。首先是管制者必须能判断出企业的需求曲线和边际成本曲线，但是当垄断者希望获得较高的价格，并夸大成本时，这个工作就变得尤为困难。其次，是当市场处于有效率状态时，如果边际成本曲线位于长期平均成本曲线的下方，如图 10-2 所示，那么，如果政府长期定价(P^*)低于成本，垄断者将长期处于亏损状态，结果是垄断者退出该市场。因此要使市场处于有效率的状态，应设定市场价格和边际价格相等，但是需要从总预算中补贴垄断企业的亏损。

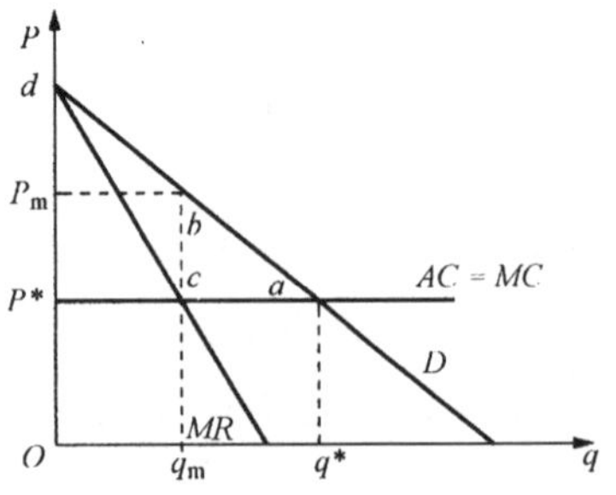

图 10-1　垄断市场的均衡

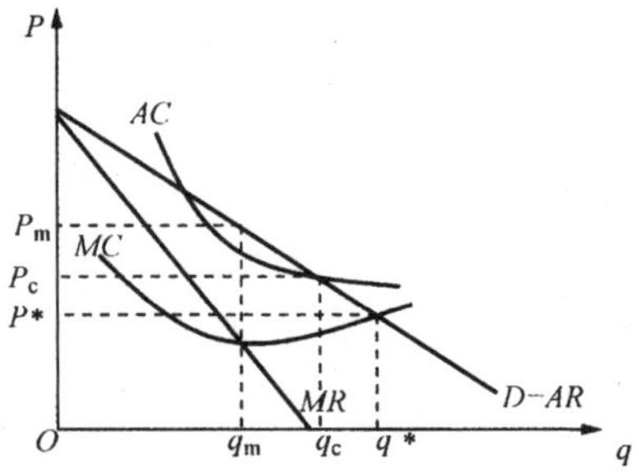

图 10-2　成本递减的垄断市场均衡

同样，在成本递增的垄断市场，政府在管制中的角色也很难扮演。

三是出台反垄断法。从 1890 年到 1950 年，美国国会通过一系列法案来反对垄断。其中包括《谢尔受法》(1890 年)、《克莱顿法》(1914 年)、《联邦贸易委员会法》(1914 年)、《罗宾逊-帕特曼法》(1936 年)、《惠特-李法》(1938 年)和《塞勒-凯弗维尔法》(1950 年)，统称反托拉斯法。在其他西方国家中也先后出现了类似的法律规定。对犯法者由法院提出警告、罚款、改组公司直至判刑，或者强行进行行业重组。

第三节 外部性

前面介绍了市场如何用供求的力量配置稀缺资源，并说明了供求均衡一般是一种有效率的资源配置。用亚当·斯密著名的比喻，就是市场中“看不见的手”引导市场上利己的买者和卖者，使从市场上产生的社会总收益最大化。但市场并不能做好每一件事，政府有时可以改善市场结果。本节将介绍市场失灵的外部性问题。

一、外部性

外部性是一个人的行为对旁观者福利的影响。如果对旁观者的影响是不利的，就称为“负外部性”；如果这种影响是有利的，就称为“正外部性”。在存在外部性时，社会对市场结果的关注扩大到超出市场中买者与卖者的福利之外，还要包括受到影响的旁观者的福利。由于买者与卖者在决定需求或供给多少时并没有考虑他们行为的外部效应，因此在存在外部性时，市场均衡并不是有效率的。下面看两个例子。

一是汽车废气有负外部性，因为它产生了其他人不得不呼吸的烟雾。由于这种外部性，驾驶员往往要受到严重污染。政府努力通过规定汽车的排放废气标准来解决这个问题。政府还对汽油征税，以减少人们开车的次数。

二是新技术研究提供了正外部性，因为它创造了其他人可以运用的知识。由于发明者并不能占有他们发明的全部收益，因此往往倾向于用很少的资源来从事研究。政府通过专利制度部分解决了这个问题，专利制度使发明者可以在一定时期内排他性地使用自己的发明。

在以上每种情况中，一些决策者没有考虑自己行为的外部效应。政府的反应是努力影响这种行为，以便保护旁观者的利益。

二、外部性的市场影响

(一)生产中的负外部性

现在假设工厂排放污染：生产每一吨铝有一定量烟尘进入大气。这种烟尘对那些呼吸空气的人造成健康危险，是负外部性。这种外部性是如何影响市场结果的效率的呢？

由于这种外部性，生产铝的社会成本大于铝生产者的成本。生产每一个单位的铝，社会成本 *SC*

包括铝生产者的私人成本 PC 加上受到污染不利影响的旁观者的成本。图 10-3 表示出了生产铝的社会成本曲线。社会成本曲线 SC(Q)在私人供给曲线 PC(Q)之上，是因为它考虑到了铝生产者给社会所带来的外部成本。这两条曲线的差别反映了排放污染的成本。

应该生产多少铝这个问题，需要从整个社会的角度去看，图 10-3 中的交点 S 决定了铝的最优数量。低于这一水平时，铝的消费者的价值用需求曲线的高来衡量；大于生产它的社会成本，用社会成本曲线的高来衡量。大于这一水平时，生产额外铝的社会成本大于消费者的价值。要注意铝的市场均衡数量，即市场量，大于社会的最适当的量，即最适量。这种无效率的原因是市场均衡仅仅反映了生产的私人成本。在市场均衡时，边际消费者对铝的评价小于生产它的社会成本。因此，使铝的生产和消费低于均衡水平而增加了社会总福利。

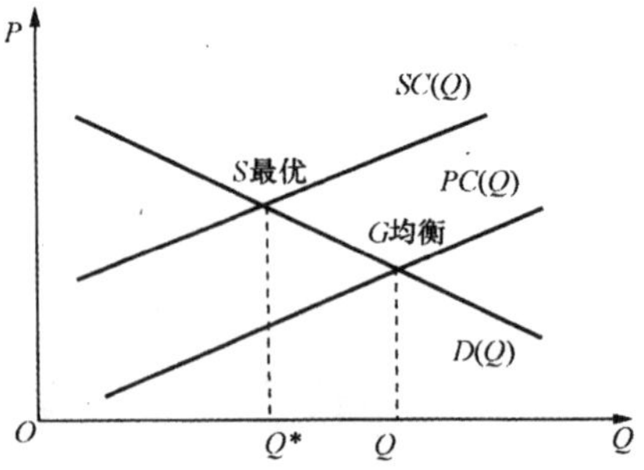

图 10-3　生产的负外部性

如何能达到这种最适水平呢？一种方法是对铝生产者销售的每一吨铝征税。税收使铝的供给曲线向上移动，移动量为税收规模。如果税收准确地反映了排入大气的烟尘的社会成本，新的供给曲线就与社会成本曲线相一致。在新的市场均衡时，铝生产者将生产社会最适量的铝。

这种税被称为外部性的内在化，因为它给市场买者与卖者以考虑他们行为外部影响的激励。实际上，当铝生产者决定供给多少铝时会考虑到污染的成本，因为现在税收使它们为这些外部成本进行支付。

(二)生产中的正外部性

虽然在许多市场上生产的社会成本大于私人成本，但也有一些市场外部性使旁观者受益，因此生产的社会成本小于私人成本。技术进步是企业发现新的、更好设计的机会。这种新的设计不仅有利于这个企业，而且有利于整个社会。这种正外部性被称为技术溢出效应。

正外部性的分析类似负外部性分析。图 10-4 表示技术进步的正外部性。由于技术溢出效应，企业的社会成本小于私人成本，因此企业技术进步的产出量大于私人市场的数量。在这种情况下，以机器人为例，政府可以通过补贴机器人生产使外部性内在化。如果政府对企业每生产一个机器人给予支付，供给曲线 PC(Q)就向下移动至 SC(Q)，移动量为补贴量，这种移动就会增加机器人均衡数量（$Q'-Q^*$）。为了保证市场均衡等于社会最适，补贴应该等于技术溢出效应的价值。

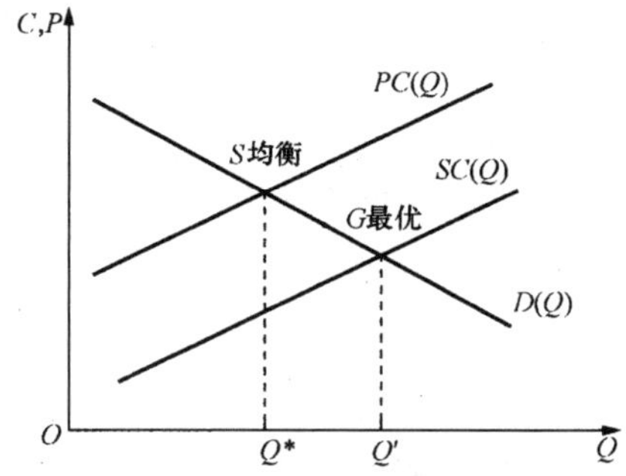

图 10-4　技术进步的正外部性

(三) 消费的外部性

到现在为止，所讨论的外部性与物品生产相关。但是，有一些外部性与消费相关。例如，如果消费者喜爱吸烟就引起负外部性，同样教育的消费也引起了正外部性。

消费外部性的分析类似生产外部性的分析。如图 10-5 所示，需求曲线没有反映一种物品的社会价值。$SD'(Q)$表示负消费外部性的情况，如与吸烟相关的情况。在这种情况下，社会价值小于私人价值，而且社会最优量小于私人市场决定的数量。$SD(Q)$表示正消费外部性的情况，如教育。在这种情况下，社会价值大于私人价值，而且社会最优量大于私人市场决定的数量。

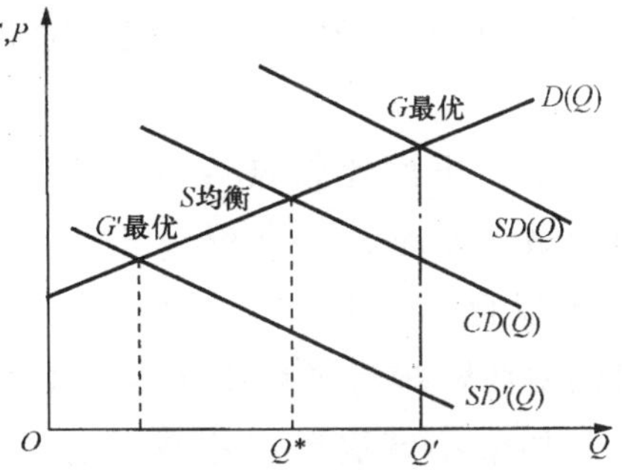

图 10-5 教育消费的正外部性

政府也可以通过使外部性内在化来纠正市场失灵。消费外部性情况下的适当反应类似于生产外部性的情况。为了使市场均衡接近于社会最适，负外部性要有税收，正外部性要有补贴。实际上，这正是政府所遵循的政策：在经济中，含酒精饮料属于纳税最高的物品之一，而对教育则通过公立学校和政府奖学金进行补贴。

三、外部性的私人解决方法

虽然外部性往往使市场无效率，但解决这个问题并不总是需要政府行为。在一些情况下，人们可以提出私人解决方法。

一是有时外部性问题可以用道德规范和社会约束来解决。例如，考虑一下为什么大多数人不乱扔垃圾。尽管有禁止乱扔垃圾的法律，但这些法律并没有严格实行过。大多数人不乱扔垃圾只是因为这样做是错误的。

二是慈善行为也是一种私人解决外部性问题的方法。许多慈善行为的产生是为了解决外部性问题。例如，私人学院和大学接受校友、企业和基金会的捐赠，部分是因为教育对社会有正外部性。

三是私人市场往往可以通过依靠有关各方的私利来解决外部性问题。有时这种解决方法采取了把不同类型经营结合在一起的形式。例如，考虑一个苹果种植者和一个相互位置接近的养蜂人结合经营。他们每个人的经营都给对方带来了正外部性，即蜜蜂在苹果树上采花粉，有助于果树结果实，同时蜜蜂也用从苹果树上采集的花粉来酿造蜂蜜。但是，当苹果园主决定种多少苹果树和养蜂人决定养多少蜂时，他们都没考虑正外部性。结果，苹果园主种的树太少，而养蜂人养的蜂也太少。如果养蜂人购买苹果树或苹果园主购买蜜蜂，这些外部性就内在化了，即可以在同一个企业内进行这两种活动，而且这一个企业可以选择最优苹果树和蜜蜂数量。外部性内在化是企业包括了不同经营的一个原因。

四是利益各方签订合约也是私人市场解决外部性问题的方法。在上面的例子中，苹果园主和养蜂人之间的合约可以解决树太少和蜜蜂太少的问题。这个合约可以规定树的数量、蜜蜂的数量，也许还包括一方对另一方的支付。通过决定树和蜜蜂的正确数量，这个合约可以解决通常这种外部性产生的无效率问题，并使双方状况都变好。

四、科斯定理

私人市场在解决这些外部性时是极为有效的，这个结论被称为科斯定理。根据科斯定理，如果私人各方可以无成本地就资源配置进行协商，私人市场就将总能解决外部性问题，并有效地配置资源。

先来考虑什么结果对社会是有效的。下面比较排污者从排污中得到的收益与小区居民承受污染的成本。如果收益超过成本，有效的做法就是让企业继续排污。但如果成本超过收益，企业应该放弃排污。根据科斯定理，私人市场可以自己达到有效的结果。排污者可以简单地付给小区居民钱，从而让他们承受污染。通过对价格的协商，排污者和小区居民总可以达到有效率的结果。

假设排污者在法律上有权排污。如果小区居民在法律上有权要求和平与安宁，结果会有什么不同呢？根据科斯定理，最初的权利分配对市场达到有效率结果的能力无关紧要。例如，假设小区居民可以通过法律强迫企业禁止排污。虽然这种权利对小区居民有利，但也许结果不会改变。在这种情况下，企业可以向小区居民付钱，让小区居民同意排污。虽然最初的权利无论怎样分配，私人主体都可以达到有效率的结果，但权利分配并不是毫不相关的，即它决定了经济福利的分配。是企业有权排污，还是居民有权得到和平与安宁，决定了在最后的协商中谁向谁付钱。但是，在这两种情况下，双方都可以互相协商并解决外部性问题。只要收益超过成本，企业就以排污结束。

总之，科斯定理说明，私人经济主体可以解决他们之间的外部性问题。无论最初的权利如何分配，有关各方总可以达成一种协议，在这种协议中每个人的状况都可以变好，而且结果是有效率的。

尽管科斯定理的逻辑很吸引人，但私人主体本身经常不能解决外部性所引起的问题。只有利益各方在达成和实施协议中没有麻烦时，科斯定理才适用。但是在世界上甚至在多方有利的可能情况下，协商并不总是有效的。

有时利益各方不能解决外部性问题是因为交易成本。交易成本是各方在协议及遵守协议中所发生的成本。当利益各方人数多时，达成有效的协议特别困难，因为协调每个人的代价高昂。例如，一个工厂污染了附近的湖水，污染给当地渔民带来了负外部性。根据科斯定理，如果污染是无效率的，那么工厂和渔民可以达成一个协议。根据协议，渔民要为工厂不排污而支付费用。但是如果有许多渔民，要协调所有的人以便与工厂协商几乎是不可能的。当私人协商无效时，政府有时可以起作用。政府是一个代表集体行动的机构。在这个例子中，在渔民不可能代表自己时，政府可以代表渔民行事。下面要介绍政府如何能努力解决外部性问题。

五、外部性的公共政策

当外部性引起市场达到一种无效率的资源配置时，政府可以用两种方式中的一种作出反应：命令与控制政策直接管制行为。

（一）管制

政府可以通过规定或禁止某些行为来解决外部性。例如，把有毒的化学物质倒入供水区是一种犯罪。但是，在大多数污染的情况下，要完全禁止有污染的活动是不可能的。环境管制可以采取多种形式。有时环境保护部门规定工厂可以排放的最高污染水平。另一些时候，环境保护部门要求企业采用某项减少排污的技术。

（二）技术政策

技术政策指政府旨在促进技术进步行业的经济干预。专利法是赋予发明者对其发明进行产权保护的一种技术政策。专利法就是将外部性内在化。

（三）庇古税和补贴

政府对外部性的反应也可以不采取管制行为，而通过对那些有负外部性的活动征税和补贴那些有正外部性的活动来使外部性内在化。用于纠正负外部性影响的税收称为庇古税。

假设有两家工厂——造纸厂和钢铁厂，每家工厂每年向河中倾倒500吨黏稠状的废物。环境保护部门决定减少污染量，它考虑了以下两种解决方法。

一是管制。环境保护部门可以告诉每家工厂把每年的排污量减少为300吨。

二是征收庇古税。环境保护部门可以对每家工厂每排出一吨废物征收5万美元的税收。

经济学家对将税收作为解决污染的一种方法的偏爱通常大于管制，因为税收可以较低的社会成本减少污染。税收越高，减少的污染也越多。实际上，如果税收足够高，工厂将完全关门，污染减少为零。首先，税收减少污染更有效率。管制要求每个工厂减少等量污染，但等量减少并不一定是清洁水质的最省钱的方法。可能的情况是，造纸厂减少污染的成本比钢铁厂低。如果是这样，造纸厂对税收的反应是大幅度地减少污染，以便少缴税，而钢铁厂的反应是减少的污染少，缴税多。其次，庇古税规定了污染权的价格。正如市场把物品分配给那些对物品评价最高的买者一样，庇古税把污染权分配给那些减少污染成本最高的工厂。无论环境保护部门选择的污染水平是多少，它都可以用税收以最低的总成本达到这个目标。再次，庇古税对环境更有利。在命令与控制的管制政策下，一旦工厂达到了规定的污染物的目标就没有理由再减少排污。与此相比，税收激励工厂去开发更清洁的技术，因为更清洁的技术可以减少工厂不得不支付的税收量。最后，庇古税与大多数其他税不同。大多数税扭曲了激励，并使资源配置背离社会最优。庇古税是存在外部性时的正确激励，从而使资源配置接近于社会最优。因此，庇古税增加了政府的收入，也提高了经济福利。

（四）可交易的污染许可证

现在假设环境保护部门仍采用管制，并规定每家工厂每年要把排污量减少到300吨。钢铁厂因为减少污染成本高，想增加其排污量100吨。造纸厂同意如果钢铁厂付给它500万美元，它就减少等量的污染。允许这种交易是一种好政策。这个交易必然使这两家工厂所有者的状况变好，因为它们是自愿对此达成一致的。而且，这种交易没有任何外部影响，因为污染总量仍然是相同的。因此，通过允许造纸厂把自己的排污权出卖给钢铁厂可以提高社会福利。

同样的逻辑也适用于任何一种排污权从一个企业转移给另一个企业。如果环境保护部门允许进行这些交易，实际上它就创造了一种新的稀缺资源，即污染许可证。交易这种许可证的市场将最终形成，而且这种市场将由供求因素支配。“看不见的手”将保证这种新市场有效地配置排污权。只有以高成本才能减少污染的企业将愿意为污染许可证出最高的价格。那些以低成本可以减少污染的企业也愿意出卖它们所拥有的许可证。

虽然用污染许可证减少污染看起来可能与用庇古税完全不同，但实际上这两种政策有许多共同之处。在这两种情况下，企业都要为污染进行支付。在前者，排污企业必须为购买许可证进行支付。在后者，排污企业必须向政府缴税。污染许可证和庇古税都通过使企业排污要付出成本而把污染的外部性内在化，如图 10-6 所示。

图 10-6 中的污染需求曲线表明，污染价格越低，企业将选择的排污越多。在图 10-6（a）中，环境保护部门用庇古税确定污染价格。在这种情况下，污染权供给曲线完全有弹性（因为企业纳税后想污染多少就污染多少），而需求曲线的位置决定了污染量。在图 10-6（b）中，环境保护部门通过发放污染许可证确定了污染量。在这种情况下，污染权供给曲线是完全无弹性的（因为污染量是由许可证数量固定的），而需求曲线的位置决定了污染价格。因此，对任何一条既定的污染权需求曲线，环境保护部门既可以通过用庇古税确定价格来达到需求曲线上的任意一点，也可以通过用污染许可证确定的数量来达到需求曲线上的任意一点。

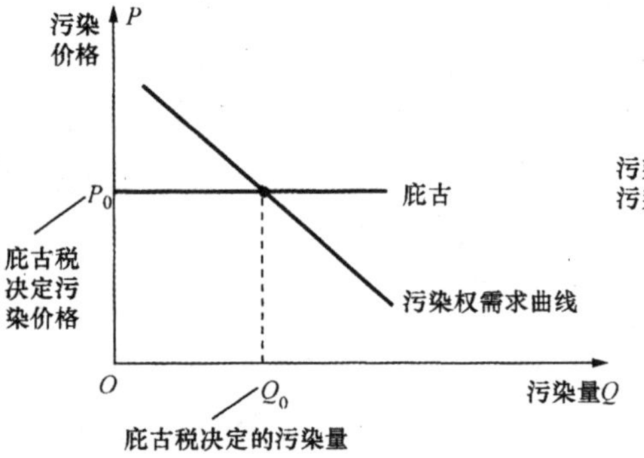

（a）庇古税

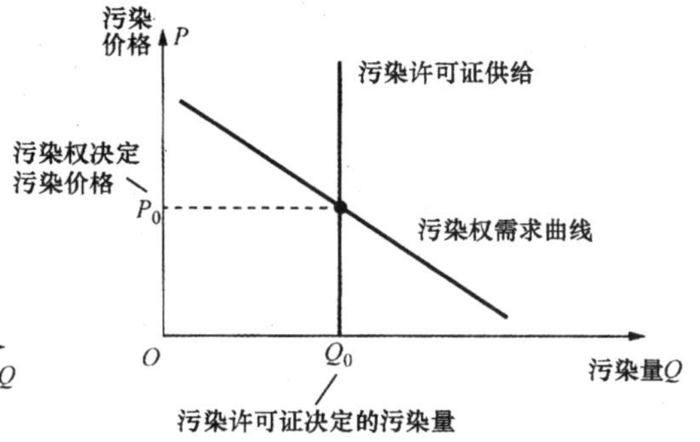

（b）污染许可证

图 10-6　庇古税和污染许可证的均衡

但是在某些情况下，出售污染许可证可能比实行庇古税更好。假设环境保护部门想使倒入河流的废物不超过 600 吨。但是，由于环境保护部门并不知道污染权需求曲线，因此它无法确定征收多少税收才能达到这个目标。在这种情况下，它可以简单地拍卖 600 吨污染许可证，拍卖价格就得出了适当的庇古税规模。

第四节　信息不对称

一、信息不对称的含义

信息不对称就是指市场上买方与卖方所掌握的信息是不对称的，其中的一方比另一方掌握更多的信息。例如，在要素市场中，雇员可能比雇主更了解自身的工作能力；在商品市场上，卖方通常就比买方了解更多的商品性能和质量；在保险市场上，投保人可能就比保险公司更了解自己的健康状况。凡此种种，一旦出现信息不对称情形时，所导致的均衡状况可能对社会来说，就是一种低效率或无效率的状况。

由信息不对称导致效率损失主要有以下三种情况。

（1）道德风险。它是指在协议达成后，信息多的一方通过改变自己的行为来损害对方的利益。比如，在保险市场上，个人有在获得保险公司的保险后，降低防范意识而采取更冒险的行为，使发生风险的概率增大的动机。由此动机所导致的行为就会加重保险公司的赔偿。

（2）逆向选择。它是指在信息不对称情况下，拥有信息少的一方作出不利于另一方的选择。比如信息不对称的情况下，差的商品将好的商品挤出市场，形成所谓的“以次充好”。

（3）委托人——代理人问题。由于企业家的管理才能是特殊的生产要素，所以在当今西方国家中普遍采取委托人——代理人的企业组织方式，由此使企业“利润最大化”的假设目标就有可能发生偏离。因为委托人利润最大化的目标并不一定是代理人最大化的目标，代理人有自己的目标。委托人不能确切知晓代理人的行为，委托人不可能时时观察和监督代理人的工作努力状况，在这种信息不对称的情况下，经理（代理人）的行为就有可能没有发挥应有的管理才能，或代理人可能追求自己的利益目标而牺牲委托人的利益目标，从而使企业所有者的利润减少，使资源配置的效率受到损失。

二、解决信息不对称问题的办法

为了在一定程度上解决信息不对称问题，提高市场效率，可以采取以下办法。

（一）信号传递

在商品市场上，劣质品的卖者为了自己的利益将产品的质量信息隐藏起来。对于消费者来说，如果他们无法区分产品质量的优劣，就只能根据对整个市场的估计支付价格，即根据平均质量支付价格。优质品的提供者为了防止出现逆向选择的结果，应该选择适当的信号，向消费者传递自己的产品是优质品的信息，以改善信息不对称的状况，减少逆向选择的不利影响。优质品的提供者可以采用以下方式发送信号。

1. 质量保证和承诺

质量保证书、包退、包换、包修等质量保证和承诺是一种成本低廉而且短期效果明显的信号传递方式，因为真正的优质品因质量原因退换的概率非常小，保修期内的返修率非常低，因此从整体上不会增加多少费用。而劣质品的卖者肯定提供不了这种保证和承诺，因为这对于他们来说成本太高了。

2. 名牌

这是一种投入成本较高但长期回报十分丰厚的信号传递方式。企业要使自己的产品长期保持竞争优势，不被劣质品生产者挤出市场，就必须建立自己的名牌产品，使消费者能够依据品牌识别自己的产品。如海尔电器、麦当劳等，其品牌本身就传递了产品是优质品的信息。在消费者心目中，名牌代表优质。尽管不是每件名牌产品都是优质品，但是消费者在非名牌产品中搜寻优质品的成本通常很高，而在名牌产品中搜寻优质品的成本相对较低，因此希望购买优质品的消费者通常会优先考虑选择名牌产品或自己熟悉的品牌。创名牌和保名牌需要长期的努力，需要过硬的质量和优质的售后服务，要消耗大量的成本，这些都是劣质品生产者无法达到的。因此，作为一种市场信号，名牌可以传递优质品的信息，可以将优质品与劣质品分离开来。

3. 中间商或经纪人的信誉

在产品市场上，中间商或经纪人的出现，使不对称信息导致的逆向选择得到一定程度的扭转。特别是在产品鉴别要求较高专业知识水平的市场上，如旧车市场、信息市场、房地产市场等，中间商或经纪人的作用尤为明显。这些中间商或经纪人利用自己的专业知识鉴别产品的优劣，通过以高价格出售高质量产品、以低价格出售低质量产品建立信誉。优质品的提供者可以通过有信誉的中间商以合理的价格出售其产品，希望购买优质品的消费者也可以通过有信誉的中间商以合理的价格买到优质品。这样一来，优质品的提供者就可以通过中间商的信誉，间接向消费者传递其产品优质的信息。

4. 广告

广告也是一种信号传递的手段，是减少信息不对称的非常有力的工具。卖者通过广告信息的传播，以较少的成本获得较高的宣传效用，而消费者也可以通过非常小的成本，从卖者的广告信息中获得各种所需的市场知识。

广告对于消费者的作用可以表现为两个方面：一是为消费者提供必要的市场知识；二是改变或影响消费者的消费偏好和消费水平。因此，广告能够对消费者在购买产品时的行为和决策产生影响。正是基于这种原因，各企业都不惜成本地在各种场合为其产品大做广告，以期增加销售量，获得更多利润。但是，并不是每一种产品做广告都是经济的。对于低质量产品，消费者最多只会购买一次，如果做广告的成本高于产品第一轮销售所得的利润，这时低质量产品做广告就不合算。可见，较高的广告成本将屏蔽掉一部分低质量产品。当然，广告成本也不能过高。如果广告成本高于产品第一轮销售所得的利润，又低于多轮销售所得的利润，那么高质量产品做广告将有利可图。从这个角度说，高成本广告中的产品应该是高质量产品。结果，广告作为市场信号，传递了高质量产品的信息。

（二）信息甄别

与信号传递不同，信息甄别是一方通过信息决策来获取另一方的信息，从而减少信息不对称。委托人事先制定一套策略或设计多种合同，根据代理人的不同选择，可以将代理人区分为不同的类别，这就是信息甄别。这是减少逆向选择的又一种途径。

例如，在保险市场上可以采用差别保险合同的方式。如果有高风险和低风险两种类型的潜在投保人，而保险公司无法辨别，为了获取投保人的信息，保险公司可以提供给投保人两种可供选择的合同，一种是“高保费高赔付”，另一种是“低保费低赔付”。显然，高风险投保人更愿意选择前一种合同，而低风险投保人则愿意接受后一种合同。这样一来，保险公司就可以从投保人的挑选中获得潜在投保人的类型信息，从而将两类投保人区分开来。

在商品市场上，买者为了自身利益有时也会隐藏自己的私人信息，从而出现买者信息在买卖双方分布不对称的情况。例如，同一商品对于不同的消费者来说效用是不同的。就拿软件产品来说，一般地，商业用户对软件的最新版本需求较大，保留价格（愿意支付的最高价格）较高；学术用户的需求较低，保留价格也较低；对于普通用户来说，也许继续使用早期版本同样可以完成工作，因而他们对软件最新版本的需求更低，保留价格更低。通常，用户的需求信息在供应商与用户之间是不对称的。用户知道自己的需求，而供应商不完全知道，因为高需求用户为了以更低的价格成交，往往会隐藏“高需求”信息。在这种情况下，差别定价方式可以甄别出不同需求程度的用户，从而使供应商可以获取尽可能多的利润（对于高需求用户以较高的价格成交，对于低需求用户以较低的价格成交）。比如，在推出一本新书时，通过提供精装本和平装本两种版本（两种合同），出版商可以将读者分为两大类：一类对书的评价较高，另一类对书的评价较低。又如，在提供电信服务时，服务商可以对手机用户提供两种收费标准（两种合同）：一种是单位时间通话费用较低，但需交纳一定的月租费；另一种是单位时间通话费用较高，但不需交纳月租费。根据用户的不同选择，服务商可以将用户区分为高频率用户和低频率用户两类。

总之，为了减少信息不对称，处于信息劣势的委托人可以通过合同的多样化甄别出代理人的类型，获取代理人的有关信息，从而减少逆向选择的不利影响。

第五节 公共物品

有一些东西是大自然提供的，如河流、山川、海岸、湖泊和海洋。政府则提供了另一些物品，如公园和节庆游行。人们选择享用这些物品的好处时，并不用花钱。免费物品向经济分析提出了特殊的挑战。当一些物品可以免费得到时，在正常情况下，经济中配置资源的市场力量就不存在了。本节分析没有市场价格的物品所引起的问题。

一、公共物品的特点

先从与公共物品对应的私人物品说起。私人物品是普通市场上常见的物品，是数量随任何人对它的消费增加而减少的物品。私人物品在消费上具有两个特点：第一是竞争性，即如果某人已消费了某个商品，则其他人就不能再消费该商品了；第二是排他性，即对商品支付价格的人才能消费商品。

公共物品则是具有非排他性和非竞争性的物品，是由政府部门生产，并向社会和个人提供的一切物品和服务的总称，如国防、警察、教育、司法、邮政、消防、基础设施等。在消费上，公共物品具有两个特点。第一是非排他性，即很难或无法禁止他人不付代价消费该产品。非排他性表明要采取收费的方式限制任何一个消费者对公共产品的消费是非常困难的，甚至是不可能的。第二是非竞争性，即对于任何一个给定公共产品的出产水平，增加额外一个人消费该产品不会引起产品成本的任何增加，也就是说消费者人数的增加所引起的产品边际成本等于零。如放烟花，这种物品没有排他性，因要排除任何一个人看烟花是不可能的，而且它也没有竞争性，因为一个人观看烟花，并没有减少其他任何一个人观看烟花。

共有资源有竞争性但没有排他性。例如，海洋中的鱼是一种竞争性物品：当一个人捕到鱼时，留给其他人捕的鱼就少了。但这些鱼并不是排他性物品，因为几乎不可能对渔民所捕到的鱼收费。当一种物品有排他性但没有竞争性时，可以说存在这种物品的自然垄断。

二、“搭便车”问题

以烟花表演为例，假设根据调查，美国某个小镇的每个居民对观看烟花都给予了 10 美元的估价，放烟花的成本为1000美元，共有居民1000人。由于10000美元的利益大于1000美元的成本，因此看烟花是有效率的。私人市场能提供有效率的结果吗？也许不能。如果你决定举行一场烟花表演，在卖出这场晚会的门票时会遇到麻烦，因为你的潜在顾客很快就会想到，他们即使不买票也能看烟花。人们有一种“搭便车者”的激励。“搭便车者”是得到一种物品的收益但避开为此支付的人。私人市场不能提供烟花表演，但当地政府可以通过向每个人增加税收赞助该烟花表演活动。

三、私人物品和公共物品最优数量的确定

由于单个消费者不清楚公共物品的价格，更不清楚公共物品价格与需求的关系，同时单个消费者为不支付或少支付价格，可能会低报或瞒报对公共物品的偏好，因此公共物品无法避免“搭便车”的情况，即不用购买也可消费的行为，进而造成市场失灵。市场经济不能自动解决公共产品的供求均衡问题。许多由社会消费的公共产品难以通过正常的市场价格机制加以分配，公共部门和公共产品的生产和经营需要政府按照社会的需要适当进行直接的调节和管理。

图10-7（a）中，单个消费者的需求曲线 D_A、D_B 的水平加总即得到市场的需求曲线 D，市场需求曲线 D 与市场供给曲线 S 决定了均衡点 H。均衡数量（P_0，Q_0），均衡产量 Q_0 即为私人物品的最优数量。图10-7（b）中，假定每个消费者对公共物品的需求曲线是已知的，为 D_A 和 D_B，则公共物品的市场供给曲线是 S。由于公共物品的非竞争性，个人需求曲线的垂直加总得到市场需求曲线 D。S 与 D 决定的均衡数量即为公共物品的最优数量。

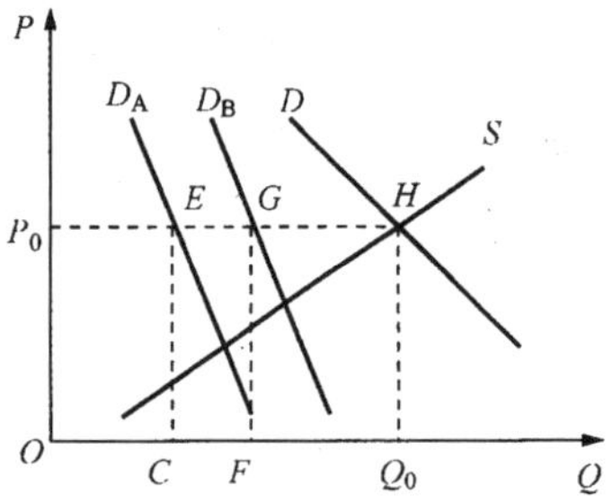

（a）私人物品

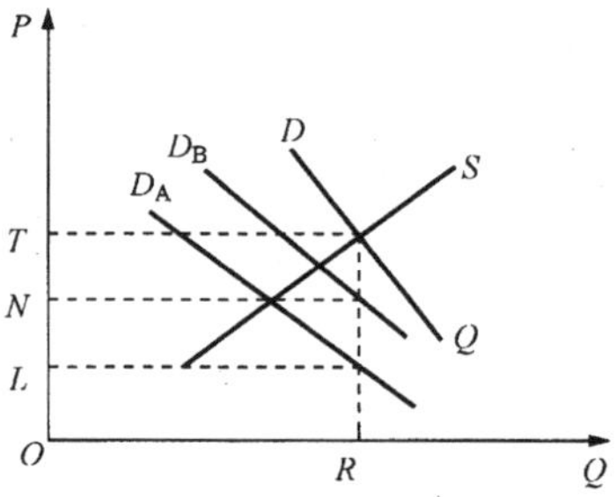

（b）公共物品

图10-7 私人物品和公共物品的最优数量

四、成本-收益分析

政府提供公共物品是有效率的选择，政府还应该决定提供哪些公共物品以及提供多少呢？

假定政府正在考虑一个公共项目，如修一条新的高速公路。为了判定要不要修这条高速公路，政府必须比较所有使用这条高速公路的人的总收益以及建设与维修的成本。为了作出这个决策，政府会雇用一个经济学家与工程师小组来进行研究，这种研究称为成本-收益分析，它的目标是估算该项目相对作为一个整体而言的社会总成本和总收益。

成本-收益分析是一项艰难的工作。因为所有的人都可以免费使用高速公路，没有判断高速公路所值的价格。简单地问人们给高速公路的估价是多少是不可靠的。第一，用问卷调查的结果来定量分析收益是困难的；第二，回答问卷的人没有什么如实回答的激励。那些要用高速公路的人为了修

这条路有夸大他们所得到收益的激励。那些受高速公路伤害的人为了阻止修这条路则有夸大其成本的激励。

因此，有效率地提供公共物品在本质上比有效率地提供私人物品更困难。私人物品由市场提供。私人物品的买者通过他们愿意支付的价格反映出他们对该物品的评价，卖者通过他们愿意接受的价格反映出他们的成本。与此相比，当评价政府是否应该提供一种公共物品时，成本-收益分析并没有提供任何价格信号。因此，关于公共项目成本和收益的结论充其量是近似而已。

思考与练习

1. 什么是市场失灵？导致市场失灵的因素有哪些？
2. 如何解决市场失灵中的垄断和外部性问题？
3. 非对称信息为什么会导致市场失灵？
4. 为什么会出现逆向选择？可以用哪些措施解决逆向选择问题？
5. 试述外部性对经济效率的影响及消除外部性的对策。
6. 什么是科斯定理？根据科斯定理，通过明晰产权可以实现资源的有效配置吗？为什么？
7. 政府在公共物品的供给方面应当发挥什么作用？
8. 用市场失灵理论解释生活中的一个经济现象。
9. 外部影响如何导致资源配置无效？

第十一章

一般均衡理论与福利经济学

学习要求

1. 理解局部均衡与一般均衡的含义。
2. 了解瓦尔拉一般均衡模型。
3. 熟悉福利经济政策。
4. 了解帕累托的最优状态与条件。

第一节　一般均衡理论

一、局部均衡与一般均衡

1. 局部均衡与一般均衡分析

所谓局部均衡分析，是在分析某一商品的供求和价格时，抽象掉其他商品的价格和供求对该商品的供求和价格的影响，也就是假定影响该商品的价格和供求的所有其他因素都是既定不变的，这包括其他商品的价格、人们的收入和偏好等。这样，某商品价格的变化仅仅取决于该商品供求的变化，而该商品供求的变化又仅仅是由该商品价格的变化所决定的。

但是，经济活动作为一个整体，其各个组成部分是相互联系在一起的，任何局部的变化都会影响到其他各个方面。事实上，不管是生产者还是消费者，其行为都是相互影响的。一个消费者的决策行为受其他消费者决策行为的影响，其行为结果又会影响其他消费者的行为。消费者的行为还会影响生产者的行为，生产者的行为也会影响消费者的行为。正是经济行为主体的决策相互影响使经济活动连成了一个整体。

商品的价格与生产要素的价格决定也是相互影响的。例如，工资的提高会引起商品生产成本的提高，从而引起商品价格的提高。从理论上讲，任何一种商品或生产要素价格的变化，最终都会导致社会上所有其他商品与生产要素价格的变化。以电的价格为例，电的价格提高后，会引起所有以电为动力所生产的商品价格的提高，如引起煤的价格的提高，而煤的价格提高会引起化肥价格的提高，化肥价格的提高会引起农产品价格的提高，农产品价格的提高会引起食品价格的提高，食品价格的提高会引起工人生活费用的提高，进而引起工人工资的提高，因工人工资提高而造成的商品生产成本的提高又会引起商品价格的提高。这种调整会不断地进行下去，直至达到新的均衡。

所谓一般均衡分析，是经济分析中所采用的一种与局部均衡相对应的理论分析方法。它假定：一个社会的所有各种商品的供给、需求和价格，所有各种生产要素的供给、需求和价格是相互依存、相互作用的。同局部均衡分析一样，一般均衡分析方法也是从微观经济主体的行为角度出发，来考察每一种产品和每一种要素的供给和需求同时达到均衡状态所需具备的条件，以及相应的均衡价格和均衡数量。

如果经济处于完全竞争状态，所有市场上的买者和卖者都是价格的接受者。当经济中出现一组价格（包括所有产品和要素的价格在内），能使所有消费者对商品的消费选择和生产者对投入-产出组合的选择都满足下列条件时，整个经济便达到一般均衡状态：第一，每一个消费者都在其既定的收入下达到了效用最大化；第二，每一个厂商都在其生产函数决定的投入-产出组合下达到了利润最大化；第三，所有市场同时出清，即各自的供求都相等；第四，每一个厂商都只获得正常利润，即经济利润为零。

2. 一般均衡理论

为了解释各类产品和要素价格相互影响的关系，经济学家提出了一般均衡理论。一般均衡理论解释的是各种价格是如何在一个相互影响的过程中被决定，从而使所有市场上的需求和供给在同一时间内达到均衡状态的。这种解释在理论上也就是说明市场经济怎样协调目标各异甚至冲突的个人行为，从而达到一个有效率的秩序状态。

一般均衡理论是对前面各章所述微观经济学分析的继续和深化，是对关于消费者均衡、生产者均衡和各个市场均衡的综合阐述。这种综合的着眼点是，各种不同的市场之间存在着内在的联系，所有影响各种市场供求关系的因素，都被连接在一个相互依存的系统之中。这个系统中任何一种商品或要素价格的变化，都会波及整个系统而对其他商品或要素的价格及供求产生广泛的影响，从而打破所有市场的均衡，进而引起一系列的调整，直至再次同时达到均衡。一般均衡理论的重点在于考察这种从不均衡走向均衡的运动过程。它所要回答的问题是：第一，每个人追求自身利益的结果能否保证厂商提供的所有商品都将被消费者所购买，亦即是否存在可以使市场经济实现全面均衡的一个价格体系；第二，如果每个人追求自己利益的结果会导致市场经济的全面均衡，那么这个均衡对社会来说是否也是最好的。

一般均衡理论强调各种市场之间的相互联系，这对于观察和研究市场经济中每一个市场和相关市场之间在价格、需求、供给方面的相互影响是很有意义的。更重要的是，一般均衡理论所研究的完全竞争市场的一般均衡的性质以及这种一般均衡的存在性、唯一性和稳定性，实际上是对亚当·斯密的“看不见的手”原理的严格表述和说明，是论证“看不见的手”原理的极为重要的环节。后面所要介绍的帕累托最优这一个概念，将给我们提供一个如何判定经济体系配置其资源的效率标准。根据这一判定标准，可以进一步说明，依赖于竞争性市场，经济体系会有效配置其资源。

不过，应当看到，一般均衡状态的实现有一系列条件需要满足。其中有两个十分重要的假定前提：一是完全竞争的假定；二是资源具有稀缺性的假定。前者至少在理论上保证了市场机制的充分作用，从而使一般均衡状态能够实现；后者则把资源的分配和经济效率问题引入经济活动之中，从而使一般均衡过程的研究具有了必要性。

二、瓦尔拉一般均衡理论

一般均衡理论是由法国经济学家瓦尔拉于 19 世纪 70 年代创立的。瓦尔拉认为，任何一种商品的价格都不能单独由其市场的供求关系决定，而必然受到其他市场供求关系的影响。只有将所有市场联系在一起考虑它们的价格决定，才能建立较完整的价格理论。他把所有市场供求都相等的经济状态称作“一般均衡”，并将所有市场的供求均衡等式组成一个庞大的方程组，然后求出所有商品的价格解。他第一个提出了一般均衡的数学模型，并试图解决一般均衡的存在性问题。此外，他还对一般均衡的唯一性、稳定性及最优性等问题也做过探索。

瓦尔拉一般均衡模型有三个基本的假设条件：其一，所有的商品市场和要素市场都是完全竞争的市场；其二，消费者偏好、技术状况和要素供给都是固定不变的，不存在技术进步，没有投资和负投资，也没有储蓄和负储蓄；其三，生产的规模收益不变。

（一）瓦尔拉一般均衡模型

瓦尔拉一般均衡模型把所描述的经济区分为两大部分：其一，供给生产要素而需求产品的家庭；其二，需求生产要素而供给产品的厂商。该模型还假设一个经济中有：

1，2，…，n 种商品；

1，2，…，m 种生产要素；

X_1，X_2，…，X_n 代表每种商品的数量；

P_1，P_2，…，P_n 代表每种商品的价格；

Q_1，Q_2，…，Q_m 代表每种生产要素的数量；

W_1，W_2，…，W_m 代表每种生产要素的价格。

瓦尔拉一般均衡模型由四组方程共同组成，其中两组需求方程（方程组 1 和方程组 2），两组供给方程（方程组 3 和方程组 4）。

1. 对商品（最终产品）的需求方程（一共有 n 个方程）

$$X_1=f_i\ (P_1, P_2, \cdots, P_n, W_1, W_2, \cdots, W_m)$$
$$X_2=f_2\ (P_1, P_2, \cdots, P_n; W_1, W_2, \cdots, W_m)$$
$$\cdots$$
$$X_n=f_n\ (P_1, P_2, \cdots, P_n; W_1, W_2, \cdots, W_m) \tag{11-1}$$

上列方程组假定，每个人对所有各种商品的嗜好（偏好）是已知和既定的，这就可以写出每个人对每种商品的需求方程，对每种商品的个人需求加总即构成对该商品的市场需求。上述方程组表示，社会对每一种商品的需求量不仅取决于该商品的价格还取决于其余所有各种商品的价格和各种生产要素的价格。假如其中某一种商品的价格（如 P_2）对该种商品（如商品 1）的需求不发生影响，则 P_2 的值为零。W_1，W_2，…，W_m 是生产要素的价格，因而代表生产要素所有者的收入，其表示人们对一种商品的需求还取决于人们的收入。

在局部均衡分析中，我们把商品的需求函数记为 $X=f\ (P)$ 时，实际上是假定影响人们对该商品的需求量的诸因素中，除该商品本身的价格以外，其他因素如消费者嗜好、其他商品的价格以及需求者的收入，都是已知和既定不变的，因而对该商品的需求数量及其变化唯一地取决于该商品的价格及其变化。

2. 对生产要素的需求（一共有 m 个方程）

$$Q_1= a_{11}X_1+a_{12}X_2+\cdots+a_{1n}X_n$$
$$Q_2=a_{21}X_1+a_{22}X_2+\cdots+a_{2n}X_n$$
$$\cdots$$
$$Q_m=a_{m1}X_1+a_{m2}X_2+\cdots+a_{mn}X_n \tag{11-2}$$

上列方程组假定：(1) 生产技术是既定不变的，即生产系数 a（亦称技术系数）是已知和固定不变的；(2) 规模报酬不变，意指投入要素增加几倍，产量也增加几倍。

a_{11} 表示生产一个单位的商品 1 所需耗用的要素 1 的数量，故 $a_{11}X_1$ 表示产出 X_1 耗用的要素 1 的数量；a_{12} 表示生产一个单位的商品 2 所需耗用的要素 1 的数量，故 $a_{12}X_2$ 表示产出 X_2 耗用的要素 1 的数量；其余以此类推。因此第一个方程表示生产出 X_1，X_2，…，X_n 等 n 种商品各一定数量所耗用的要素 1 的数量。

同理，$a_{21}X_1$ 表示生产 X_1 商品一定量所使用的要素 2 的数量；$a_{2n}X_n$ 表示生产商品 X_n 所耗用的要素 2 的数量。因此第 2 个方程表示生产出 X_1，X_2，…，X_n 等 n 种商品各一定量所耗用的要素 2 的数量。

最后一个方程表示生产出 X_1，X_2，…，X_n 等 n 种商品各一定量所耗用的资源 m 的数量。

如果把方程式右边代表厂商对要素的需求，方程式左边的 Q_1，Q_2，…，Q_m 代表每种生产资源的供给，每个方程式表示该要素的供求平衡。这里实际上假定每种要素都被使用，即不存在失业和资源闲置的情况。

上列方程组的每一横行实际上表示所有产品对某一种生产要素的需求和供给的平衡。每一纵列表示每种产品所耗用的各种生产要素，假如某种产品没有使用某一生产要素则其生产系数的值为零。

3. 对产品的供给方程（一共有 n 个方程）

对产品的供给方程也被称为成本方程，成本之中包括正常利润。

$$P_1=a_{11}W_1+a_{21}W_2+\cdots+a_{m1}W_m$$
$$P_2=a_{12}W_1+a_{22}W_2+\cdots+a_{m2}W_m$$
$$\cdots$$
$$P_n=a_{1n}W_1+a_{2n}W_2+\cdots+a_{mn}W_m \tag{11-3}$$

上列第一方程式的右边表示生产出一个单位的商品 1 的所费成本。这是因为 a_{11} 表示生产一个单位的商品 1 所耗费要素 1 的数量，故 $a_{11}W_1$ 表示生产一个单位商品 1 在要素 1 方面的所费成本。$a_{21}W_2$ 和 $a_{m1}W_m$ 分别表示生产一个单位的商品 1 在要素 2 和要素 m 方面的所费成本。

同理，第二个方程的右边表示生产出一个单位的商品 2 的所费成本。最后一个方程右边表示生产出一个单位的商品 n 的所费成本。

由于假定产品市场是完全竞争，因而长期均衡的产品价格（P_1，P_2，…，P_n）等于各种产品每一个单位的成本。所以 P_1，P_2，…，P_n 实际上是表示每种产品的均衡价格。

4. 生产要素的供给方程（一共有 m 个方程）

这里假定，任何一种生产要素的供给决定于该要素的价格、其他要素的价格和各种商品的价格，记为下列方程组：

$$Q_1=g_1(P_1, P_2, \cdots, P_n; W_1, W_2, \cdots, W_m)$$
$$Q_2=g_2(P_1, P_2, \cdots, P_n; W_1, W_2, \cdots, W_m)$$
$$\cdots$$
$$Q_m=g_m(P_1, P_2, \cdots, P_n; W_1, W_2, \cdots, W_m) \tag{11-4}$$

（二）瓦尔拉一般均衡的存在性

要使整个经济体系处于一般均衡状态，就必须使所有的商品市场和要素市场的供求关系都同时达到均衡。现在的问题是，是否存在一组包括所有的商品和要素的价格体系，使上述的四个方程组同时成立。

以上共四组方程合计为（$2n+2m$）个方程。方程式的未知数也是 $2n+2m$ 个（n 种商品的数量和 n 种商品的价格，m 种要素的数量和 m 种要素的价格）。但是在这（$2n+2m$）个方程中，相互独立的方程只有（$2n+2m-1$）个。为什么是这样？原因有两点。首先，我们假定，生产要素所有者的收入全部用来购买产品，即要素收入等于产品销售价值。其次，对产品的需求方程组（第 1 组方程，共有 n 个方程）的 X_1，X_2，…，X_n 乘各自的价格，再加总求和：$X_1P_1+X_2P_2+\cdots+X_nP_n$，即是全部产品的销售价值。而对生产要素的需求方程组（第 2 组的 m 个方程）的 Q_1，Q_2，…，Q_m 乘各自的价格相加即是所有要素的收入。所以

$$Q_1W_1+Q_2W_2+\cdots+Q_mW_m=X_1P_1+X_2P_2+\cdots+X_nP_n \tag{11-5}$$

式（11-5）意味着，当它左边的 m 个方程之和（所有各要素收入之和）为已知时，上式右边的 n 个方程之和（所有产品销售价值之和）也为已知，因而其中必然有一个方程可以从其余的（$n-1$）个方程中得出来。也就是说，第 1 组的 n 个方程中只有（$n-1$）个方程是独立的。

这样，在上列四组一共有（$2n+2m$）个方程中，只有（$2n+2m-1$）个相互独立的方程。但在（$2n+2m$）个未知数中，把任何一种商品如商品 1 的价格作为货币单位（一般等价物），因而用一般等价物表达的所有产品价格和所有要素价格实际上只有（$n+m-1$）个，未知数的数目也减少一个。由于未知数的数目和相互独立的方程式的数目相同，满足了方程组有解的必要条件，即可以解出 n 个商品的供求平衡时的数量，m 个生产要素的供求平衡时的数量，m 个用一般等价物表达的要素的均衡价格，以及（$n-1$）个用一般等价物表达的商品的均衡价格，合起来一共有（$2n+2m-1$）个未知数。

（三）一般均衡的“试探过程”

即使确实存在一般均衡状态，即存在一组能使每一个市场的供求相等的价格，也还有一个问题需要回答：实际的经济体系是否会达到这个一般均衡状态？

如果现行价格恰好为均衡价格，使所有市场都达到供求一致，则在这种情况下，实际经济体系当然就处于一般均衡状态上。但是，如果现行价格并不等于均衡值，实际的交易可能会发生在“错误”的价格水平上。一旦发生错误的交易，则瓦尔拉的一般均衡体系未必能成立。

为了避免上述问题，瓦尔拉假定，在市场上存在一位“拍卖人”。这个拍卖人的任务是寻找并确定能使市场供求一致的均衡价格。他寻找均衡价格的方法如下：他随意报出一组价格，家庭和厂商根据该价格申报自己的需求和供给。如果所有市场供求均一致，则他就将该组价格固定下来，家庭和厂商就在此组价格上成交；如果供求不一致，则家庭和厂商可以抽回自己的申报，而不必在错误的价格上进行交易，拍卖者则修正自己的价格，报出另一组价格。改变价格的具体做法是：当某个市场的需求大于供给时，就提高该市场的价格；反之，则降低其价格。这就可以保证新的价格比原先的价格更加接近于均衡价格。如果新报出的价格仍然不是均衡价格，则重复上述过程，直到找到均衡价格为止。这就是瓦尔拉体系中达到均衡的“试探过程”。

（四）瓦尔拉一般均衡模型的得失及发展

瓦尔拉是最早充分认识到一般均衡问题重要性的经济学家。他首次提出了一般均衡的数学模型

并探讨了一般均衡的存在性、唯一性、稳定性等问题。亚当·斯密提出，个人追求自身利益的行为会自发地产生出最有利于社会利益增进的结果。瓦尔拉则以数学方法说明了其原因，以及这种自发机制是如何产生的。他把“看不见的手”解释为价格体系，把社会利益解释为供求平衡和与此相连的一种内在经济秩序，在此基础上以数学形式表述了市场的一般均衡。可以说，正是瓦尔拉发现了如何分析作为整体的市场经济的均衡——一种全部生产要素和商品市场同时实现均衡的一般均衡理论。

尽管瓦尔拉最早认识到一般均衡问题的重要性，但他关于一般均衡存在性的证明却存在着明显的错误。瓦尔拉证明一般均衡存在的基本逻辑是计算方程的数目和未知数的数目。由于所有市场的供给和需求都相等的均衡条件中，独立的方程数目与变量数目相等，因此瓦尔拉认为一般均衡的存在是有保证的。但这种论证逻辑显然有误。此外，即使方程组有解，所得解也不一定有经济意义。在许多情况下，负数是没有经济意义的，如价格就不能为负数。

在瓦尔拉以后，希克斯、纽曼、阿罗、德布普、麦肯齐等许多西方经济学家对一般均衡理论做了改进和发展。这些经济学家改正了瓦尔拉的错误，并且在相当严格的假定条件下证明：一般均衡论的体系可以有解，而且均衡可以处于稳定状态。

第二节 福利经济学

福利经济学是对经济体系的运行进行评价，以期改善社会福利的经济学说。它通常被看作“规范经济学”的典型代表。它从微观经济主体（单个的消费者、生产者和市场）相互联系的角度出发，来考察一个社会全体成员的社会福利问题。具体来说，从生产资源之有效率的配置和国民收入在社会成员之间的分配这两个方面，来研究一个国家实现最大的社会经济福利所需具备的条件，以及国家为了增进社会福利而应采取的政策措施。由于福利经济学的内容是以实证经济学的研究为基础的，并在确立一种检验社会福利大小的标准的前提下，就某一种经济状态或一种经济措施对社会福利的影响是“好”（增进福利）还是“坏”（减损福利），从而是否“应该”采用某种行动，提出确切的看法，因此福利经济学被认为是一门规范学科，以区别于像自然科学那样的纯实证科学。

一、庇古的旧福利经济学

对社会福利这个课题建立起一套完整的理论和政策体系，使福利经济学成为一门经济学分支科学，并在其后的西方经济学中产生重大影响的，是英国经济学家庇古。现代西方学者称庇古的福利经济学为旧福利经济学。继 1912 年出版了《财富与福利》一书后，经过补充扩展，庇古于 1920 年又出版了《福利经济学》这部著作。庇古指出，所谓福利指的是一个人获得的效用或感受到的满足。他把福利分为两类。一类是广义的福利，即社会福利。社会福利包括广泛的内容，诸如自由、公正、安全、友谊、家庭幸福等。另一类是狭义的福利，即经济福利。经济福利对于社会福利具有决定性的影响，福利经济学主要研究经济福利。庇古认为，广义的福利是难以计量的，从而也是难以研究的，而狭义的福利可以用货币来计量。在庇古看来，狭义的福利，即经济福利，是由效用构成的，效用意味着满足，人们追求的是最大限度的满足，亦即最大限度的效用，而效用则可以用货币来计量，这样经济福利就可以通过对效用的计量而被计算出来。

庇古的福利经济学是建立在基数效用论基础上的，它包含两个基本福利命题。

第一，国民收入总量越大，经济福利就越大。庇古认为，一国的经济福利可以用国民收入的多少来表示。换句话说，国民收入是一国的经济福利的同义语。一国的国民收入量越大，则其经济福利越大。经济福利的增加表现为国民收入量的增加。庇古指出，为了使既定的生产资源总量生产出来的国民收入达到极大值，这些生产资源必须合理地分配使用于各个经济部门，实现生产资源的最适度配置。

第二，国民收入分配越是均等化，社会经济福利就越大。庇古认为，一国的经济福利是国民中每个人的经济福利的总和，而每个人的经济福利由他所得到的物品的效用构成。根据边际效用递减学说，货币对于不同收入的人有不同的效用，货币收入越多则货币的边际效用越少。例如，穷人手上一元钱的效用比富人手上一元钱的效用大。这样，如果把富人的一部分货币收入转移给穷人，将会增加效用，从而增加一国的经济福利。

为了把一种经济行动对私人和社会可能产生的不同影响区分开来，庇古提出了“边际私人纯产品”和“边际社会纯产品”这两个概念。他说，一种经济活动给个人带来的利益，同给社会带来的利益有时可能是不同的。这是因为，在财产私有和经济自由的社会，人们所关心的只是他自己的货币收入，而从社会来看，一种经济活动对社会提供的好处，可能与私人所得好处并不一样。庇古把生产者个人从追加一个单位的投资获得的纯产品叫作边际私人纯产品。而从整个社会来看，该投资给社会带来的纯产品叫作边际社会纯产品，它包括投资者个人所获得的边际私人纯产品和该投资给社会带来的其他利益和损失。

庇古指出，生产资源实现最适度配置所需具备的条件是：任何一种生产资源在其所有各种用途之最后那个单位提供的社会纯产品（边际社会纯产品）处处相等。庇古指出，在完全竞争均衡条件下，资本家每一个单位资本在任何一种营业中的边际私人纯产品都是相等的。因此，如果假定边际私人纯产品总是等于边际社会纯产品，则完全竞争条件下的均衡国民收入将可以实现生产资源的最适度配置。

但是，庇古还指出，某些投资的边际私人纯产品与边际社会纯产品并不一致。在这种情况下，通过国家干预，主要是采取课税的办法来抑制边际私人纯产品超过边际社会纯产品，用补贴办法来促进边际社会纯产品大于边际私人纯产品的投资，就可以使既定的生产资源提供更多的社会经济福利。此外，庇古还提出，在不损害国民收入总量的前提下，征收累进所得税和遗产税，改进社会文教卫生事业，以及采取社会保险、社会救济等保障措施，也是增加社会经济福利的一个途径。

庇古创立福利经济学，提出社会福利和经济福利的概念，研究经济福利的衡量标准和增进经济福利的途径，这在理论上和实践上都具有重大意义。但是，庇古的福利经济学也带有难以克服的矛盾。首先，庇古的福利经济学是建立在基数效用论的基础上的，而效用实际上带有很大的主观性，到现在为止仍很难用基数计量；其次，庇古根据自己的福利经济学理论而提出的资源最优配置和收入再分配的主张，忽略了理论与实践的距离，既没有充分考虑现实中资源配置机制的缺陷，也没有研究收入均等化的社会经济代价。例如，就收入均等化这个问题来说，暂且撇开收入均等化在私有制市场经济中之不可能，它还必然要求在社会经济上作出巨大牺牲，包括由于丧失经济动力而使人们失去经济活动的积极性和创造性，由于缺乏效率而造成资源浪费等。这样，收入均等化最终往往不是增进国民的福利，而是减少国民的福利。

二、现代福利经济理论

（一）补偿原则论理论

补偿原则理论认为，虽然经济的每一种变动和进步对不同的人有不同的利害关系，但可以采取必要的经济政策，如税收政策或价格政策，由受益者从新增的收益中拿出一部分，支付给受害者作为补偿金，使后者能够保持原有的经济地位，这样前者变好了，后者维持原状，社会福利得到了增长，由此就可以认为，这一经济变革是值得肯定的。如果得不偿失，即受益者所得补偿不了受害者所失，或者等于所失，受益者在向受害者补偿之后自己没有剩余，那么这种变动就是不足取的。

希克斯进一步指出，不必要求每一次经济变动之后受益者都向受害者作出补偿，这一次变动中的受益者可能在下一次经济变动中成为受害者，反之这次的受害者下次则可能成为受益者。从长期来看，彼此可以互相抵消，所以补偿不必实际进行，只要假定受害终会得到补偿就可以了。只要一个社会的经济活动是以追求效率为导向的，国民收入就会是不断增长的，在经过一段相当长的时间后，几乎所有人的境况都会好起来，只不过有先有后，有快有慢而已。希克斯的这一论证补充，又被称为“假定补偿论”。

（二）社会福利函数理论

社会福利函数理论的主要代表是伯格森和萨缪尔森。这种理论认为，帕累托提出的生产和交换的最优条件只是达到最大福利的必要条件，而不是充分条件，因为在不同的收入分配情况下，都可以使生产和交换的最优条件得到满足，从而可能存在许多种最大的福利，而不是仅有一个“最大福利”。因此，要达到“最大福利”，必须满足充分条件，这就是要做到收入分配的合理化。

社会福利函数指的是，社会福利是社会所有个人购买的商品和提供的要素以及其他有关变量的函数，也就是说，社会福利的数值取决于影响福利的所有变量。这种社会福利函数是社会所有个人的效用水平的函数。社会福利函数可表示为

$$W=W(U_1, U_2, \cdots, U_n) \tag{11-6}$$

式（11-6）中，W 表示社会福利；U_1 表示第一个人的效用水平指标；U_2 表示第二个人的效用水平指标；U_n 表示第 n 个人的效用水平指标。

社会有许许多多的个人，因而有许许多多的个人效用水平指标。为简化起见，假定社会只由 A、B 两个人组成。在这个由 A、B 两个人组成的社会中，社会福利函数是

$$W=W(U_A, U_B) \tag{11-7}$$

社会福利函数理论的政策含义在于：由于个人的自由选择是决定个人福利最大化的重要条件，而社会福利又总是随着个人福利的增减而增减的，因而要促使社会福利的最大化，政府应当保证个

人自由选择的可能性，而不应限制这种自由选择；同时，要促使社会福利最大化，还应当以“合理”的收入分配作为前提，这种“合理”的收入分配由某种道德观念来确定，它并不是指收入分配的均等化。

三、福利经济政策

（一）福利经济学对“福利国家”政策的影响

“福利国家论”的思想来源虽然很庞杂，但总的来说，福利经济学的一些论点是“福利国家论”的重要依据，而推行“福利国家”政策则又是福利经济学政策主张的重要组成部分，这就是“福利国家论”与西方福利经济学之间的关系。

1. 混合经济学论

要推行“福利国家”，是离不开政府的调节干预的。福利经济学从追求社会福利最大化的要求出发，提出了政府干预的主张，这种干预包括对社会资源配置的调节和对收入的调节。私营经济和国家干预相互协调，既保证了私人福利的最大化，也保证了社会福利的最大化。所以，“混合经济”被认为具有很大优越性，是“福利国家”的一项重要内容，甚至可以说是推行“福利国家”的保证。因此也有人把这两者等同起来 ，如萨缪尔森曾说：“现代混合经济有时被称为‘福利国家’。”

2. 收入均等化

收入均等化被视为“福利国家”的重要标志，收入均等化所奉行的伦理原则就是要使社会上的大多数人广泛地分享经济进步的成果。它直接针对的目标就是消除贫困状况的存在，缓解或抑制市场机制所造成的贫富过分悬殊的矛盾。在政策上主要有两条：一是实行个人所得累进税制，即对个人收入划分征税档次，高收入实行高税率，低收入实行低税率，以此缩小收入差距；二是实行转移支付，即由政府对个人收入实行二次分配，把从高收入者手中征收的收入，通过补贴、救济、福利等方式转移给低收入或无收入者，改进这些人的收入状况和生活状况。

3. 社会安全网

这一条也是针对市场机制而言的。市场竞争是无情的，它总会产生失败者，这些失败者要重新获得参与竞争的能力和资格要面临重重困难，甚至连生活也失去保障。他们认为，通过这些政策就可以稳定社会，安抚人心，缓和市场机制的副作用。

第二次世界大战后，在西欧、北欧一些资本主义发达国家，建立“福利国家”成为普遍的潮流，其原因主要有以下几点。

第一，凯恩斯主义的盛行和国家垄断资本主义的发展。第二次世界大战后，许多资本主义国家把凯恩斯主义长期奉为国策。凯恩斯主义强调要刺激有效需求，增加社会福利支出就是扩大政府支出，从而增加社会有效需求的主要手段。同时，随着资本主义国家大大加强了政府对整个社会经济生活的干预调节，其干预调节的范围也扩大到国民收入再分配的领域，推行一整套的福利制度就是其表现形式之一。

第二，经济的发展为“福利国家”的建立提供了物质基础。

第三，社会民主思潮的影响。第二次世界大战后，社会民主党成为西欧、北欧较大的政治力量，尤其是在北欧一些国家，社会民主党长期执政，社会民主思潮影响较大，要求社会进步、经济平等、劳动者分享的呼声强烈，且大多变为政策导向，推动了“福利国家”的形成。

（二）福利经济政策分析

1. 福利经济政策的内容及具体做法

各国福利经济政策的内容及其具体做法不尽一致，但总体来讲大致包括以下几个方面。

（1）社会保障。其中包括国民保险、工伤津贴、病残人津贴、失业津贴、退休金、产妇津贴、儿童津贴、家庭收入津贴、附加津贴、战争抚恤金等。实行社会保障，采取事先缴纳保险费，当因失业、退休等原因使家庭收入受到损失时则获得相应津贴。

（2）国民保健服务。其基本原则是，在免费或支付较低费用的前提下，使社会成员尽可能方便地得到医疗保健服务。

（3）个人社会服务。对于老人、残疾人、失去正常照顾的儿童、精神病患者、有智力缺陷的人等生活难以自理的社会成员，由社会服务部门负责组织所属机构及其他社会团体予以照料，经费来自政府财政拨款及社会捐助。

（4）免费教育。在公立学校学习一般不付学费，书和设备也往往是免费的，对于就读、升学及成人教育、职业培训等还有一些津贴、资助或优惠措施。

（5）劳动者保护。如工作时间的限制、法定带薪假期、妇女就业保护、最低工资标准、法定就业年龄等规章制度，旨在维护劳动者正当的人身权利。

实行“福利国家”，需要支付很大一笔费用。这些费用的来源主要有两个。一个来源是各种国民保险费。国民保险费一般由工人和企业共同负担，这部分费用占了主要来源的大部分。另一个来源是政府财政部拨款。这部分拨款主要用税收支持，而税收的主要部分是个人所得税，所以高福利是以高税收为前提的。

推行“福利国家”，对社会经济生活及人的观念都产生了广泛而深刻的影响。最突出的积极作用就是，使社会成员的物质生活普遍有所改善，基本生活水平获得一定程度的社会保障，缓解了贫富之间的尖锐对立，在人道主义、社会公正等反映社会进步的价值观念指标方面，取得了可观的进展。

2. 推行“福利国家”产生的消极影响

（1）福利开支占政府开支的比重不断增大，占国民收入的比例也不断增大，日益成为政府和社会经济的包袱。失业人数的增加，老年人在人口中比例的上升，使福利享受者越来越多，而纳税者则越来越少；社会福利部门机构庞杂、臃肿，管理费用高，办事效率低等，都使得维持“福利国家”成为沉重负荷。

（2）巨大的福利开支削减了扩大再生产的物质基础。巨大的福利开支必然在客观上形成与经济发展争夺资金的局面。在经济迅速增长时期，社会福利还能从经济增长中得到补偿。可进入 20 世纪 70 年代以后，资本主义国家长期陷入经济低速增长甚至停滞的境地，福利开支却有增无减，直接影响着投资的增加。

（3）高福利政策和福利实施的平均化，使社会形成一种观念，即不干或少干工作都可以照样生活，因而出现了依靠社会和政府吃“大锅饭”的现象。同时因税负过重，尤其对于高收入者实行累进所得税制，也使人们追求更高收入而创业和工作的积极性受到影响。

现在，改革“福利国家”的呼声日益增高。改革的要求主要集中在两个方面：一是观念上，要求强调效率优先，减少政府干预，恢复市场经济固有的竞争活力；二是具体的改革方向以扩大企业的负担为主，如退休金、失业津贴改由企业负责制，增加医疗费用中由企业负担的比重等。

第三节　帕累托最优理论

19 世纪末 20 世纪初，产生了以意大利经济学家帕累托为代表人物的新福利经济学。帕累托在序数效用论基础上，避开收入分配问题，以效率作为社会福利的判断标准。

一、帕累托最优状态

帕累托最优状态是帕累托提出来的，他在此基础上建立了新福利经济学。帕累托认为，在分配标准既定时，现状的改变如果使每个人的福利都增进了，这种改变就有利；如果使每个人的福利都减少了，这种改变就不利；如果使一些人福利增进而使另一些人的福利减少，那么对整个社会来说，就不能认为这种改变有利。帕累托最优状态又叫帕累托标准，它实际上是指这样一种状态：任何改变都不可能使一个人的境况变好而又不使别人的境况变坏。换言之，如果一种状态的改变有可能使一个人的境况变好而又不使别人的境况变坏，这种状态就不是帕累托最优状态。

帕累托最优状态实际上是把国民收入的分配作为既定的前提，来考察生产资源的最优配置。这种理论通过对效用序数和最优条件的论述，保存了庇古福利经济学中资源有效配置的理论和政策建议，并对之做了较大的补充和修正，而摒弃了庇古关于“收入均等化”的理论和政策建议。因而，帕累托最优状态作为检验社会经济福利的一种标准，把影响社会经济福利的收入分配这个因素抽象掉，单纯从资源配置效率这个因素来论证社会经济福利极大化。

西方经济学所说的最有经济效率的状态与帕累托最优状态是同义语。如果产品在消费者之间的分配已经达到这样一种状态，即任何重新分配都会至少降低一个消费者的满足水平，那么这种状态就是最有效率的状态；如果要素在厂商之间或厂商内部的配置已经达到这样一种状态，即任何重新配置都会至少降低一个厂商或一种产品的产量，那么这种状态就是最有效率的状态。

二、帕累托最优条件

现在我们来论述达到帕累托最优状态所必须满足的条件。这些条件被称为帕累托最优条件。它包括交换上的最优条件、生产上的最优条件以及交换和生产上的最优条件。

（一）交换上的帕累托最优条件

我们下面来研究两种既定数量的产品在两个消费者之间的分配，然后将所得的结论推广到一般情况。

假定两种产品分别为 X 和 Y，其既定数量为 Q_x 和 Q_y。两个消费者分别为 A 和 B。下面用埃奇沃斯盒状图来分析这两种产品在两个消费者之间的分配。这种盒状图是由英国经济学家埃奇沃斯首先建立起来的，如图 11-1 所示。

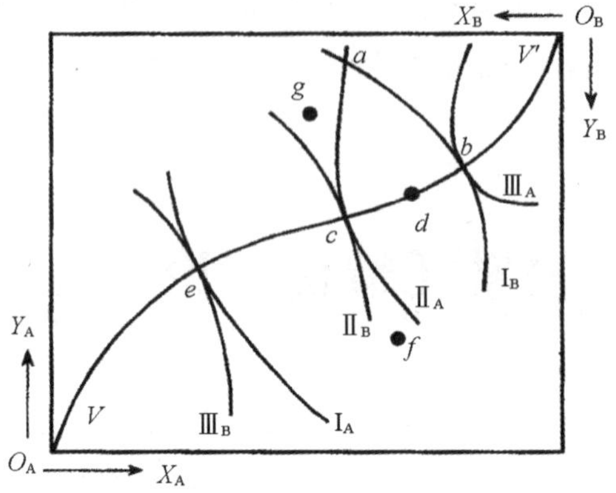

图 11-1　交换上的帕累托最优

盒子的水平长度表示整个经济中第一种产品 X 的数量 Q_x，盒子的垂直高度表示第二种产品 Y 的数量 Q_y。O_A 为第一个消费者 A 的原点，O_B 为第二个消费者 B 的原点。从 O_A 水平向右测量消费者 A 对第一种商品 X 的消费量 X_A，垂直向上测量他对第二种商品 Y 的消费量 Y_A；从 O_B 水平向左测量消费者 B 对第一种商品 X 的消费量 X_B，垂直向下测量他对第二种商品 Y 的消费量 Y_B。现在考虑盒中的任意一点，如 a 点，a 对应于消费者 A 的消费量（X_A，Y_A）和消费者 B 的消费量（X_B，Y_B）。这样。下式可以成立：

$$X_A + X_B = Q_x \tag{11-8}$$

$$Y_A + Y_B = Q_y \tag{11-9}$$

换句话说，盒中任意一点确定了一套数量，表示每一个消费者对每一种商品的消费，而且使上式成立。因此，盒子（包括边界）确定了两种商品在两个消费者之间所有可能的分配情况。特别是，在盒子的垂直边上的任意一点，表明某个消费者不消费 X；盒子的水平边上的任意一点，表明某个消费者不消费 Y。

那么，在埃奇沃斯盒状图中的全部可能的产品分配状态之中，哪一些符合帕累托最优状态呢？为了分析这一点，需要在埃奇沃斯盒状图中加入消费者偏好的信息，即加入每个消费者的无差异曲线。一方面，由于 O_A 是消费者 A 的原点，因此消费者 A 的无差异曲线向右下方倾斜且向 O_A 点凸出。图 11-1 中Ⅰ$_A$、Ⅱ$_A$ 和 Ⅲ$_A$ 是消费者 A 的三条代表性无差异曲线。其中，Ⅲ$_A$ 代表较高的效用水平，而Ⅰ$_A$代表较低的效用水平。一般来说，无差异曲线从 O_A 点向右移动，标志着消费者 A 的效用水平增加。另一方面，由于 O_B 是消费者 B 的原点，因此消费者 B 的无差异曲线向右下方倾斜，且向 O_B 点凸出。图中，Ⅰ$_B$、Ⅱ$_B$ 和 Ⅲ$_B$ 是消费者 B 的三条代表性无差异曲线。其中，Ⅲ$_B$ 代表较高的效用水平，而Ⅰ$_B$ 代表较低的效用水平。一般来说，无差异曲线从 O_B 点向左移动，标志着消费者 B 的效用水平增加。

现在埃奇沃斯盒状图中任选一点表示两种商品在两个消费者之间的一个初始分配。例如，选择点 a，由于假定效用函数是连续的，所以点 a 必然处于消费者 A 的某条无差异曲线上，同时也处于消费者 B 的某条无差异曲线上，即消费者 A 和消费者 B 分别有一条无差异曲线经过 a 点。因此两条无差异曲线或者在 a 点相交或者在 a 点相切。假定两条无差异曲线在 a 点相交（如图 11-1 所示，点 a 是无差异曲线 II_A 和 I_B 的交点）。可以看出，a 点不可能是帕累托最优状态。这是因为，通过改变该初始分配状态，如从 a 点变动到 b 点，则消费者 A 的效用水平从无差异曲线 II_A 提高到 III_A，而消费者 B 的效用水平并未变化，仍然停留在无差异曲线 I_B 上。因此，在点 a 仍然存在帕累托改进的余地。当然，在点 a 还存在其他形式的帕累托改进。例如，从 a 点变动到 c 点，则消费者 A 的效用水平不变，它仍然在无差异曲线 II_A 上，但消费者 B 的效用水平却得到了提高，从无差异曲线 I_B 提高到 II_B。而如果让 a 点变动到 d 点，则消费者 A 和消费者 B 的效用水平均会提高。由此得到结论。在交换的埃奇沃斯盒状图中任意一点，如果它处在消费者 A 和消费者 B 的两条无差异曲线的交点上，则它就不是帕累托最优状态。因为在这种情况下，总存在帕累托改进的余地，即总可以改变该状态，使至少有一个人的状况变好而没有人的状况变坏。

如果假定初始的产品分配状态处于两条无差异曲线的切点，如点 c 上，则容易看出，此时不存在任何帕累托改进的余地，即它为帕累托最优状态。改变 c 点状态只有如下几种可能：向右上方移到消费者 A 较高的无差异曲线上，则消费者 A 的效用水平提高了，但消费者 B 的效用水平却下降了；向左下方移到消费者 B 的较高的无差异曲线上，则消费者 B 的效用水平提高了，但消费者 A 的效用水平却下降了；剩下来的唯一一种可能则是消费者 A 和消费者 B 的效用水平都降低，如从 c 点移到 g 点或 f 点都属此种情况。由此可得结论：在交换的埃奇沃斯盒状图中，任意一点如果处在消费者 A 和消费者 B 的两条无差异曲线的切点上，则它就是帕累托最优状态，并称之为交换的帕累托最优状态。在这种情况下。不存在有帕累托改进的余地，即任何改变都不能使至少一个人的状况变好而没有人的状况变坏。

无差异曲线的切点不只是点 c 一个。点 b 和点 e 以及其他许多未在图 11-1 中画出的点也都是无差异曲线的切点，从而都代表帕累托最优状态。所有无差异曲线的切点的轨迹构成曲线 VV'，叫作交换的契约曲线（或效率曲线），它表示两种产品在两个消费者之间的所有最优分配（帕累托最优状态）的集合。

应当指出，在交换的帕累托最优集合，即在交换的契约曲线 VV' 上，两个消费者的福利分配具有不同的情况。当我们沿着 VV' 曲线从 e 点移到 c 点时，消费者 A 通过牺牲消费者 B 的利益而好起来，反之亦然。根据帕累托标准，我们不能说 VV' 曲线上的任何点比曲线上的其他点要好一些。例如，我们不能说点 c 比点 e 代表更好的分配。根据帕累托标准，它们是不可比较的，因为从点 e 移到点 c（或者相反）使一个人的状况变好，却使另一个人的状况变坏。我们所能够说的仅仅是，给定任何不在曲线 VV' 上的点，总存在比它更好的点，而这些点在曲线 VV' 上。

如果社会具有明显的关于福利分配的偏好，例如假设经济处于点 e，而社会宁愿以牺牲消费者 B 的利益使消费者 A 更好一些，比如宁愿要点 c 而非点 e，则根据这个分配偏好，社会将使分配沿着曲线 VV' 从点 e 移到点 c。这是从帕累托最优状态集合中，根据社会的分配偏好选择其中的某些状态。

从交换的帕累托最优状态可以得到交换的帕累托最优条件。交换的帕累托最优状态是无差异曲线的切点，而无差异曲线的切点的条件是在该点上两条无差异曲线的斜率相等。无差异曲线的斜率的绝对值又叫作两种商品的边际替代率，即商品 X 代替商品 Y 的边际替代率。因此，交换的帕累托最优状态的条件可以用边际替代率的术语来表示：要使两种商品 X 和 Y 在两个消费者 A 和消费者 B 之间的分配达到帕累托最优状态，则对于这两个消费者来说，两种商品的边际替代率必须相等。假设对于消费者 A 和消费者 B 来说，X 代替 Y 的边际替代率分别用 $(RCS_{XY})_A$ 和 $(RCS_{XY})_B$ 来表示，则交换的帕累托最优状态条件的公式为

$$(RCS_{XY})_A = (RCS_{XY})_B \tag{11-10}$$

为了说明上面的边际条件，下面举一个例子来帮助加深理解。假定在初始的分配中，消费者 A 的边际替代率 $(RCS_{XY})_A$ 等于 3，消费者 B 的边际替代率 $(RCS_{XY})_B$ 等于 5。这意味着，一方面，消费者 A 愿意放弃 1 单位的 X 来交换不少于 3 单位的 Y。因此，消费者 A 若能用 1 单位 X 交换到 3 单位以上的 Y 就增加了自己的福利。另一方面，消费者 B 愿意放弃不多于 5 单位的 Y 来交换 1 单位的 X。因此，消费者 B 若能用 5 单位以下的 Y 交换到 1 单位的 X 就增进了自己的福利。由此可见，如果消费者 A 用 1 单位 X 交换 4 单位的 Y，而消费者 B 用 4 单位 Y 交换 1 单位 X，则他们两个人的福利都得到了提高。只要两个消费者的边际替代率不相等，上述这种重新分配（使某些消费者好起来而不使其他消费者坏下去）就总是可能的，就总存在有帕累托改进的余地。换句话说，当边际替代率不相等时，产品的分配未达到帕累托最优。

（二）生产上的帕累托最优条件

这里所要进行的讨论与上面非常相似。上面所说的交换的帕累托最优研究了两种既定数量的产品在两个消费者之间的分配情况，而生产的帕累托最优则要研究两种既定数量的要素在两个生产者之间的分配情况。假定这两种要素分别为 L 和 K，其既定数量为 Q_L 和 Q_K，两个生产者分别为生产者 C 和生产者 D。于是要素 L 和 K 在生产者 C 和生产者 D 之间的分配状况亦可以用埃奇沃斯盒状图来表示，如图 11-2 所示。

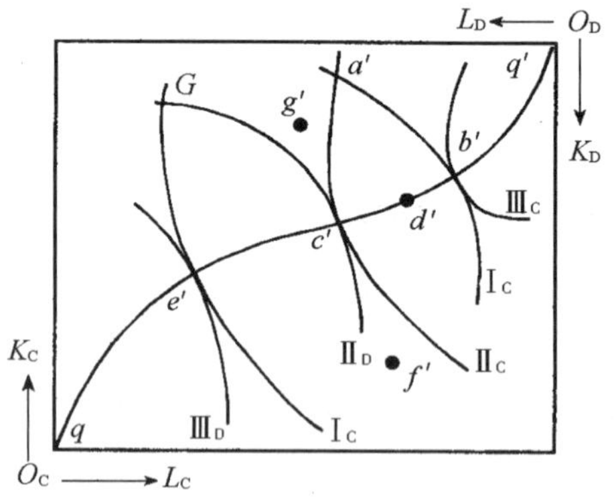

图 11-2　生产上的帕累托最优

盒子的水平长度表示整个经济中第一种要素 L 的数量 Q_L，盒子的垂直高度表示第二种要素 K 的数量 Q_K。O_C 为第一个生产者 C 的原点，O_D 为第二个生产者 D 的原点。从 O_C 水平向右测量生产者 C 对第一种要素 L 的使用量 L_C，垂直向上测量他对第二种要素 K 的使用量 K_C；从 O_D 水平向左测量生产者 D 对第一种要素 L 的使用量 L_D，垂直向下测量他对第二种要素 K 的使用量 K_D。

考虑盒中任意一点，如点 a'。点 a' 对应于生产者 C 的要素需求（L_C，K_C）和生产者 D 的要素

需求（L_D，K_D）。很明显，下式成立：

$$L_C + L_D = Q_L \tag{11-11}$$

$$K_C + K_D = Q_K \tag{11-12}$$

即盒中任意一点确定了两种要素在两个生产者之间的分配情况。

在埃奇沃斯盒状图中的全部可能的要素分配状态中，哪一些是帕累托最优状态呢？为此，在盒中加入每个生产者的生产函数的信息，即各自的等产量线。一方面，由于 O_C 是生产者 C 的原点，因此生产者 C 的等产量线如 I_C、II_C 和 III_C 所示。其中，III_C 代表较高的产量水平，I_C 代表较低的产量水平。一般来说，从 O_C 点向右移动，标志着生产者 C 的产量水平增加。另一方面，由于 O_D 是生产者 D 的原点，因此生产者 D 的等产量线如 I_D、II_D 和 III_D 所示。其中，III_D 代表较高的产量水平，I_D 代表较低的产量水平。一般来说，从 O_D 点向左移动，标志着生产者 D 的产量水平增加。

现在埃奇沃斯盒状图中任选一点，如点 a'。由于假定生产函数是连续的，因此点 a' 是等产量线的交点（如图 11-2 所示，点 a' 是等产量线 II_C 和 I_D 的交点）。容易看出，a' 点不可能是帕累托最优状态。这是因为，通过改变该资源的初始分配状态，如让 a' 点变动到 b' 点，则生产者 C 的产量水平从等产量线 II_C 提高到 III_C，而生产者 D 的产量水平并未变化，仍然停留在等产量线 I_D 上。因此，在点 a' 上仍然存在帕累托改进的余地。此外，让 a' 点变动到 c' 点，则生产者 C 的产量未提高，但生产者 D 的产量却提高了。如果让 a' 点变动到 d' 点，则生产者 C 和生产者 D 的产量均会提高。由此得到结论：在生产的埃奇沃斯盒状图中，任意一点如果处在生产者 C 和生产者 D 的两条等产量线的交点上，则它就不是帕累托最优状态。

如果假定初始的要素分配状态处于两条等产量线的切点如点 c'，则容易看出，此时不存在任何帕累托改进的余地，即它们均为帕累托最优状态。改变点 c' 状态只有如下几种可能；向右上方移到生产者 C 较高的等产量线上，则生产者 D 的产量会下降；向左下方移到生产者 D 较高的等产量线上，则生产者 C 的产量水平会下降；剩下的唯一一种可能则是使生产者 C 和生产者 D 的产量水平都降低，如从点 c' 移到点 g' 和点 f' 都属此种情况。由此可得结论：在生产的埃奇沃斯盒状图中，任意一点如果处在生产者 C 和生产者 D 的两条产量线的切点上，则它就是帕累托最优状态，并称之为生产的帕累托最优状态。

等产量线的切点不只是点 c' 一个，点 b' 和点 e' 等也都是等产量线的切点，从而也都是帕累托最优状态。所有等产量线的切点的轨迹构成曲线 qq'。qq' 曲线叫作生产的契约曲线（或效率曲线），它表示两种要素在两个生产者之间的所有最优分配（帕累托最优）状态的集合。

与交换的契约曲线一样，在生产的契约曲线上，即在生产的帕累托最优集合中，两个生产者的产量分配也具有不同的情况。当我们沿着 qq' 曲线从 e' 点移到 c' 点时，生产者 C 通过牺牲生产者 D 的利益而好起来；反之亦然。根据帕累托标准，它们是不可比较的。我们所能够说的仅仅是，给定任何不在曲线 qq' 上的点，总存在比它更好的点，而这些点在曲线 qq' 上。

从生产的帕累托最优状态可以得到生产的帕累托最优条件。生产的帕累托最优状态是等产量线的切点，而等产量线的切点的条件是在该点上两条等产量线的斜率相等。等产量线的斜率的绝对值又叫作两种要素的边际技术替代率，即要素 L 代替要素 K 的边际技术替代率。因此，生产的帕累托最优状态的条件可以用边际技术替代率的术语来表示：要使两种要素 L 和 K 在两个生产者 C 和生产者D之间的分配达到帕累托最优状态，则对于这两个生产者来说，这两种要素的边际技术替代率必须相等。对于生产者C和生产者D来说，L 代替 K 的边际技术替代率分别用 $(RTS_{LK})_C$ 和 $(RTS_{LK})_D$ 来表示，则生产的帕累托最优状态条件的公式为

$$(RTS_{LK})_C = (RTS_{LK})_D \tag{11-13}$$

下面举一个简单的例子来说明上述最优条件。假定在初始的分配中，生产者C的边际技术替代率 $(RTS_{LK})_C$ 等于3，生产者D的边际技术替代率 $(RTS_{LK})_D$ 等于5。这意味着，一方面，生产者C愿意放弃1个单位的 L 来交换不少于3个单位的 K。因此，生产者C若能用1个单位 L 交换到3个单位以上的 K，就增加了自己的产量。另一方面，生产者D愿意放弃不多于5个单位的 K 来交换1个单位的 L。因此，生产者D若能以5个单位以下的 K 交换到1个单位的 L，就增加了自己的产量。由此可见，如果生产者C用1个单位的 L 交换4个单位的 K，而生产者D用4个单位 K 交换1个单位的 L，则他们两个人的产量都得到了提高。只要两个生产者的边际技术替代率不相等，上述这种要素的重新分配就总是可能的。

（三）交换和生产上的帕累托最优条件

现在要将交换和生产这两个方面综合起来，讨论交换和生产的帕累托最优条件。为了把交换和生产结合在一起加以论述，我们将上面分别研究时所做的那些假定加以合并，假定整个经济只包括：两个消费者A和B，他们在两种产品 X 和 Y 之间进行选择；两个生产者C和D，它们在两种要素 L 和 K 之间进行选择以生产两种产品 X 和 Y。为了方便起见，假定生产者C生产 X，生产者D生产 Y，并且假定消费者的效用函数亦即无差异曲线簇为给定不变，生产者的生产函数即等产量线簇为给定不变。下面先从生产方面开始讨论，再过渡到消费问题，最后推出交换和生产的帕累托最优条件。

1. 生产可能性曲线

（1）从生产契约曲线到生产可能性曲线。根据以上假定，现在的生产问题是两个生产者C和D在两种要素 L 和 K 之间进行选择，分别生产两种产品 X 和 Y。我们可以用生产的埃奇沃斯盒状图加以分析。回到图11-2。我们知道图中的生产契约曲线 qq' 代表了所有生产的帕累托最优状态的集合。具体来说，生产契约曲线 qq' 上的每一点均表示两种投入在两个生产者之间的分配为最优，即表示最优投入。但是，仔细观察后却发现，生产契约曲线还向我们提供了另一种有用的信息，即在该曲线上的每一点也表示了一定量投入要素在最优配置时，所能生产的一对最优的产出。曲线上每一点均为两个生产者的等产量线的切点，故它同时处在（两个生产者的）两条等产量线上，从而代表了两种产出的产量。这两种产出还是帕累托意义上的最优产出，即此时要增加某一产出的数量，就不得不减少另一种产出的数量。

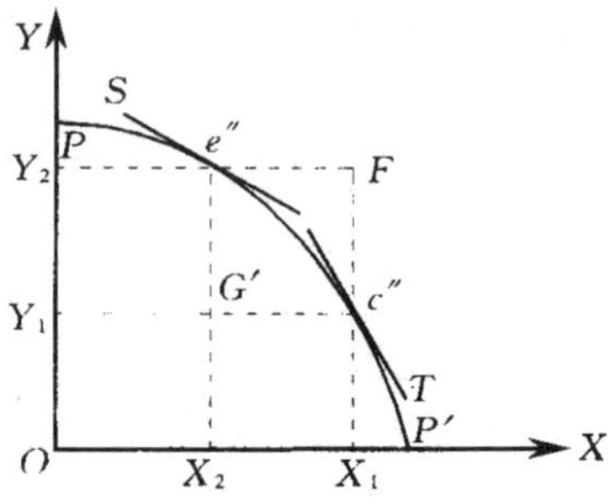

图11-3　生产可能性曲线

例如，考虑图11-2中生产契约曲线上一点 c'，它是两条等产量线 II_C 和 II_D 的切点。如果设 II_C 所表示的产出 X 的数量为 X_1，II_D 所表示的产出 Y 的数量为 Y_1，则点 C' 就表示最优产出量 (X_1, Y_1)。同样地，生产契约曲线上的另一点 e' 就表示最优产出量线 I_C 和 II_D 的切点。如果设 I_C 和 II_D 所表示的产出分别为 X_2 和 Y_2，则点 e' 就表示最优产出量 $(X_2,$

Y_2）。取生产契约曲线上的每一点，可得到相应的所有最优产出量。

现在考虑上述所有最优产出量的集合的特点，如图 11-3 所示。图中横轴表示最优产出量中 X 的数量，纵轴表示最优产出量中 Y 的数量。利用图 11-3，可以画出最优产出量的轨迹。例如，对应于图 11-2 中生产契约曲线上的点 c'，最优产出量为（X_1，Y_1），该产出量在图 11-3 中就是图中的点 c''。同样地，对应于生产契约曲线上的 e'，最优产出量为（X_2，Y_2），该产出量在图 11-3 中就是点 e''。将生产契约曲线上的每一点均通过这种方法“变换”到图 11-3 中来，便得到曲线 PP'。曲线 PP' 通常称作生产可能性曲线（或产品转换曲线）。显而易见，生产可能性曲线 PP' 就是最优产出量集合的几何表示。

（2）生产可能性曲线的特点。图 11-3 中的生产可能性曲线 PP' 具有两个特点。

第一，它向右下方倾斜。从生产的契约曲线可知，当沿着该曲线运动时，一种产出的增加必然伴随着另一种产出的减少，即在最优产出量中，两种最优产出的变化是相反的。例如，当我们从点 e'' 移到点 c'' 时，X 的产出增加了，但 Y 的产出却下降了。这种反方向变化说明两种最优产出之间的一种“转换”关系，即可以通过减少某种产出数量来增加另一种产出的数量。这也正是之所以又称生产可能性曲线为产品转换曲线的原因。如果设产出 X 的变动量为 ΔX，产出 Y 的变动量为 ΔY，则它们的比率的绝对值 $|\Delta Y/\Delta X|$ 可以衡量 1 个单位 X 商品转换为 Y 商品的比率。该比率的极限则定义为 X 商品对 Y 商品的边际转换率 RPT_{XY}，亦即

$$RPT_{XY}=\lim_{\Delta X\to 0}|\Delta Y\div\Delta X|=|\mathrm{d}Y\div\mathrm{d}X| \tag{11-14}$$

换句话说，所谓产品的边际转换率就是生产可能性曲线的斜率的绝对值。

第二，它向右上方凸出。如果借用产品的边际转换率这个概念，则可以将生产可能性曲线的第二个特点描述为：产品的边际转换率递增。例如，在图 11-3 中，当 X 的数量为 X_2 时，相应的边际转换率等于生产可能性曲线上点 e'' 的切线 S 的斜率的绝对值。而当 X 的数量增加到 X_1 时，相应的边际转换率等于点 c'' 的切线 T 的斜率的绝对值。显而易见，T 的斜率绝对值要大于 S 的斜率绝对值。因此，随着 X 产品数量的增加，X 转换为 Y 的边际转换率也在增加。

为什么产品的边际转换率是递增的呢？其原因在于要素的边际报酬递减。为了方便起见，我们将两种生产要素 L 和 K “捆”在一起，看成一种要素，比如称它为（$L+K$）要素，并假定该要素在产品 X 和 Y 生产上的边际报酬都是递减的。通过减少产量 X，可以释放出一部分要素（$L+K$），而释放出的这部分要素（$L+K$）可以用来生产 Y。在点 c'' 上产品的边际转换率高于点 e'' 可能有如下两个原因：第一，在点 c'' 减少一个单位 X 所释放出来的要素（$L+K$）要比在点 e'' 上同样减少一个单位 X 所释放的要素多；第二，在点 c'' 上释放的每一个单位要素（$L+K$）所生产的产量 Y 要比在点 e'' 上释放的每一个单位要素生产的 Y 多。因此，与点 e'' 相比，在点 c'' 上 X 产品替换 Y 产品的数量较多，即边际转换率较高。

（3）生产不可能性区域和生产无效率区域。图 11-3 中的生产可能性曲线 PP' 将整个产品空间分为三个互不相交的组成部分：曲线 PP' 本身、曲线 PP' 右上方区域以及曲线 PP' 左下方区域。由于生产可能性曲线上每一点均表示在现有资源和技术条件下整个经济所能达到的最大产出组合，因此在生产可能性曲线右上方的区域实际上是在目前条件下所不可能达到的区域，即在现有资源和技术条件下，不可能生产出例如点 F 那样的产出组合。因此，右上方区域是“生产不可能性区域”。在生

产可能性曲线左下方的区域则是“生产无效率”区域，就是说，如果资源配置处于该区域中，则它还没有达到其可能有的最大产出。例如，在生产可能性曲线左下方的点 G'，其所对应的产量为 X_2 和 Y_1。由于在生产的埃奇沃斯盒状图中，点 G 不是等产量线的切点，不在生产契约曲线上，因此不是生产的帕累托最优状态，其投入要素的配置不是最优，从而它所代表的产出量也不是最优的。如果允许缺乏效率的“浪费性”生产，即把生产可能性曲线左下方区域亦看成是可行的生产范围，则全部可行生产范围就是封闭（包括边界在内）的区域 OPP'。这样一来，可以给生产可能性曲线另一个解释，即它是生产可能性区域的边界，或简单地叫作生产可能性边界。

（4）生产可能性曲线的变动。生产可能性曲线的位置高低取决于投入要素的数量和技术状况。我们知道，生产可能性曲线上任意一点表示在既定要素数量和技术状况条件下所可能生产的最大产出组合。如果要素数量或者技术状况发生了变化，则可能生产的最大产出组合就会发生变化，从而生产可能性曲线的位置就可能发生变化，如图 11-4 所示。

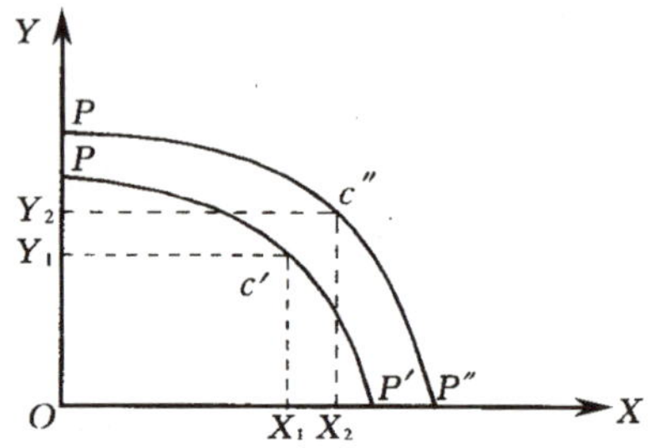

图 11-4　生产可能性曲线的变动

假定初始的资源数量和技术状况所确定的生产可能性曲线为 PP'。PP'上任意一点均表示在既定条件下经济所可能生产的最大产出组合。现在假定资源数量增加了，于是 X 和 Y 的最大产量均有增加。同样地，技术进步亦有如此效果。这意味着，由于资源数量增加和技术进步，生产可能性曲线本身开始向右上方移动，如移到了 PP''的位置。

2. 交换和生产上的帕累托最优条件

在详细地讨论了生产可能性曲线的情况之后，我们来研究如何利用该曲线将生产和交换两方面综合在一起，从而得到交换和生产上的帕累托最优条件，如图 11-5 所示。

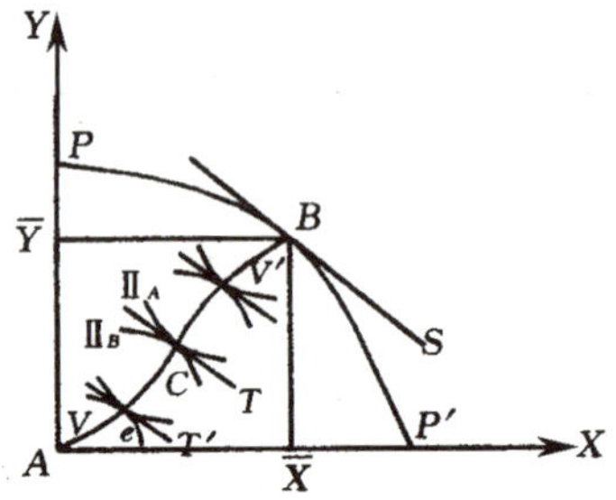

图 11-5　交换和生产上的帕累托最优

在图中的生产可能性曲线上任选一点，如 B 点。由生产可能性曲线的性质可知，B 点是生产契约曲线上的一点，因此满足生产的帕累托最优条件。如果从 B 点出发分别引一条垂直线到 X 和一条水平线到 Y，则得到一个矩形。该矩形恰好与交换的埃奇沃斯盒状图相同，它的水平长度和垂直高度分别表示两种产出的给定数量。如果设点 A 和 B 分别为消费者 A 和消费者 B 的原点，则该矩形中任意一点也表示既定产出在两个消费者之间的一种分配。于是，我们可将交换上的帕累托最优条件中的全部讨论都照搬到这里来。

按照交换上的帕累托最优条件的分析，埃奇沃斯盒状图中的交换契约曲线 VV'上任意一点均为交换的帕累托最优状态。因此，给定生产契约曲线上一点，即给定一个生产的帕累托最优状态。现在有一条交换的契约曲线，即有无穷多个交换的帕累托最优状态与之对应。在这无穷多个交换的帕累托最优状态之中，任意一点，如点 C，都表示交换在单独来看时已经处于最优状态，但并不一定表示在与生产联合起来看时亦达到了最优状态。下面利用产品的边际转换率和边际替代率这两个概念来加以说明。

在图 11-5 中，生产可能性曲线 B 点的切线 S 的斜率绝对值是产品 X 在该点上转换为产品 Y 的边

际转换率 RPT_{XY}，交换契约曲线上点 C 是无差异曲线 $Ⅱ_A$ 和 $Ⅱ_B$ 的切点。$Ⅱ_A$ 和 $Ⅱ_B$ 的共同切线 T 的斜率绝对值是产品 X 在该点上替代产品 Y 的边际替代率 RCS_{XY}。切线 S 和 T 可能平行，也可能不平行，即产品的边际转换率与边际替代率可能相等，也可能不相等。如果边际转换率与边际替代率不相等，则可以证明这时并未达到生产和交换的帕累托最优状态。

我们举例说明如下。假定产品的边际转换率为 2，边际替代率为 1，即边际转换率大于边际替代率。边际转换率等于 2 意味着生产者通过减少 1 个单位 X 的生产可以增加 2 个单位的 Y。边际替代率等于 1 意味着消费者愿意通过减少 1 个单位 X 的消费来增加 1 个单位 Y 的消费。在这种情况下，如果生产者少生产 1 个单位 X，从而少给消费者 1 个单位 X，但却多生产出 2 个单位的 Y。从多增加的 2 个单位 Y 中拿出 1 个单位给消费者即可维持消费者的满足程度不变，从而多余的 1 个单位 Y 就代表了社会经济福利的净增加。这就说明了如果产品的边际转换率大于边际替代率，则仍然存在有帕累托改进的余地，即仍未达到生产和交换的帕累托最优状态。

同样可以证明产品的边际转换率小于边际替代率时，仍然存在有帕累托改进的余地，即仍然未达到生产和交换的帕累托最优状态。

给定生产可能性曲线上一点 B 和与 B 相应的交换契约曲线上一点 C，只要点 B 的产品边际转换率不等于点 C 的产品边际替代率，则点 C 就仅表示交换的帕累托最优状态，而非生产和交换的帕累托最优状态。由此即得到生产和交换的帕累托最优条件：

$$RCS_{XY}=RPT_{XY} \tag{11-15}$$

即产品的边际替代率等于边际转换率。例如，在图 11-5 中的交换契约曲线上，点 e 的边际替代率与生产可能性曲线上点 B 的边标转换率相等，因为过点 e 的无差异曲线的切线 T' 与过点 B 的生产可能曲线的切线 S 恰好平行。因此，点 e 满足生产和交换的帕累托最优条件。

三、完全竞争与帕累托最优状态

在论述了帕累托最优的三个条件后，西方学者力图证明，完全竞争的市场机制符合帕累托最优状态。他们认为，在完全竞争的条件下，市场上存在着一系列统一的价格，而每一个参与经济活动的人都是按照统一的价格来行事的。在他们看来，任何竞争均衡都是帕累托的最优状态，同时任意帕累托最优状态也都可由一套竞争价格来实现。

亚当·斯密曾提出，人们在追求自己的私人目的时，会在一只“看不见的手”的指导下，实现增进社会福利的社会目的。当代西方经济学家将亚当·斯密的上述思想发展成为一个十分精致的理论，给定一些理想条件，单个家庭和厂商在完全竞争经济中的最优化行为将导致帕累托最优状态。这就是所谓“看不见的手”的原理。

下面将帕累托最优条件综述如下。尽管前面是在两个消费者、两种产品、两个生产者、两种投入要素的简单情况下推导出这些条件的，但它们显然也适用于多个消费者、多种商品、多个生产者、多种要素的一般情况。

一是交换的最优条件：任何两种产品的边际替代率对所有的消费者都相等。用公式表示即

$$(RCS_{XY})_A=(RCS_{XY})_B \tag{11-16}$$

其中，X 和 Y 是任意两种产品；A 和 B 是任意两个消费者。

二是生产的最优条件：任何两种要素的边际技术替代率对所有生产者都相等。用公式表示即

$$(RTS_{LK})_{C}=(RTS_{LK})_{D} \tag{11-17}$$

其中，L 和 K 是任意两种要素，C 和 D 是任意两个生产者。

三是交换和生产的最优条件：任何两种产品的边际转换率等于它们的边际替代率。用公式表示即

$$RCS_{XY}=RPT_{XY} \tag{11-18}$$

式（11-18），X 和 Y 是任意两种产品。

当上述三个边际条件均得到满足时，称整个经济达到了帕累托最优状态。

现在来看在完全竞争经济中，帕累托最优状态是如何实现的。我们知道，完全竞争经济在一些假定条件下存在着一般均衡状态，即存在一组价格，使所有商品的需求和供给都恰好相等。在完全竞争条件下，每个消费者和生产者均是价格的接受者，他们将在既定的价格条件下来追求和实现自己的效用最大化和利润最大化。换句话说，均衡价格体系对所有消费者和生产者均是相同的。

首先，来看消费者的情况。任意一个消费者，例如消费者 A，在完全竞争经济中的效用最大化条件是对该消费者来说的，任意两种商品的边际替代率等于这两种商品的价格比率，即有

$$(RCS_{XY})_{A}=P_{X}\div P_{Y} \tag{11-19}$$

同样地，其他消费者，例如消费者 B，在完全条件下的效用最大化条件亦是对消费者 B 而言的，任意两种产品的边际替代率等于这两种产品的价格比率，即

$$(RCS_{XY})_{B}=P_{X}\div P_{Y} \tag{11-20}$$

由式（11-19）、式（11-20）即得

$$(RCS_{XY})_{A}=(RCS_{XY})_{B} \tag{11-21}$$

这就是交换的帕累托最优条件。因此，在完全竞争经济中，产品的均衡价格实现了交换的帕累托最优状态。

其次，来看生产者的情况。在完全竞争经济中，任意一个生产者，例如生产者 C，其利润最大化条件是对该生产者来说的，任意两种要素的边际技术替代率等于这两种要素的价格比率，即

$$(RTS_{LK})_{C}=P_{L}\div P_{K} \tag{11-22}$$

同样地，其他生产者，例如生产者 D，在完全竞争条件下的利润最大化条件是对生产者 D 而言的，任意两种要素的边际技术替代率等于这两种要素的价格比率，即

$$(RTS_{LK})_{D}=P_{L}\div P_{K} \tag{11-23}$$

由式（11-22）、式（11-23）即得到

$$(RTS_{LK})_{C}=(RTS_{LK})_{D} \tag{11-24}$$

这就是生产的帕累托最优条件。因此，在完全竞争经济中，要素的均衡价格实现了生产的帕累托最优状态。

最后，来看生产者和消费者综合在一起的情况。现在的问题是要说明完全竞争经济如何满足交换和生产的帕累托最优状态，即在完全竞争条件下，产品的边际转换率是如何与边际替代率相等的。为此，先对产品的边际转换率再作一点解释。我们知道 X 产品对 Y 产品的边际转换率为

$$RPT_{XY}=|\Delta Y\div\Delta X| \tag{11-25}$$

它表示在资源既定的情况下，增加 X 产品就必须减少 Y 产品，或者说增加 Y 就必须减少 X。因此，ΔY 可以看成 X 的边际成本（机会成本），ΔX 也可以看成 Y 的边际成本。如果用 MC_x 和 MC_y 代表产品 X 和 Y 的边际成本，则 X 产品对 Y 产品的边际转换率可以定义为两种产品的边际成本的比率：

$$RPT_{XY} = |\Delta Y \div \Delta X| = |MC_x \div MC_y| \quad (11\text{-}26)$$

我们知道，在完全竞争中，生产者利润最大化的条件是产品的价格等于其边际成本，于是有

$$P_X = MC_X,\ P_Y = MC_Y \quad (11\text{-}27)$$

即有

$$MC_X \div MC_Y = P_x \div P_Y \quad (11\text{-}28)$$

再由消费者效用最大化条件

$$RCS_{XY} = P_X \div P_Y \quad (11\text{-}29)$$

即得

$$RPT_{XY} = P_X \div P_Y = RCS_{XY} \quad (11\text{-}30)$$

其中，RCS_{XY} 表示每一个消费者的共同的边际替代率。上式即交换和生产的帕累托最优条件。因此，在完全竞争经济中，商品的均衡价格实现了交换和生产的帕累托最优状态。

思考与练习

1. 试述局部均衡分析与一般均衡分析的区别。
2. 瓦尔拉一般均衡的存在性问题是什么？
3. 庇古的旧福利经济学所包含的两个基本福利命题是什么？
4. 用埃奇沃斯盒状图说明交换上的帕累托最优条件。
5. 简述生产可能性曲线的特点。

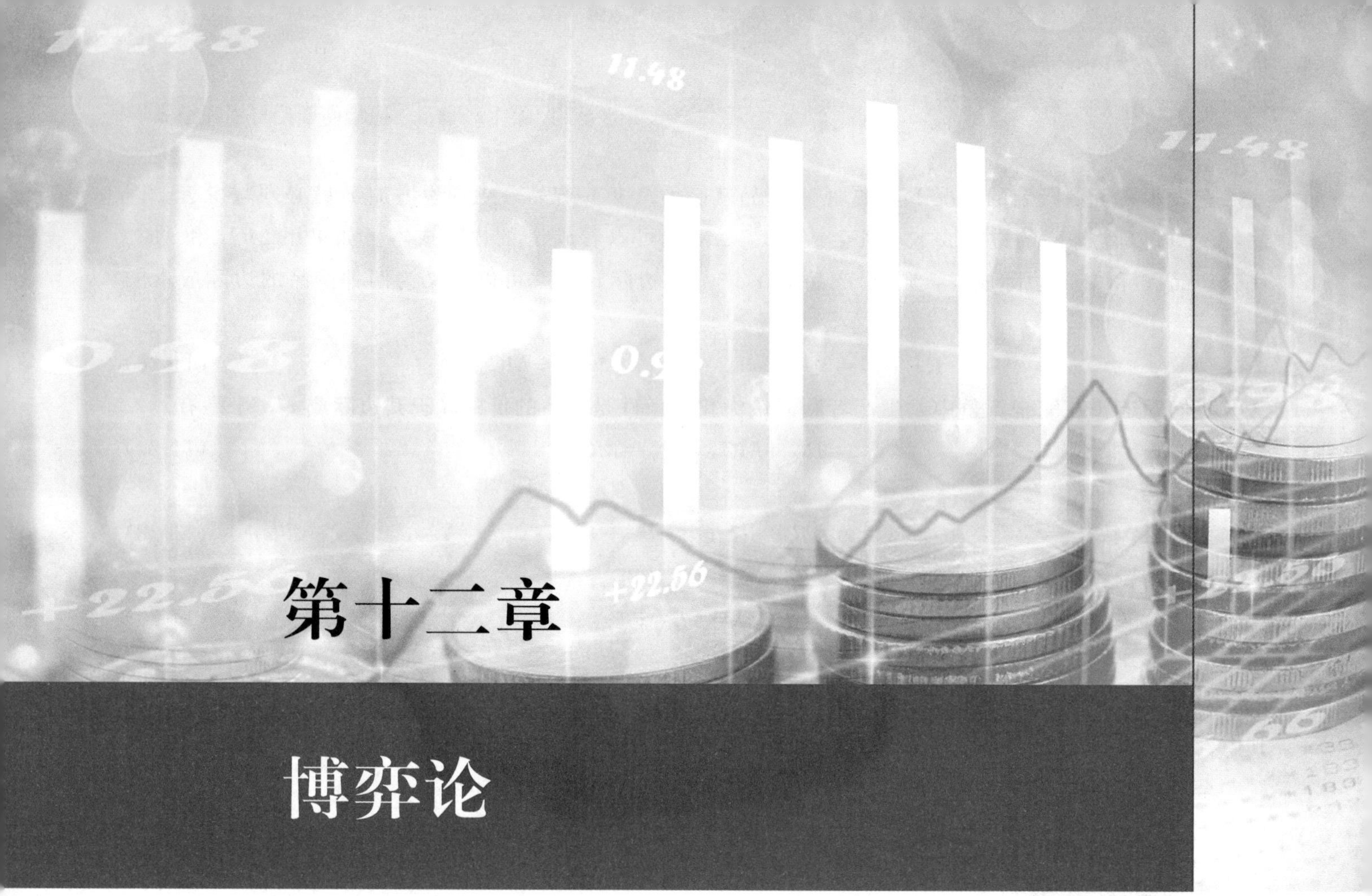

第十二章 博弈论

学习要求

1. 了解博弈论的产生和发展、基本概念以及博弈的分类。
2. 理解博弈的标准式表达以及占优策略均衡、纳什均衡。
3. 理解完全且完美信息动态博弈和重复博弈。
4. 理解不完全信息博弈与市场失灵。

第一节 博弈论简介

一、博弈论的产生和发展

博弈论又叫对策论或策略论，是系统研究决策主体的行为发生直接相互作用情况下的决策以及这种决策的均衡的理论。

在我们的生活中，博弈并不陌生，企业与工会、推销员与买主等主体，他们的决策很大程度上就是在相互揣摩对方策略的过程中作出的，甚至我们的许多游戏活动也具有明显的博弈的色彩，如打纸牌，玩家是在不知道其他人的底牌的情况下凭借着技巧和运气取胜，而对弈的过程由于棋盘上的信息大家都一目了然则更需要双方的斗智斗勇。

真正将博弈论开始上升到理论层面进行研究并把它引入经济学的是冯·诺依曼和摩根斯特恩，两人于 1944 年合作出版的著作《博弈论与经济行为》被称为博弈论的“圣经”，书中包含博弈论的纯粹数学形式的阐述以及对于实际博弈应用的详细说明. 此书的问世标志着博弈论的真正形成。

在两位开创者之后又有许多学者进入这一领域，并继续推动博弈论研究的发展，1950 年和 1951 年纳什的两篇关于非合作博弈论的重要论文彻底改变了人们对竞争和市场的看法，他证明了非合作博弈及其均衡解，并证明了均衡解的存在性，即著名的纳什均衡，从而揭示了博弈均衡与经济均衡的内在联系。纳什的研究奠定了现代非合作博弈论的基础，后来的博弈论研究基本上都沿着这条主线展开。此后，塞尔腾将纳什均衡的概念引入动态分析，提出了“子博弈完美纳什均衡”的概念；海萨尼则把不完全信息引入博弈论的研究并提出了“贝叶斯纳什均衡”的概念。这些理论成果使博弈论的研究在一些关键性环节上取得了突破。也正是由于纳什、塞尔腾、海萨尼三人在经济博弈论领域的突出贡献，他们共同获得了 1994 年的诺贝尔经济学奖，这也进一步肯定了博弈论在主流经济学中的研究地位。

进入 20 世纪 80 年代，博弈论得到了更进一步的发展，并逐渐成为主流经济学的一部分，其中一个重要的原因就在于博弈论和经济学研究一样，都强调个人理性，研究在给定约束条件下实现自身效用最大化的路径，这既是博弈论中许多均衡求解的重要法则，也是经济学的研究模式。目前，博弈论不但在理论界被广泛关注，对它的普及也在近几年的经济学教学中日益加强。博弈论方面的著作和教材风靡西方各名牌大学，成为经济学专业和许多相关专业学生的一门必修课。在我国，经济学界对经济博弈论的关注和兴趣也在不断增强。可以说，伴随着博弈论的建立和研究的深入，经济学的发展正进入一个崭新的阶段。

二、博弈论的基本概念

博弈是指代表不同利益主体的决策者，在一定的环境条件和规则下，同时或先后、一次或多次从各自允许选择的行动方案中加以选择并实施，从而取得各自相应结果的活动。博弈论就是系统研究各种博弈中参与人的合理选择及其均衡的理论。

下面我们结合一个古老而著名的例子“田忌赛马”来讨论博弈中的一些基本要素。齐王邀请田忌赛马，田忌的马队不如齐王的马队，田忌用孙膑的计谋，用最差的马对齐王最好的马，用最好的马对齐王中等的马，用中等的马对齐王最差的马，最终以智谋巧胜齐王。这是一个典型的博弈格局，它具备了接下来我们要介绍的重要的博弈要素。

一般构成博弈理论研究的主要要素包括：参与人、策略、行为、支付、顺序、信息、结果和均衡。

参与人是博弈中涉及的进行选择决策并承担决策结果的利益主体，既可以是自然人也可以是法人。在上面这个例子中，我们看到的博弈的参与人就是田忌和齐王。

策略是参与人可选择的行为方案。在赛马的这个博弈格局中，我们可以用（好、中、劣）来标记齐王的策略，用（劣、好、中）来标记田忌的策略。当然，这只是田忌全部备选策略中的一种而已。我们知道他还有（劣、中、好）、（好、中、劣）、（好、劣、中）、（中、好、劣）、（中、劣、好）等策略，我们把参与者的可行策略的全体称作他的策略空间。

行为是参与人实施策略的具体行动。在有的博弈中，一个行为就是一个策略，而在另外一些博弈中，一个完整的行为方案才是一个策略。

支付是参与人在博弈中获得的效用水平。在博弈的过程中，我们把支付看成策略组合的函数，因此也称为支付函数。为了方便分析，我们用 μ_i 表示第 i 个参与人的支付函数，那么所有参与人的支付函数的组合便可以表示为 $\mu=（\mu_1, \mu_2, \cdots, \mu_n）$。而任一参与人的支付函数都要受到所有参与者的策略的影响，即博弈参与人的支付同时也会受到所有参与人所选择策略的影响，因此它也是各个参与人策略的函数，表示为 $\mu_i=\mu_i（s_1, s_2, \cdots, s_n）$，$i=1, 2, \cdots, n$。如果田忌赛马中田忌和齐王押的赌注是每场 100 两银子，同时记田忌为 1 号参与人，齐王为 2 号参与人，那么我们便可给出赛马博弈中各项可能的支付函数：

$$U_1［（劣、好、中）；（好、中、劣）］=100$$

$$U_1［（劣、中、好）；（好、中、劣）］=-100$$

$$U_1［（好、中、劣）；（好、中、劣）］=-300$$

顺序不同意味着博弈不同，有的决策活动是各参与人同时给出他们的选择，而有的活动中各参与人的选择则是分先后进行的。在“剪刀、石头、布”的游戏中，参与者必须“同时”行动，而在另一些活动中，如讨价还价，则是一方先要价，然后另一方根据对方的策略来进行还价。

信息是参与人在博弈中的知识，包括博弈的环境条件、博弈的规则、其他参与人的特征及行为、博弈的结果、进程等，这些信息对于参与人的决策选择十分重要。

结果是指博弈分析者所探寻的各种要素的集合，如策略组合、支付向量等。

均衡是所有参与人的最优策略组合。

三、博弈的分类

在不同的角度、不同的标准下，博弈可以有不同的分类。

第一种分类，根据参与人数目的多寡，可以把博弈分为单人博弈、两人博弈和多人博弈。在博弈的过程中，参与人的多少会直接影响决策活动的繁简难易以及博弈的其他特征。单人博弈是指只有一个参与人的博弈。由于不存在其他参与人的影响，因此只是一个简单的个体优化决策问题。两人博弈的参与人有两方。两人博弈是最普通、最常见也是被研究得最多的博弈。多人博弈的参与人在三个或三个以上。多人博弈在基本特性上与两人博弈是相似的，在多数情况下可以把多人博弈转化或分解为两人博弈来讨论。当然，在多人博弈中也会出现两人博弈所没有的情况，那就是在多人博弈中可能存在破坏者。所谓“破坏者”，就是有这样一类参与人：其策略选择对自身的支付没有任何影响，但却影响到其他参与人的支付结构，甚至这种影响会十分重要和深远。破坏者的存在使多人博弈的格局有时会变得不同于简单的两人博弈，从而影响博弈的结果。

第二种分类，根据可选策略数，可以把博弈区分为有限策略博弈和无限策略博弈。博弈格局中每个参与人可供选择的策略数的多少决定着该博弈的可能的结果，即策略组合数的多少，从而也影响着参与人决策的难易程度以及对博弈格局的研究的复杂程度。在分析方法的采用上，有限策略博弈和无限策略博弈也是有所区别的。对有限策略博弈，我们可以用支付矩阵等简单罗列的方法把博弈格局中涉及的所有可选择的策略、所有可能的策略组合以及相应的支付向量罗列出来，而对无限策略博弈，一般则采用数集、函数加上文字描述的方式来表示上述这些内容。

第三种分类，博弈的分类标准是支付水平。在两人博弈及多人博弈中，一个策略组合决定着一个支付向量，把各个支付向量中的支付水平相加就可以得到一个总和。根据这个和值的不同特征，我们将博弈分为零和博弈、常和博弈和变和博弈三种。零和博弈是指每个支付向量的总和始终为零；常和博弈中，每个支付向量的总和始终等于某个常数；变和博弈中，每个支付向量的总和并不相同。以上三种类型的博弈中，变和博弈是博弈格局的一种常态，常和博弈是变和博弈的特例，而零和博弈又是常和博弈的特例。

第四种分类，根据博弈中各参与人行为的次序进行划分，可以有静态博弈和动态博弈两种。我们把所有参与人同时或可看作同时选择策略的博弈称为“静态博弈”；把各参与人不是同时，而是先后、依次进行选择、行动，而且后选择、行动的参与人通常能观察到先进行选择、行动的参与人的选择、行动的博弈称为“动态博弈”。

第五种分类，是根据博弈过程中参与人掌握的信息来区分博弈的类型。这里指的信息是参与人关于博弈的知识，是实施决策进而决定博弈结果的重要因素，也是区分不同博弈特征的一大指标。共同知识反映了博弈中参与人对信息的了解情况。如果在一个博弈中，对参与人而言，所有策略组合下的支付向量都是共同知识，我们就说这一博弈是“完全信息”的，此博弈就是“完全信息博弈”；相反，如果并非所有策略组合下的支付向量都是共同知识的，那么此博弈就具有“不完全信息”，是“不完全信息博弈”。

在研究过程中，我们常常把最后两种分类结合起来考虑，这样就可以得到四种不同类型的博弈：完全信息静态博弈、完全信息动态博弈、不完全信息静态博弈、不完全信息动态博弈，如表 12-1 所示。

表 12-1　博弈的分类

	静态	动态
完全信息	完全信息静态博弈	完全信息动态博弈
不完全信息	不完全信息静态博弈	不完全信息动态博弈

第二节 完全信息静态博弈

一、博弈的标准式表达

在博弈论中，通常有两种等价的表述方式，一种是标准式表述，另一种是扩展式表述。在实际的应用过程中，标准式表述更适合于静态博弈，而扩展式表述更适合于动态博弈。下面我们给出标准式的表述。

（1）博弈的参与人集：$i \in T$，$T=\{1, 2, \cdots, n\}$。

（2）每一个参与人可供选择的策略集：S_i，$i=1, 2, \cdots, n$。

（3）针对所有参与人可能选择的策略组合，每一参与人获得的支付 μ_i，$\mu_i=\mu_i(S_1, S_2, \cdots, S_n)$，$1=l, 2, \cdots, n$。

定义：在一个 n 人博弈的标准式表述中，参与人策略空间分别为 $S_1, S_2, \cdots, S_n$，支付函数分别为 $\mu_1, \mu_2, \cdots, \mu_n$，则我们用 $G=\{S_1, S_2, \cdots, S_n; \mu_1, \mu_2, \cdots, \mu_n\}$ 表示此博弈。

在上述介绍的一般化表述的基础上，我们还可以用双变量矩阵更直观地表述两人有限博弈。我们以博弈论中著名的“囚徒困境”为例。

两个嫌疑犯作案后被捕，警察把他们隔离囚禁起来以便得到所需的口供。警察目前尚未掌握足够的证据证明他们是不是重刑犯，因而，只要两个犯人不招供，那么法院只能以证据不足判轻罪甚至无罪。而两个嫌疑犯也都明白政府的政策：如果他们都承认犯罪，每人将被判入狱 5 年；如果他们都不坦白，虽然证据不充分，但仍会被判轻罪而入狱 1 年；如果一个抵赖而另一个坦白并愿意做证，那么抵赖者将被判 8 年监禁，而坦白者将被获释。两个嫌疑犯的博弈的支付矩阵可用图 12-1 表示。

		囚徒 2	
		坦白	不坦白
囚徒 1	坦白	(−5, −5)	(0, −8)
	不坦白	(−8, 0)	(−1, −1)

图 12-1 囚徒困境

二、纳什均衡

（一）占优策略均衡

前面我们已经提到过，博弈论与经济学研究一样，都强调个人理性，也即在对方策略和行动给定的条件下，各参与人会选择适宜的策略以使自己的支付最大化。而博弈分析的一个重要内容就是寻找每一个参与人的最优策略以及所有参与人的最优策略组合。

我们以一个博弈格局来分析。在商业竞争中，A、B 两家公司结成卡特尔，作为博弈参与人的两家公司都有两个策略，要么守约按默契限量生产，要么背约偷偷增加产量。对于博弈双方而言，如果守约，那么双方共同瓜分市场的垄断利润；如果双方都背约，那么有可能因产量过多而使价格下跌导致各自的利润下降；如果一方背约，那么背约者的利润会上升，而不背约者的利润会下降。下面我们用矩阵来表述这个卡特尔博弈，如图 12-2 所示。

		B公司	
		守约	背约
A公司	守约	（10，10）	（7，11）
	背约	（11，7）	（8，8）

图 12-2 卡特尔博弈

下面，我们来分析 A、B 两家公司的策略选择。先分析 A 公司的选择：假定 B 公司的策略是守约，那么 A 公司采取守约将得到 10 的报酬，采取背约将得到 11 的报酬。显然，在 B 公司采取守约时，A 公司采取背约将是“理性”的选择。再假定 B 公司选择背约时，A 公司如果守约，其所得为 7；如果采取背约，那么 A 公司的所得就是 8。此时，A 公司采取背约要比采取守约来得“合算”。通过以上分析我们发现，无论 B 公司采取何种策略，对 A 公司而言采取背约的策略是绝对“明智”的，即背约策略优于守约策略。我们把不管对方采取什么样的策略，自己都采用的特定的策略叫作占优策略。在“囚徒困境”中，我们同样可以找到类似的策略：对应于囚徒 1 可以选择的每一策略，囚徒 2 选择坦白的收益绝对高于选择不坦白的收益，坦白是他在这场博弈中的占优策略，而不坦白是相对于坦白的严格劣策略，而策略组合（坦白，坦白）就成为囚徒博弈的一个占优策略均衡。

对于占优策略均衡，我们可以用重复剔除严格劣策略的方法来确定。重复剔除严格劣策略的思路是：首先找出某个参与人的严格劣策略，并把这个严格劣策略从他的策略空间中剔除掉，重新构造一个不包含已被剔除策略的新博弈；然后再剔除这个新的博弈中某个参与人的严格劣策略；继续这个过程，直到只剩下唯一的策略组合为止，而这个唯一剩下的策略组合就是占优策略均衡，亦即这个博弈的解。

下面我们来看一个利用重复剔除严格劣策略的方法求解占优策略均衡的过程，如图 12-3 所示。

		参与人2		
		左	中	右
参与人1	上	3，2	3，4	2，3
	下	2，5	2，3	4，2

图 12-3 参与人 2 的“右”是相对于“中”的严格劣策略

从图 12-3 支付矩阵中我们可以看到，对参与人 1 而言，“上”和“下”都不是严格劣策略，根据参与人 2 的选择，“上”和“下”都有可能是参与人 1 的理性选择；对于参与人 2 而言，可供选择的三个策略中，“右”严格劣于“中”（支付：4＞3，3＞2），所以我们可以把“右”从参与人 2 的策略空间中剔除，得到新的博弈支付矩阵，如图 12-4 所示。

		参与人2 左	参与人2 中
参与人1	上	3，2	3，4
	下	2，5	2，3

图 12-4 剔除策略“右”后的新博弈

在新的支付矩阵中，对参与人 1 来讲，“下”就成了“上”的严格劣策略（无论参与人 2 选择“左”还是“中”，“下”的支付 2 都严格小于“上”的支付 3），因此需要把“下”从参与人 1 的策略空间中剔除，从而得到又一个新的博弈，如图 12-5 所示。这时参与人 2 的“左”就成为“中”的严格劣策略，把“左”剔除，就仅剩下唯一的策略组合（上，中），此为该博弈的唯一结果。

		参与人2 左	参与人2 中
参与人1	上	3，2	3，4

图 12-5 剔除策略“下”后的新博弈

上面我们介绍的是两个参与人都有优势策略的博弈，因而我们很容易找到均衡，但如果一个博弈里没有可以剔除的严格劣策略的话，又该如何寻找此类博弈的均衡呢？

（二）纳什均衡

我们先来看一个两人博弈的支付矩阵，如图 12-6 所示。

		参与人1 左	参与人1 右
参与人2	上	6，5	8，9
	下	7，8	5，7

图 12-6 不存在严格劣策略的博弈

在这个博弈格局中，我们是找不到优势策略的。对于参与人 1 而言，如果参与人 1 选择“左”，那么参与人 2 的合理选择是“下”（7＞6）；而如果参与人 1 选择“右”，那么参与人 2 的合理选择会是“上”（8＞5）。我们会发现这是一个没有优势策略均衡的博弈。那么，适当的均衡概念是什么呢？我们发现，在（右，上）这一对策略下，参与人 2 不会改变其策略，只要参与人 1 不改变自己的策略。因为当参与人 1 选择“右”时，参与人 2 的最优选择就是“上”；同样，参与人 1 也不会改变其策略，只要参与人 2 不改变其策略。但是，在这个博弈中，其他的几种策略组合却未满足上述条件。例如（左，上）这种组合的情况就不一样。在这种组合下，如果参与人 2 不改变策略，参与人 1 也会改变策略，反之亦然。所以（右，上）在某种意义上讲就是一种稳定状态。在这一稳定状态里，任何一个参与者都不会变换其策略，只要其他参与者也都不改变策略。我们把这种没有任何参与人愿意独自偏离他所选定的策略的策略组合称为纳什均衡。纳什均衡是完全信息静态博弈解的一般概念，也是其他类型博弈解的基础。任何优势策略均衡必定是纳什均衡，但纳什均衡不一定是优势策略均衡，它是较前者更强的均衡概念。

【案例 12-1】

价格战博弈

我们经常会看到各种各样的家电价格大战，如彩电大战、冰箱大战、空调大战、微波炉大战等，这些大战的受益者首先是消费者。每当看到一种家电产品的价格大战，百姓都会“没事儿偷着乐”。在这里，我们可以解释厂家价格大战的结局也是一个纳什均衡，而且价格战的结果是谁都没钱赚。因为博弈双方的利润正好是零。竞争的结果是稳定的，即是一个纳什均衡。这个结果可能对消费者是有利的，但对厂商而言是灾难性的。所以，价格战对厂商而言意味着“自杀”。从这个案例中我们可以引申出两个问题。一是竞争削价的结果或纳什均衡可能导致一个有效率的零利润结局。二是如果不采取价格战，作为一种敌对博弈论，其结果会如何呢？每一个企业都会考虑采取正常价格策略，还是采取高价格策略形成垄断价格，并尽力获取垄断利润。如果垄断可以形成，则博弈双方的共同利润最大。这种情况就是垄断经营所做的，通常会抬高价格。一种极端的情况是厂商用正常的价格，双方都可以获得利润。从这一点，我们又引出一条基本准则：“把你自己的战略建立在假定对手会按其最佳利益行动的基础上。”事实上。完全竞争的均衡就是纳什均衡或非合作博弈均衡。在这种状态下，每一个厂商或消费者都是按照所有的别人已定的价格来进行决策。在这种均衡中，每一个企业要使利润最大化，消费者要使效用最大化，结果导致了零利润，也就是说价格等于边际成本。在完全竞争的情况下，非合作行为导致了社会所期望的经济效率状态：如果厂商采取合作行动并决定转向垄断价格，那么社会的经济效率就会遭到破坏。这就是为什么 WTO 和各国政府要加强反垄断的意义所在。

（案例选自：http://baike.baidu.com/view/253924.htm）

第三节 动态博弈与重复博弈

一、完全且完美信息动态博弈

在前面一节中我们介绍的博弈格局都有一个特点，那就是参与人的行动只选择一次，而且是同时行动，这种博弈被称为静态博弈。与之相对的是动态博弈，在博弈的过程中，参与人是先后、依次进行选择或实施行动，这种参与人动态决策的博弈特点使我们需要对动态博弈进行专门的分析和研究。下面我们将以完全且完美信息动态博弈为例来重点介绍。这一博弈具备以下三个特点：一是动态，参与人选择行动是顺序发生的；二是完美信息，参与人在选择策略之前，完全了解此前博弈的整个过程；三是完全信息，每一可能的行动组合下参与人的支付函数都是共同知识。

（一）博弈的扩展式表述

我们先来看一个例子。假定麦当劳和汉堡王两家公司展开竞争，麦当劳首先警告汉堡王，若进入市场将遭到削价的反击，然后汉堡王决定进入还是不进入市场；对于汉堡王的决策，麦当劳是选择执行还是不执行威胁。在这一博弈中，进入者汉堡王先行动，它有两个可供选择的策略：进入市场还是不进入市场。麦当劳作为市场的在位者后行动，它的决策也有两个：反击还是不反击。假定在进入者进入市场之前在位者的垄断利润是400，进入之后市场利润双方平分，但是汉堡王的市场进入成本为100，麦当劳进行阻挠的成本为50，当然阻挠的效果是使竞争对手的支付损失100。我们用图12-7来表示该博弈。

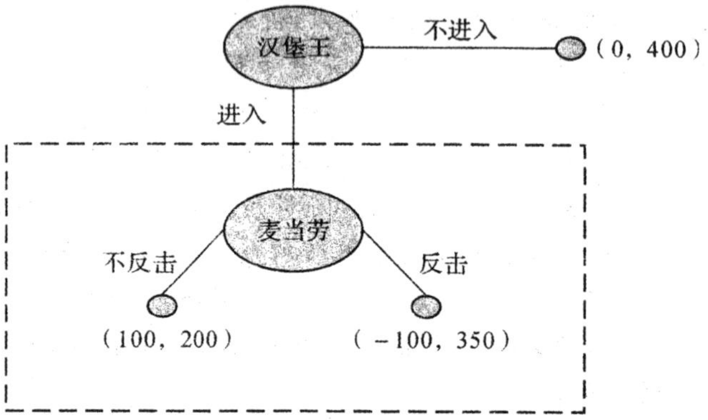

图 12-7 市场进入障碍

这是一个典型的动态博弈。对于这种类型的博弈，我们已经无法用前面介绍的矩阵形式来进行表述。为了更好地显示动态博弈过程中双方行动的顺序、每阶段行动可供选择的策略以及各自的结果等信息，我们改用扩展形式来表达。

与之前介绍的标准式和支付矩阵相比，博弈的扩展式能反映出更多博弈中的信息。一是它表现出参与人的先后行为顺序。例如，在上述博弈扩展式中，我们能清楚地知道参与人汉堡王先行动，参与人麦当劳后行动。二是表现出每一个参与人在轮到行为时所掌握信息的情况。麦当劳在选择自己的行动时就知晓汉堡王是选择了“进入”还是“不进入”，每个参与人也都清楚各种可能情形下的支付情况。三是参与人的一个策略对应一个相应的行动计划。在上述博弈中，进入者的策略空间就是它的行动空间，即 $S_1=A_1=$ ｛进入，不进入｝，而在位者的行动空间是 $A_2=$ ｛容忍，阻挠｝，但它的策略空间 S_2 却包含有四个策略，分别是：只要进入就实施打击，不进入则不打击；不进入要打击，进入反而不打击；无论是否进入，都要打击；无论是否进入，都不打击——它们都是一个个完整的行动计划。与静态博弈一个策略只对应一个行动不同的是，在动态博弈中，一个策略可能对应一个行动，但更可能对应一个行动计划；行动是“做什么”，而策略是“在什么情况下做什么”。

（二）逆推归纳法

在图12-7中，用虚线框出的部分叫作子博弈，它是指能够自成一个博弈的某个动态博弈的从某个阶段开始的后续阶段。子博弈包含了对此前的博弈过程的认识，并且具备进行博弈所需要的各种信息。

现在我们开始寻找完全且完美信息动态博弈中的纳什均衡。在这种博弈格局中，我们常从动态博弈的最后一个子博弈开始分析，采用逆推归纳法以求得动态博弈的解。

所谓的逆推归纳法就是从动态博弈的最后一个子博弈开始分析，逐步向前倒推以求解动态博弈的一般方法。

下面我们以市场进入障碍博弈为例来说明逆推归纳法的运用。该博弈的最后阶段是由麦当劳作为在位者来决定在汉堡王选择“进入”的情况下是“反击”还是“不反击”，如图 12-8 所示。

这时如果麦当劳容忍汉堡王的进入，自己得 200；反击汉堡王的进入的话，可以得 350。显然，对于麦当劳而言阻挠是上策。也就是说，只要汉堡王选择进入市场，麦当劳就会进行阻挠。而这对于进入者汉堡王而言也是能分析出来的。这样，汉堡王在第一阶段的决策便成了如图 12-9 所示的单人博弈。

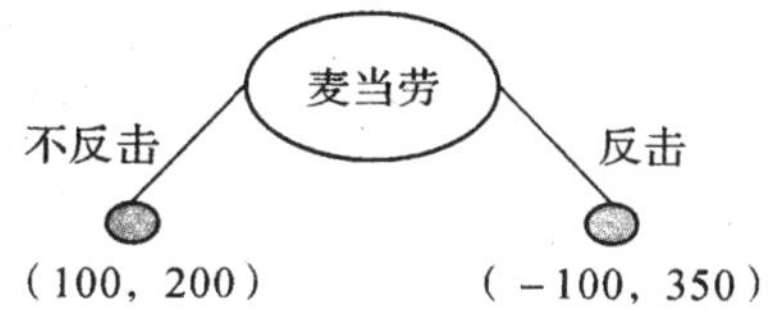

图 12-8 市场进入障碍——逆推第一步

图 12-9 市场进入障碍——逆推第二步

这时的汉堡王有两个行动可选择：进入和不进入。如果进入，则必遭到麦当劳的阻挠，将会亏损 100；不进入，则不赚也不亏。所以，选择不进入是汉堡王的合理决策。

通过上述应用，我们不难发现，用逆推归纳法求解动态博弈过程也就是在动态博弈的若干条可能的行动路径中找出所有参与人都认同的、必然能走通的行动路径，这条路径被称为“均衡路径”，它代表的是动态博弈中的纳什均衡，同完全信息静态博弈中的纳什均衡概念相对应。在很多动态博弈中，我们会发现分析静态博弈时所给出的纳什均衡在动态博弈里并非总能导致走得通的、可行的行动路径。

下面我们通过一个开金矿博弈的例子来进一步分析动态博弈中的均衡路径的特点。有一个参与人甲意欲投资开采一个金矿，需要资金 20 万元，但短缺 10 万元，于是向朋友乙借贷 10 万元，并承诺金矿开采后能收回的 100 万元两人平分。对于参与人乙而言，他是选择“借”还是“不借”在很大程度上取决于甲的承诺是否可信——如果甲信守承诺，那么乙到时不仅能收回 10 万元的本钱，而且还有 40 万元的投资回报；但如果甲不守信用，到时卷款一走了之，那么乙也有两种可供选择的行动，要么自认倒霉不对甲作任何追究，要么选择打官司。假定打官司的话，乙必胜诉，甲负担诉讼费用 10 万元，返还乙一半的投资利润。但由于官司延续的时间较长等原因，乙在这场官司中的总损失将达 15 万元。如图 12-10 所示。

对于这个动态博弈，我们用逆推归纳法很容易就能求出行动路径“不借”是均衡路径，对应的纳什均衡是：乙在第一阶段不借，第三阶段则是自认倒霉；甲的策略是只要乙肯借，就一定会食言携款逃走。下面我们再来看一个策略组合：乙在第一阶段采取“借”的行动，在第三阶段打官司，甲的策略则是只要乙肯借，就一定会分一半的利润给对方；这时对应的行动路径就是（借，分），双方的收益均为 50 万元。按静态博弈中的理论，这一策略组合就是一个纳什均衡：给定乙的这一策略“借”，甲不会有改变他的策略“分”的动机，因为如果甲单独改为“不分”，他的收益只有 40 万元，比分的情况下少了 10 万元。同样，给定甲的这一策略，乙如果把策略改为第一阶段不借，第三阶段打官司，还会因为官司损失 15 万元，所以乙也不可能私自把策略从“借”改为“不借”。综上所述，从静态博弈的角度看，该博弈的结果是（借，分），而这一结果与刚才用逆推归纳法得出的结论（不借）是矛盾的。原因就在于（借，分）并不是甲、乙都认可的路径，在这一路径对应的纳什均衡包含着不可置信的威胁和许诺：乙在第三阶段打官司的威胁不可置信，甲在第二阶段选择分的许诺也是不可置信的。

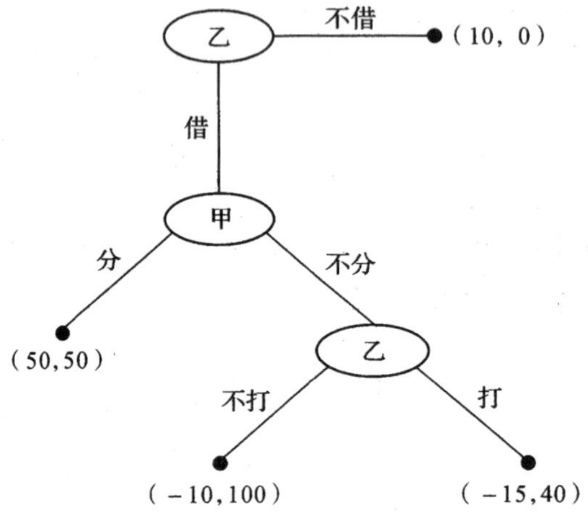

图 12-10　开金矿博弈

在动态博弈中，后行动的参与人所选择的行动对先行动的参与人是有利的，那么后行动的参与人的这一选择对先行动的参与人而言就是一种“许诺”；相反，如果后行动的参与人所选择的行动对先行动的参与人是不利的，那么后行动的参与人的这一选择对先行动的参与人而言就是一种“威胁”。在动态博弈的过程中，也存在着一些不可信的允诺和威胁，而这些都应该在分析均衡路径的过程中予以排除，只有那些可信的、会发声的行动组合构成的路径才是动态博弈中的均衡路径。

下面我们来介绍一个由塞尔藤提出的“子博弈完美纳什均衡”概念：如果动态博弈中各参与人的策略在动态博弈本身和所有子博弈中都构成一个纳什均衡，则称该策略组合为一个子博弈完美纳什均衡。这个概念要求子博弈完美纳什均衡首先是一个纳什均衡，从而可以具有策略组合的稳定性，同时又不能包含任何不可置信的威胁或许诺。应当注意的是，子博弈纳什均衡是纳什均衡的子集，也就是说，子博弈纳什均衡一定是纳什均衡，而纳什均衡不一定是子博弈纳什均衡。只有将纳什均衡中的不可置信的威胁和许诺剔除，剩下的策略才是子博弈纳什均衡。

二、重复博弈

下面我们来介绍一类特殊而又非常重要的动态博弈，即重复博弈。所谓的重复博弈就是某个博弈重复多次（有限次重复或无限次重复）进行，其中每次重复的博弈又叫作阶段博弈。

给定一个博弈 G，重复进行 T 次（$T<\infty$或 $T=\infty$），并且在每次重复之前各参与人都能观察到以前博弈的结果，这样的博弈过程称为 G 的一个 T 次重复博弈，记为 G（T）。而 G 称为 G（T）的阶段博弈。

我们之所以要单独讨论重复博弈，就在于在重复博弈的过程中存在着对于参与人而言不可忽视的长远利益，而这一利益又会影响最后的博弈结果。如果博弈只进行一次，参与人关心的只是一次性的支付，但如果博弈重复进行，理性的参与人就会将短期利益和长远利益纳入自己的决策考虑范围内，有时会为了长远利益而不得不牺牲眼前的利益，从而在当前阶段博弈中选择并非使自己当时的支付最大化的行动。因此，我们常能看到在一次性博弈中不可能出现的行动组合却出现在重复博弈的阶段博弈中。

（一）有限次重复博弈

下面我们利用前面提到过的囚徒困境博弈来详细说明重复博弈。

囚徒困境博弈的重复进行可以理解为两个参与人在刑满释放后的再次联手作案。我们用逆推归纳法来分析最后一个阶段的博弈（第 $T+1$ 阶段的博弈，如图 12-1 所示）。对于每个参与人而言，最后一个阶段博弈本身就是一个一次性的囚徒困境博弈，因为此前所有阶段博弈的结果已经成为既定事实，而在此阶段之后又不再有任何的后续博弈，因此实现自身在本阶段博弈中的最大收益是两个参与人在该阶段博弈中决策的唯一原则。显而易见，我们可以把分析最后一个阶段的博弈的结果看成分析单个完全信息静态博弈的结果——两个参与人的策略组合为（坦白，坦白），双方实现阶段支付（-5，-5），如图 12-1 所示。

再来看倒数第二阶段的博弈，即第 T 阶段博弈。对于这一阶段的两位参与人而言，双方都能预测下一阶段将实现 -5 的支付，所以他们追求的将是重复 T 次的重复博弈的收益最大化。因此，在第 T 阶段，两位参与人所处的情况以及所考虑的问题与第 $T+1$ 阶段是完全相同的，所以第 T 阶段的博弈结果还是（坦白，坦白），双方实现的支付也仍然是（-5，-5）……以此类推，直到第一阶段博弈，双方在每个阶段博弈中都采取坦白的行动，得到 -5 的支付。

将上述案例进行一般化，就可以得出下述结论：在有限次重复博弈中，如果阶段博弈存在唯一的纳什均衡，则有限次重复博弈的唯一均衡解就是各参与人在每个阶段博弈都采用阶段博弈的纳什均衡策略，各参与人实现的支付就是阶段博弈纳什均衡支付的（$T+1$）倍。

（二）无限次重复博弈

下面，我们依然利用前面介绍过的一个卡特尔博弈格局来分析无限次重复博弈下两家公司的决策情况，如图 12-2 所示。前面已经提到过，如果就单次博弈而言，那么纳什均衡是两家公司都不合作（背约，背约），可是在无限次重复博弈中，只要参与人有足够的耐心，那么每阶段都出现合作性的行动组合（守约，守约）将成为一条子博弈完美纳什均衡路径。

假如对双方来说，报酬的贴现值因子为 δ（$0<\delta<1$），也即指下一期的单位支付只值本期的 δ 折，如果第 0 期的支付为 U，那么第 1 期的支付就是 δU，第 n 期的支付折现到现期就是 $\delta^n U$。贴现因子反映了货币的时间价值，也可以理解为参与人的耐心程度或博弈进行过程中的消耗系数等。

给定参与人 i 在博弈中的策略：开始选择守约的合作态度，促使对方在某个阶段后一直选择守约，同时一旦对方选择背约，那么自己之后就一直选择背约。这被称为“冷酷策略”或者“触发策略”。而我们要证明的是双方都采取触发策略将是无限次重复博弈的一个纳什均衡，也就是说，我们要证明在给定参与人 i 已经采用上述触发策略的情况下，参与人 i 的最优反应也是上述的触发策略。

假定参与人 i 在某阶段博弈中首先选择了背约，那么他在该阶段博弈中得到的支付将是 11，而不是 10，选择背约将使该参与人在当期多得到 1 单位的支付。但参与人 j 的这个机会主义行为将触发 i 永远选择背约的惩罚，一旦 i 选择了背约，那么 i 也只能选择背约，得到 8 单位的支付，也就是说，此后 j 在每个阶段的博弈的支付都是 8。以 j 首先选择背约的这一阶段为起始期，j 的支付序列为 11，8，8，…，其现值之和为

$$11+\delta\times 8+\delta^2\times 8+\cdots+\delta^n\times 8=11+\frac{8\delta}{1-\delta}(1-\delta^n)$$

如果 j 不选择背约而是选择合作守约，那么其在本期得到 10 单位的支付，并且在下一阶段又面临同样的选择，则其现值之和为 $\frac{10\delta}{1-\delta}(1-\delta^n)$。因此，当且仅当下式成立时，选择守约是最优的：

$$10+\delta\times 10+\delta^2\times 10+\cdots+\delta^n\times 10+\cdots\geqslant 11+\delta\times 8+\delta^2\times 8+\cdots$$

即 $\delta\geqslant\frac{1}{3}$。这说明，当且仅当 $\delta\geqslant\frac{1}{3}$ 时，给定参与人 i 的触发策略并且 i 没有首先选择背约，j 也不会首先选择背约。

再假定 i 首先选择了背约，那么根据他既定的触发策略就会永远选择背约。对 j 而言，无论 δ 的大小如何，其选择背约获得的支付 8 都要比其选择守约获得的支付 7 来得大。也就是说，一旦对方选择了不合作，那么 j 永远都有积极性也选择不合作。

这就证明了对 i 的触发策略，j 的最优反应也是触发策略。由于 i、j 是任意的，因此也就证明了双方的触发策略是一个纳什均衡。

同样我们也可以一般化地理解为，通过在无限次的重复博弈中建立声誉，静态博弈中出现的囚徒困境是可以通过合作来突破的。

第四节　不完全信息博弈与市场失灵

在一个完全信息博弈中，所有参与人的支付函数都是共同知识，而在不完全信息博弈中，却至少存在一个参与人不完全了解其他某些参与人的支付函数。

一、信息不对称与柠檬市场

在传统经济学中暗含的一个假设是信息充分，市场是竞争的，价格是自由的，所以市场自己就能够实现供求平衡。现代经济学打破了这一假设，事实上信息不对称才是市场活动的常态，当把信息不对称引入经济学分析中之后，人们发现由于信息不完全或信息不对称，市场上的各行为主体的选择往往不能达到帕累托最优，而出现“囚徒困境”这样的低效率均衡，这极大地丰富了经济学对市场机制的理解，同时也诞生了以研究信息不对称情况下人们的市场行为的经济学分支，即信息经济学。

经济学家很早就知道如果市场中交易的一方比另一方拥有更多的信息，那么市场就不会像我们想象的那么美好。但直到 1970 年美国经济学家乔治·阿克洛夫以旧车市场为例，发表了《柠檬市场：产品质量的不确定性与市场机制》一文，经济学界才认识到了这个问题的严重性。也正是凭借此论文，阿克洛夫获得了 2001 年的诺贝尔经济学奖，并与其他两位经济学家一起奠定了“非对称信息学”的基础。

下面，我们就以著名的“旧车市场”模型来介绍不完全信息情况下的博弈。

我们假设旧车按其性能可以分为好、坏两类，卖主很清楚自己出售的车的质量信息，但这些信息买主却不得而知，他只能粗略地知道旧车质量好的概率是 q，质量坏的概率则是 $1-q$。卖主的策略是“卖”或者“不卖”，买方的策略则是“买”或者“不买”。我们再假设卖方对坏车进行粉刷的成本是 C，卖车获得的报酬是 P，好车和坏车本身的价值分别为 G 和 B，显然有 $G>P>B$。这样根据两个参与人的策略不同，我们就有了不同的支付函数的组合，如图 12-11 所示。

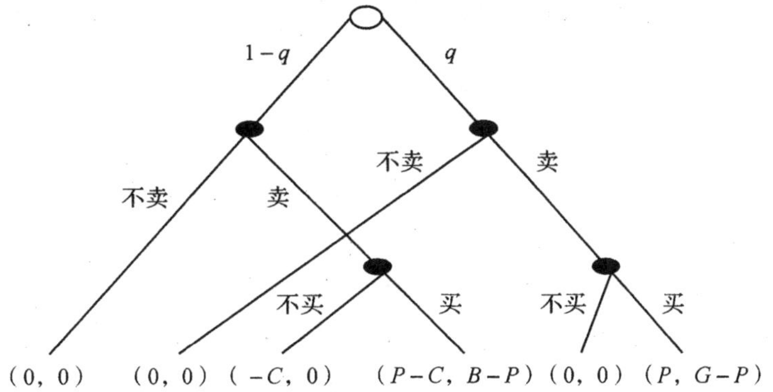

图 12-11　不完全信息情况下的博弈

下面我们来分析一下信息不对称对这个市场交易产生的深远影响。我们假定卖方旧车的标价 P 是车的质量的函数，即 $P=f(q)$，同时再假定 $P=q$。如果刚开始时卖家将所有的二手车辆标价出售，那么对于买主而言，由于不知道二手车的真实质量，他最多只能给出一个折中的价格，也就是 $P=1/2$，因此在第一次交易中，买主不会买标价高于 1/2 的车，卖主也不会出售质量好于 1/2 的车，在折中的价格下，买主可能只会买到质量相对较差的车。这样，在第二阶段，买主愿意出的那个价格会进一步降低，由于剩下的车的质量只能在 0～1/2 间分布，那么他愿意要的价格会变成 1/4，于是质量相对好些的二手车又会退出市场。如此循环，从而低质品充斥市场，高质品被逐出市场，形成柠檬市场，最后导致二手车市场萎缩。交易的减少和效率的损失可见一斑。

二、市场失灵与机制设计

在市场中，个人要为自己的消费搜寻信息，企业要为产品和经营搜寻信息，信息对市场经济活动的重要性毋庸置疑。一旦把信息这个要素纳入经济学的研究视野，我们就会发现，在市场交易中，信息不完全或者信息不对称的现象并不鲜见：购买人寿险的投保人知道自己眼下的身体状况、自己的生活处境、是否将从事某种对人体有害的职业等，而这些信息保险公司是无从一一掌握的。在这种情况下，我们难免会怀疑购买保险公司人寿保险的投保人到底是要做常规的风险管理还是正打算从事某项具有危险性的活动。在热门的旅游景点，一份快餐能卖到天价，但游客无法知道哪里有好吃又便宜的食物，他们只能挨宰。此外，证券市场、二手房市场、劳资谈判市场等环境中也都能见到信息不对称的现象。研究信息非对称情况下的市场失灵已经是现代经济学的一个热门话题。

一般地说，信息经济学中导致市场失灵的因素包括如下几个。

一是逆选择。这是指由于交易双方信息不对称和市场价格下降产生的劣质品驱逐优质品，进而出现市场交易产品平均质量下降的现象。典型的例子就是前面提到的二手车市场，由此延伸的一个名词“柠檬市场”便是用来形容由于逆选择而导致的市场效率损失造成的结果。在柠檬市场中，产品的卖方对产品的质量拥有比买方更多的信息，往往好的商品遭受淘汰，而劣等品会逐渐占领市场，从而取代好的商品。在极端情况下，市场会逐步萎缩和不存在。

二是道德风险。道德风险是20世纪80年代西方经济学家提出的一个概念，即从事经济活动的人在最大限度地增进自身效用的同时作出不利于他人的行动。或者说是，当签约一方不完全承担风险后果时所采取的自身效用最大化的自私行为。在经济活动中道德风险也是相当普遍的。在保险市场，一些投保人由于购买了保险后可以不完全承担出险后的损失而明显减少了对保险标的安全防范，这种不作为行为就是道德风险。股东聘用了经理人后，由于无法有效地观察经理的活动，那么道德风险同样会产生。

同样是信息不对称的表现，同样会造成市场的失灵，但逆选择和道德风险还是有着明显的区别。如果我们把博弈双方中拥有信息优势的一方称为代理人，而处于信息劣势的一方称为委托人，那么逆选择问题来源于代理人类型的不可观察性，道德风险问题则源于代理人行为的不可观察性。

为了能最大限度地消除由于信息不对称带来的市场失灵，人们一直在寻找一些机制对信息不对称市场交易的扭曲进行一定程度的修正。下面我们来介绍几种对克服信息不对称比较有效的制度。

一是声誉。回想生活中我们的购物经历，相对于在正规专卖店而言，在流动摊贩那里买到次品的概率会大很多。也就是说，如果买卖双方的交易不是一次性的，那么卖方将会有动力去提高自己的声誉以吸引和维持与买方的长期合作。如果交易者之间能够建立一种诚信的交易制度，那么信息不对称的问题就可以得到一定程度的解决。这种利用声誉产生的隐性激励对于道德风险同样有效。在委托—代理关系中，代理人可以凭借其良好的市场声誉增加委托人的信任，而代理人如果有不良经营记录甚至破产记录的话，那么对他/她是很不利的，而委托人也会更加警惕。

二是政府介入。针对保险市场出现的逆选择，政府可以通过采用强制性的措施来进行修正。例如，通过设立各项覆盖全民的社会保险项目、推行强制的交通安全险、为所有辖区学生投保平安险等措施，排除了一部分投保人退出市场的可能，从而在一定程度上纠正了保险市场的市场失灵。

三是有效的激励机制。绩效与报酬相挂钩的激励机制是企业内部抑制道德风险的常用方法。虽然委托人不能观察到代理人的行为，但他们可以用与代理人行为密切相关同时又是可观察的企业经营绩效来判断代理人是否存在道德风险。只要企业的经营绩效部分地取决于代理人的努力，那么将绩效与报酬挂钩就可能使代理人的行为符合委托人的利益。

四是信息发送与信息甄别。既然在现实的市场交易中存在着信息非对称，那么最直接的解决方式就是从降低信息的不对称程度入手。在信息经济学中，拥有私人信息的代理人通过采取某种可被观察的行动来向委托人显示自己的真实信息的情形被称为信号发送，而委托人设计某种方案来主动识别代理人的私人信息的情形则被称为信息甄别。在旧车市场，卖方向买方作出的包修承诺就可以被视作一种代理人向委托人发送的信号，并且我们发现这种承诺常常限于那些对自己出售的产品质量比较有把握的卖方。低质量旧车的卖方不太可能会作出这样的承诺，因为这无异于搬起石头砸自己的脚，或者说低质量的车的卖方发送信号的成本会很高，而这正是信号发送机制得以对代理人类型进行有效区分的机理所在。信息甄别机制的典型例子就是薪酬制度的设计。如果工人可以自由选择计件工资制和计时工资制，那么生产率高于平均水平的工人一般会选择计件工资制，而生产率低的工人则一般会倾向于选择计时工资制，这样代理人就在特定的信息甄别机制下向委托人报告了自己的真实类型。

这类信息不对称情况下的对策和博弈问题是当今经济学研究的一个热点和前沿课题，有兴趣的读者可以进一步参阅有关信息经济学方面的文献。

【案例 12-2】

砸碎“信息不对称”　购车养车更透明

实际上，“信息不对称”一词在汽车消费领域并不新鲜。除了购车之外，更多的车主在养车、修车时因为信息不对称而多花了冤枉钱，跑了冤枉路。

“明知道一般汽车保养都在 5000 千米一次，可把车开到 4S 店时才刚过 4000 千米，就被维修工人一阵‘忽悠’，说什么滤清器太脏易堵塞、刹车盘变薄会失效、轮胎零件老化易导致胎压不稳甚至爆胎……越听越觉得担心，索性统统换掉，到最后一看账单，足足花了 1000 多元钱。没办法，咱毕竟不是行家，多花钱也就是为了买个安心。有时候即使怀疑被‘宰’了，也只能自己安慰自己。”说这些话的是有着两三年驾龄的黄先生，和许多车主一样，他也曾对汽车保养与维修的费用产生质疑，并且大伤脑筋，到最后索性破财免灾了。这种“受人摆布”的不爽同样源自汽车消费的信息不对称。特别是一部分 4S 店服务人员也卷入其中，充当“宰”客的“刽子手”，这不仅严重扰乱了汽车售后服务市场的正常秩序，也使企业品牌形象和客户利益都蒙受巨大损失。

如何消除信息不对称，维护车主用户的合法权益呢？除了提高维修人员的职业道德之外，消费者也很有必要通过学习和实践来摸索和积累相关的专业知识，提高对汽车保养与维修常识的掌握程度，合理支出，理性消费。

某品牌汽车商正在重庆试点推出的“汽车消费大课堂”正是这样一个活动，它结合丰富的实际案例，由资深技师向前来听讲的用户面传亲授，帮助消费者学会辨别汽车消费环节中隐藏的“陷阱”，认清自己的实际需要；通过向消费者传授一系列案例和“自检”标准，帮助他们建立起一道抵御不法维修人员“忽悠”攻势的牢固防线。“汽车消费宝典”便是其中重要的一环。

这本“限量版”教程从购车、养车、修车的方方面面帮助车主了解和学习相关专业知识，并根据书中案例、结合自身实际作出正确的汽车消费判断，在专家的指导下积累经验，逐步打破汽车消费领域的信息不对称，有效保护消费者权益。

该汽车品牌重庆 4S 店负责人表示，“汽车消费大课堂”活动的开展更使汽车消费的买卖双方关系上升到一个新的阶段。“打破汽车消费的信息不对称，让消费者、用户和我们一同成长，整个市场才会更和谐；这也体现了该品牌作为一个世界级汽车品牌长远的战略眼光和对市场的深度认识。无论是企业、4S 店还是车主用户，都将因为这项活动的开展而直接受益。”

（案例来源：http：//auto. sina. com. cn/news/2009-06-08/1509497872. shtml，部分内容稍加改动）

思考与练习

1. 博弈分析的目的是什么？为什么要假定参与人是理性的？

2. 简单论述博弈论在微观经济学研究中的优缺点。

3. 举一个你在现实生活中遇到的囚徒困境的例子。

4. 象棋比赛属于以下哪种类型的博弈：静态博弈、动态博弈、变和博弈、零和博弈？

5. 北方航空公司和新华航空公司分享了冬天从北京到南方度假胜地的市场。如果它们合作，各获得 50 万元的垄断利润，但不受限制的竞争会使每一方的利润降至 6 万元。如果一方在价格决策方面选择合作而另一方却选择降低价格，则合作的厂商获利将为零，竞争厂商将获利 90 万元。

（1）将这一市场用囚徒困境的博弈加以表示。

（2）解释为什么均衡结果可能是两家公司都选择竞争性策略。

6. 保险推销员在推销时说得天花乱坠，但这种行为显然并不利于维护保险公司的声誉。这是逆选择还是道德风险问题？如果你是保险公司的股东，你认为应该怎样激励保险推销员？

参 考 文 献

[1] 高鸿业．西方经济学［M］．7 版．北京：中国人民大学出版社，2018.
[2] 保罗·萨缪尔森，威廉·诺德豪斯．微观经济学［M］．北京：人民邮电出版社，2012.
[3] R. 格伦·哈伯德，安东尼 P. 奥布赖恩．经济学（微观）［M］．北京：机械工业出版社，2016.
[4] 刘继伟，王寒菊．微观经济学［M］．北京：电子工业出版社，2012.
[5] 张维迎．经济学原理［M］．西安：西北大学出版社，2015.
[6] 高鸿业．微观经济学原理［M］．2 版．北京：中国人民大学出版社，2016.
[7] 周惠中．微观经济学［M］．3 版．上海：上海人民出版社，2012.